北京联合大学文理青年学术文库（三）

可仲裁性问题的比较研究

Comparative Study
of Arbitrability Issues

陈琦 著

中国社会科学出版社

图书在版编目(CIP)数据

可仲裁性问题的比较研究 / 陈琦著 . —北京：中国社会科学出版社，2023.1
ISBN 978 – 7 – 5227 – 1245 – 1

Ⅰ.①可… Ⅱ.①陈… Ⅲ.①仲裁法—对比研究—世界 Ⅳ.①D915.704

中国国家版本馆 CIP 数据核字(2023)第 021389 号

出 版 人	赵剑英
责任编辑	许 琳
责任校对	李 硕
责任印制	郝美娜

出　　版	中国社会科学出版社
社　　址	北京鼓楼西大街甲 158 号
邮　　编	100720
网　　址	http://www.csspw.cn
发 行 部	010 – 84083685
门 市 部	010 – 84029450
经　　销	新华书店及其他书店
印刷装订	北京市十月印刷有限公司
版　　次	2023 年 1 月第 1 版
印　　次	2023 年 1 月第 1 次印刷
开　　本	710×1000　1/16
印　　张	13
插　　页	2
字　　数	201 千字
定　　价	78.00 元

凡购买中国社会科学出版社图书，如有质量问题请与本社营销中心联系调换
电话：010 – 84083683
版权所有　侵权必究

序　言

陈琦博士的大作《可仲裁性问题的比较研究》即将付梓，嘱我作序，作为其博士后合作导师，我欣然为之。

可仲裁性是仲裁法的基本理论问题，它直接关系到哪些事项可以通过仲裁的方式解决，这不仅关涉仲裁事项的范围，更为主要地通过对可仲裁性的研究会让我们不断反思仲裁的本质是什么？何以有些纠纷可以通过私人仲裁的方式解决，其背后的基本价值判断是什么？这些问题的回答，会进一步深化仲裁的理论研究。

本书作者首先对可仲裁性含义进行了清晰的界定，并探讨了可仲裁性的法律意义与理论依据，为这个问题的研究廓清了基础。据此展开了对可仲裁性判断标准的系统研究，其研究从两个路径展开，一是对可仲裁性问题进行国别比较研究，作者利用自己的语言优势，系统地引介了法国、瑞士、德国、美国、英国、加拿大以及新加坡、韩国、日本、印度、阿根廷、南非、埃及等两大法系主要国家的做法，展示了可仲裁性问题的全球图景，为这一问题的比较法研究奠定了良好的基础，也开阔了读者的视野。就此特别推荐大家阅读作者认真整理的附录"国际公约及部分国家可仲裁性问题判断标准的规定"，一图在手，可以清晰明了地了解各国在可仲裁性方面的立场和态度；二是，作者对特殊领域的可仲裁性展开了研究，例如知识产权、反垄断、破产、公司、医疗、体育争议、自然资源以及婚姻、家庭、继承等问题的可仲裁性，这些领域都是可仲裁性问题研究的难点，因为这些领域要么具有很强的公权力背景，要么具有一定身份属性，与传统的仲裁有很大不同。但却是近来实践中不断提出的仲裁需要，作者没有回避，体现了其足够的理论创新勇气。

尽管本书命名为"可仲裁性问题的比较研究"，但是并没有仅仅停留在比较研究的层面上，而是将研究结论在最后一章落脚于我国的可仲裁性问题研究，在充分阐释我国可仲裁性问题的现状和缺陷的基础上，提出了我们未来可仲裁性问题立法完善的建议，使得本书具有了很强的时代意义和现实意义。

综观全书，结构严整，逻辑清晰，信息量大。作者写作态度认真，这一点可以通过其详细而充分的文献得到印证。同时，作者对国外一手文献的直接运用，可以确保本书具有很强时效性，值得一读。特此推荐给大家，是为序！

清华大学法学院　申卫星
2022年3月31日于明理楼

目　　录

引　言 ⋯⋯⋯⋯⋯⋯⋯⋯⋯⋯⋯⋯⋯⋯⋯⋯⋯⋯⋯⋯⋯⋯ (1)
　　一　选题背景 ⋯⋯⋯⋯⋯⋯⋯⋯⋯⋯⋯⋯⋯⋯⋯⋯⋯⋯ (1)
　　二　文献综述 ⋯⋯⋯⋯⋯⋯⋯⋯⋯⋯⋯⋯⋯⋯⋯⋯⋯⋯ (3)
　　三　研究范围界定 ⋯⋯⋯⋯⋯⋯⋯⋯⋯⋯⋯⋯⋯⋯⋯⋯ (5)
　　四　本书结构及研究方法 ⋯⋯⋯⋯⋯⋯⋯⋯⋯⋯⋯⋯⋯ (5)

第一章　可仲裁性问题概述 ⋯⋯⋯⋯⋯⋯⋯⋯⋯⋯⋯⋯⋯⋯ (8)
　第一节　可仲裁性的概念界定 ⋯⋯⋯⋯⋯⋯⋯⋯⋯⋯⋯⋯ (8)
　第二节　可仲裁性问题的法律意义 ⋯⋯⋯⋯⋯⋯⋯⋯⋯⋯ (11)
　　一　可仲裁性问题影响仲裁协议的效力 ⋯⋯⋯⋯⋯⋯⋯ (11)
　　二　可仲裁性问题影响仲裁庭的管辖范围 ⋯⋯⋯⋯⋯⋯ (12)
　　三　可仲裁性问题影响仲裁裁决的承认与执行 ⋯⋯⋯⋯ (14)
　　四　可仲裁性问题影响仲裁解决社会冲突的功能的
　　　　实现 ⋯⋯⋯⋯⋯⋯⋯⋯⋯⋯⋯⋯⋯⋯⋯⋯⋯⋯⋯ (15)
　第三节　可仲裁性问题的理论依据 ⋯⋯⋯⋯⋯⋯⋯⋯⋯⋯ (15)
　　一　仲裁性质 ⋯⋯⋯⋯⋯⋯⋯⋯⋯⋯⋯⋯⋯⋯⋯⋯⋯ (16)
　　二　公共政策 ⋯⋯⋯⋯⋯⋯⋯⋯⋯⋯⋯⋯⋯⋯⋯⋯⋯ (21)
　　三　小结 ⋯⋯⋯⋯⋯⋯⋯⋯⋯⋯⋯⋯⋯⋯⋯⋯⋯⋯⋯ (24)
　第四节　可仲裁性问题与易混概念的辨析 ⋯⋯⋯⋯⋯⋯⋯ (25)

一　可仲裁性问题与仲裁管辖权…………………………（25）
　　二　可仲裁性问题与仲裁协议的效力…………………（26）
　　三　可仲裁性问题与公共政策…………………………（27）
　第五节　本章小结………………………………………………（29）

第二章　可仲裁性问题的法律适用………………………………（31）
　第一节　仲裁庭前可仲裁性问题的法律适用…………………（32）
　第二节　法院前可仲裁性问题的法律适用……………………（36）
　　一　与仲裁程序平行的诉讼程序中可仲裁性问题的
　　　　法律适用……………………………………………（36）
　　二　撤销仲裁裁决程序中可仲裁性问题的法律适用………（38）
　　三　仲裁裁决承认与执行程序中可仲裁性问题的
　　　　法律适用……………………………………………（40）
　第三节　可仲裁性问题适用法的确定…………………………（41）
　第四节　本章小结………………………………………………（43）

第三章　可仲裁性问题判断标准的比较法研究…………………（45）
　第一节　可仲裁性问题之国际立法……………………………（45）
　　一　《纽约公约》之规定与评析………………………（45）
　　二　《联合国贸易法委员会国际商事仲裁示范法》
　　　　之规定与评析………………………………………（49）
　　三　其他国际公约之规定………………………………（51）
　　四　小结…………………………………………………（53）
　第二节　可仲裁性问题之国别立法与实践……………………（54）
　　一　法国的立法与实践…………………………………（54）
　　二　瑞士的立法与实践…………………………………（60）
　　三　德国的立法与实践…………………………………（65）

四　美国的立法与实践 …………………………………………（68）
　　五　英国的立法与实践 …………………………………………（76）
　　六　加拿大的立法与实践 ………………………………………（78）
　　七　其他国家立法与实践 ………………………………………（80）
　　八　小结 …………………………………………………………（85）
第三节　本章小结 ……………………………………………………（88）

第四章　可仲裁性问题判断标准的具体应用 ……………………（93）

第一节　知识产权争议的可仲裁性问题 …………………………（93）
　　一　知识产权争议可仲裁性问题概述 …………………………（94）
　　二　世界各国知识产权争议可仲裁性问题的立法与
　　　　实践 …………………………………………………………（96）
　　三　小结 ………………………………………………………（103）

第二节　反垄断争议的可仲裁性问题 ……………………………（103）
　　一　反垄断争议可仲裁性问题概述 ……………………………（104）
　　二　美国反垄断争议可仲裁性问题的立法与实践 ……………（104）
　　三　欧盟反垄断争议可仲裁性问题的立法与实践 ……………（107）
　　四　其他国家反垄断争议可仲裁性问题的立法与实践 ………（109）
　　五　小结 ………………………………………………………（111）

第三节　破产争议的可仲裁性问题 ………………………………（111）
　　一　破产争议的可仲裁性问题概述 ……………………………（112）
　　二　世界各国破产争议可仲裁性问题的立法与实践 …………（113）
　　三　小结 ………………………………………………………（116）

第四节　公司法争议的可仲裁性问题 ……………………………（117）
　　一　公司法争议的可仲裁性问题概述 …………………………（117）
　　二　世界各国公司法争议可仲裁性问题的立法与实践 ………（119）
　　三　小结 ………………………………………………………（123）

第五节 其他争议的可仲裁性问题……………………（124）
      一 医疗纠纷的可仲裁性问题…………………………（124）
      二 体育争议的可仲裁性问题…………………………（126）
      三 自然资源争议的可仲裁性问题……………………（128）
      四 婚姻、家庭、继承争议的可仲裁性问题…………（130）
   第六节 本章小结…………………………………………（131）

第五章 我国可仲裁性问题研究…………………………（133）
   第一节 我国可仲裁性问题的立法现状…………………（133）
      一 我国仲裁的类型……………………………………（134）
      二 我国仲裁的立法体制………………………………（136）
      三 我国可仲裁性问题的相关规定……………………（139）
      四 我国可仲裁性问题判断标准的具体适用…………（142）
      五 小结…………………………………………………（161）
   第二节 我国可仲裁性问题现行立法的缺陷与完善……（162）
      一 我国可仲裁性问题现行立法的缺陷………………（162）
      二 我国可仲裁性问题现行立法的完善………………（166）
   第三节 本章小结…………………………………………（171）

结 论…………………………………………………………（173）

参考文献………………………………………………………（178）

附录 国际公约及部分国家可仲裁性问题判断标准的规定……（194）

后 记…………………………………………………………（198）

引 言

一 选题背景

仲裁可以算是人类历史上最古老的一种争议解决方式。早在古埃及和亚述时期,在孕育了犹太教和基督教文明的中东地区,仲裁就已经作为一种争议解决方式而盛行。关于其最早的文字记录见于乌尔和美索不达米亚的石碑上,其中第一个真正的关于仲裁的文字记录可以追溯至公元前2550年。[1]

仲裁的发展几乎是与商业的发展与繁荣同步的。中世纪时期,欧洲的商人开始进行海外贸易,并逐渐确立了独立于国家司法之外、商人自治的商事法律国际系统,商人法(lex mercatoria / law merchant)随之出现。[2] 与此同时,商人之间的争议主要由来自商人阶层的仲裁员来解决,仲裁逐渐演变成一种独立于国家司法系统、商人自治的替代性争议解决方式,在商事争议解决中发挥着重要的作用。[3]

我国的仲裁制度始建于20世纪初,新中国成立后,仲裁主要被

---

[1] See Martin Domke, Gabriel Wilner and Larry E. Edmonson, *Domke on Commercial Arbitration*, §2.1, Thomson Reuters, Westlaw, (January, 2022).

[2] See Francis M. Burdick, "What is the Law Merchant?" *Columbia Law Review*, Vol. 2, No. 7, 1902, p. 470.

[3] See Leon Trackman, "'Legal Traditions' and International Commercial Arbitration", *American Review of International Arbitration*, Vol. 17, 2006, p. 6.

用于解决经济合同纠纷,由依附于政府行政机构的仲裁机构管理。①当时的仲裁制度行政色彩浓厚,与世界上其他国家的仲裁制度差别较大。1995年《中华人民共和国仲裁法》(以下简称《仲裁法》)的实施,确立了我国当今国内仲裁制度的基本原则和规定。1995年《仲裁法》确立了当事人意思自治、或裁或审、独立仲裁、一裁终局等原则,是我国仲裁发展历史上的里程碑之一。

当下,科技的发展引领世界进入了一个全球化时代,国际经济迅猛发展,世界经济一体化逐渐形成。仲裁凭借着其独有的特点,在国际争议解决中受到当事人的欢迎。《承认及执行外国仲裁裁决公约》(Convention on the Recognition and Enforcement of Foreign Arbitral Awards)(以下简称"《纽约公约》")更是使得外国的仲裁裁决比外国的法院判决更容易被执行。仲裁已经成为解决国际争议的重要方式之一,通过订立仲裁协议解决可能发生或已经发生的争议是国际贸易中的普遍做法。与此同时,与仲裁相关法律和实践出现了全球统一化的趋势,仲裁制度的发展进程出现了持续而清晰可见的趋同性。②

中国作为世界第二大经济体和世界最大货物贸易国,在当下的国际经济发展中扮演着举足轻重的角色。中国企业逐渐发展壮大,走出国门,参与到世界经济竞争中。相应地,中国企业所面临的国际贸易摩擦和商事纠纷也越来越多。一方面,我国需要提升我国企业在国际仲裁中解决纠纷的能力;另一方面,我国需要加强我国制定国际规则的话语权,在仲裁制度不断趋同化的今天,发挥我国的作用。对仲裁制度进行系统性的研究就显得尤为重要。

可仲裁性问题在整个仲裁制度中具有重要作用,其不仅决定某一争

---

① 参见乔欣《仲裁法学》,清华大学出版社2020年版,第4页;樊堃《仲裁在中国:法律与文化分析》,法律出版社2017年版,第19—20页。
② See Gabrielle Kaufmann-Kohler, "Globalization of Arbitral Procedures", *Vanderbilt Journal of Transnational Law*, Vol. 36, No. 4, October 2003, p. 1333.

议事项是否可以通过仲裁解决，还贯穿整个仲裁制度，从仲裁协议的效力到仲裁庭的管辖范围再到仲裁裁决的承认与执行，都有可仲裁性问题的身影。研究整个仲裁制度有必要先对可仲裁性问题做一个系统研究。

二 文献综述

可仲裁性问题的研究一直是国外学者研究仲裁制度的一个重点。世界著名学者加里·伯恩（Gary Born）、范登伯格（Albert Jan van den Berg）、艾伦·雷德芬（Alan Redfern）、马丁·亨利（Martin Hunter）、伊曼纽尔·盖拉德（Emmanuel Gaillard）、卢卡斯·米特里斯（Loukas A. Mistelis）等在其著作中都有就可仲裁性问题涉专章或专节进行系统论述。[①] 国外学者就可仲裁性问题的研究既有站在《纽约公约》视角下的研究，[②] 也有纯从理论角度出发研究可仲裁性问题的，[③] 也

[①] See e. g., Gary B. Born, *International Commercial Arbitration*, The Netherlands: Kluwer Law International, 2021, pp. 1027 - 1138; Albert Jan van den Berg, *Yearbook Commercial Arbitration*, The Netherlands: Kluwer Law International, 2003, pp. 628 - 630; Nigel Blackaby, Constantine Partasides, et al., *Redfern and Hunter on International Arbitration*, New York: Oxford University Press, 2015, pp. 111 - 125; Emmanuel Gaillard and John Savage eds., *Fouchard, Gaillard, Goldman on International Commercial Arbitration*, The Netherlands: Kluwer Law International, 1999, pp. 312 - 359; Julian D. M. Lew, Loukas A. Mistelis, et al., *Comparative International Commercial Arbitration*, The Netherlands: Kluwer Law International, 2003, pp. 187 - 221.

[②] See e. g., Homayoon Arfazadeh, "Arbitrability Under the New York Convention: the Lex Fori Revisited", Arbitration International, Vol. 17, No. 1, 2001, pp. 73 - 88; Domenico di Pietro, "General Remarks on Arbitrability Under the New York Convention", in Loukas A. Mistelis and Stavros L. Brekoulakis eds., *Arbitrability: International and Comparative Perspectives*, The Netherlands: Kluwer Law International, 2009, pp. 85 - 98.

[③] See e. g., Thomas E. Carbonneau and Francois Janson, "Cartesian Logic and Frontier Politics: French and American Concepts of Arbitrability", *Tulane Journal of International and Comparative Law*, Vol. 2, 1994, pp. 193 - 222; Karim Abou Youssef, "The Death of Inarbitrability", in Loukas A. Mistelis and Stavros L. Brekoulakis eds., *Arbitrability: International and Comparative Perspectives*, The Netherlands: Kluwer Law International, 2009, pp. 47 - 67; Stavros L. Brekoulakis, "On Arbitrability: Persisting Misconceptions and New Areas of Concern", in Loukas A. Mistelis and Stavros L. Brekoulakis eds., *Arbitrability: International and Comparative Perspectives*, The Netherlands: Kluwer Law International, 2009, pp. 19 - 45; Karl-Heinz Bockstiegel, "Public Policy and Arbitrability", in Pieter Sanders ed., *Comparative Arbitration Practice and Public Policy in Arbitration*, ICCA Congress Series Volume 3, ICCA & Kluwer Law International, 1987.

有从国别或者不同争议角度对其进行研究的，① 还有就可仲裁性问题的法律适用等问题进行研究的。②

我国学者在研究仲裁制度时一般也会就可仲裁性问题进行论述。③ 单独就可仲裁性问题进行纯理论研究的比较少见，④ 一般多为就某类争议是否具有可仲裁性的研究，比如，知识产权争议、反垄断争议、证券争议、破产争议、医疗纠纷等。⑤

---

① See e. g. , Thomas E. Carbonneau and Francois Janson, "Cartesian Logic and Frontier Politics: French and American Concepts of Arbitrability", *Tulane Journal of International and Comparative Law*, Vol. 2, 1994, pp. 193 – 222; Joseph T. McLaughlin, "Arbitrability: Current Trends in the United States", *Arbitration International*, Vol. 12, No. 2, June, 1996, pp. 113 – 136; Laurence Shore, "The United States' Perspective on 'Arbitrability'", in Loukas A. Mistelis and Stavros L. Brekoulakis eds. , *Arbitrability: International and Comparative Perspectives*, The Netherlands: Kluwer Law International, 2009, pp. 69 – 83; Marc. Blessing, "Arbitrability of Intellectual Property Disputes", *Arbitration International*, Vol. 12, No. 2, June, 1996, pp. 191 – 222; Stefan M. Kroll, "Arbitration and Insolvency Proceedings", in Loukas A. Mistelis and Julian D. M. Lew eds. , *Pervasive Problems in International Arbitration*, The Netherlands: Kluwer Law International, 2006, pp. 357 – 376; Rosmarjin van Kleef, "Reviewing Disciplinary Sanctions in Sports", *Cambridge Journal of International and Comparative Law*, Vol. 4, No. 1, 2015, p. 18.

② See e. g. , Bernard Hanotiau, "The Law Applicable to Arbitrability", *Singapore Academy of Law Journal*, Vol. 26, No. Special, 2014, p. 875; Bernard Hanotiau, "What Law Governs the Issue of Arbitrability?", *Arbitration International*, Vol. 12, No. 4, 1996, pp. 391 – 404.

③ 参见杨良宜、莫世杰、杨大明《仲裁法，从1996年英国仲裁法到国际商务仲裁》，法律出版社2006年版，第513—558页；宋连斌《仲裁法》，武汉大学出版社2010年版，第17—24页；胡荻《国际商事仲裁权研究》，法律出版社2015年版，第52—61页；樊堃《仲裁在中国：法律与文化分析》，法律出版社2017年版，第88页；肖建国主编《仲裁法学》，高等教育出版社2021年版，第38—46页。

④ 参见洋溢《国际商事仲裁中可仲裁性的重新审查》，《知与行》2017年第3期；乔欣、李莉《争议可仲裁性研究》（上），《北京仲裁》2004年第2期；乔欣、李莉《争议可仲裁性研究》（下），《北京仲裁》2004年第3期；钟皓珺《国际商事仲裁中争议事项的可仲裁性之研究》，《法制博览》2017年第28期；黄进、马德才《国际商事争议可仲裁范围的扩展趋势之探析——兼评我国有关规定》，《法学评论》2007年第3期。

⑤ 参见赵秀文《论国际商事仲裁中的可仲裁事项》，《时代法学》2005年第2期；杜新丽《从比较法的角度论我国反垄断争议的可仲裁性》，《比较法研究》2008年第5期；李永申、金汝善《中韩国际商事仲裁中的可仲裁性问题比较研究》，《北京仲裁》2012年第3期；李叶丹《国际商事仲裁中当事人破产对仲裁庭管辖权的影响》，《仲裁研究》2009年第3期；申卫星《医患关系的重塑与我国〈医疗法〉的制定》，《法学》2015年第12期；郭升选、孙华迎《医疗纠纷仲裁制度探索》，《河南教育学院学报》（哲学社会科学版）2016年第2期；马占军《我国医疗纠纷仲裁解决机制构建研究》，《河北法学》2011年第8期。

4

三 研究范围界定

仲裁是指双方当事人自愿将其争议提交给第三者居中进行审理，由其依据法律或公平原则作出裁决，并约定自觉履行该裁决的一种制度。[①] 根据不同的划分标准，可以将仲裁分为不同的类型。将仲裁划分为国内仲裁和国际仲裁被认为是现代仲裁法的显著特征之一。[②] 许多国家的仲裁制度也是由国内仲裁制度和国际仲裁制度两部分组成的。[③] 本书所指国内仲裁是指解决本国当事人之间争议且不含涉外因素的仲裁；国际仲裁则泛指国内仲裁以外的仲裁。根据当事人身份、地位的不同，仲裁还可以被分为私主体之间的仲裁和国家之间的仲裁。私主体之间的仲裁的当事人均为私主体，仲裁庭的组成一般由当事人合意选择。国家之间的仲裁指仲裁当事人均为国家。海牙常设仲裁庭（The Permanent Court of Arbitration at the Hague，"PCA"）、欧洲安全与合作组织（Organization for Security and Co-operation in Europe，"OSEC"）调解和仲裁法院（OSEC Court of Conciliation and Arbitration）、世界贸易组织（World Trade Organization，"WTO"）争端解决机制（WTO Settlement of Disputes）主要解决国家间的仲裁。近年来新出现的投资仲裁是发生在私主体与国家之间的仲裁。[④] 本书探讨的可仲裁性问题仅指私主体之间仲裁，不包括国家之间的仲裁和投资仲裁。

四 本书结构及研究方法

本书主要包括5个章节。第一章研究可仲裁性问题的基本问题。

[①] 参见章尚锦、杜焕芳《国际私法》，中国人民大学出版社2014年版，第305页。See also, Martin Domke, Gabriel Wilner and Larry E. Edmonson, *Domke on Commercial Arbitration*, §3.11, Thomson Reuters, Westlaw, (January, 2021).

[②] 参见宋连斌《仲裁法》，武汉大学出版社2010年版，第5页。

[③] 比如，美国、法国、瑞士、新加坡等国（下文详述）。

[④] See Bernhard BerGer and Franz Kellerhals, *International and Domestic Arbitration in Switzerland*, Switzerland: Stämpfli Publications Ltd., 2015, pp. 12-23.

具体从可仲裁性的基本概念出发，将研究范围限定在客观可仲裁性上。同时论述可仲裁性问题在整个仲裁中的地位以及其法律意义，确立研究意义。本章亦将探讨仲裁性质和公共政策与可仲裁性问题的关系，得出研究可仲裁性问题的理论依据。最后，本章将辨析可仲裁性问题与仲裁管辖权、仲裁协议效力和公共政策三个易混概念。第二章研究可仲裁性问题的法律适用。国际仲裁不同于国内仲裁，至少涉及两个国家，必然会涉及法律适用的问题。本章针对国际仲裁中当事人可能提出可仲裁性问题的四个不同阶段，论述可仲裁性问题在不同阶段的法律适用规则。第三章对可仲裁性问题的判断标准进行比较法研究。具体从国际上最主要的国际公约出发，过渡到世界主要国家，选取法国、瑞士、德国、美国、英国、加拿大等国家，论述可仲裁性问题的判断标准。第四章研究可仲裁性问题判断标准的具体应用。本章将结合第三章所得结论，论述可仲裁性问题判断标准在具体争议事项中的应用。本章将主要分析在我国亦存有争议的知识产权争议、反垄断争议、破产争议和公司法争议，并简单分析可仲裁性问题判断标准在医疗纠纷、体育争议、自然资源争议和婚姻、家庭、继承争议中的运用。第五章将探讨我国可仲裁性问题。本章将从我国仲裁的立法体制出发，论述我国可仲裁性问题的判断标准及在具体争议事项中的运用，分析我国可仲裁性问题规定存在的缺陷并给出立法完善的建议。

本书主要采用以下四个研究方法：

第一，概念分析法。本书从可仲裁性的概念出发，分析其准确的定义并对易混概念进行辨析。同时，分析可仲裁性问题的法律意义及其背后的理论依据，以期为该问题的具体分析奠定理论基础。

第二，归纳分析法。本书收集整理了国际公约、世界主要国家就可仲裁性问题的规定。同时，本书收集整理了世界主要国家可仲裁性问题规定在各具体争议中的应用。在此基础上进行归纳整理，以期找到可仲裁性问题具体规定以及具体应用的共同点及特点。

第三，比较分析法。本书在收集整理的国际公约及世界主要国家规定的资料的基础上，对世界主要国家的规定进行了比较分析，以期正确分析可仲裁性问题的不同立法模式及其在具体应用中的影响。

第四，案例分析法。本书收集分析了国内国外关于可仲裁性问题的典型案例，以期更好地分析国内国外在可仲裁性问题中的实践应用，发现问题并提出完善的建议。

第一章 可仲裁性问题概述

"可仲裁性"这一概念由来已久,早在荷马时代,各国的习惯法中就已经存在关于可仲裁性的规定,某些争议事项可以仲裁,某些争议事项不可以仲裁。比如,古希腊规定因杀戮而产生的争议可以通过仲裁解决,但是亵渎神灵的争议不得通过仲裁解决。古罗马规定仲裁不能解决通奸一类的争议。① 本部分将从可仲裁性的概念谈起,探究可仲裁性问题的法律意义及理论依据,并对易混淆的概念进行辨析。

第一节 可仲裁性的概念界定

一般来说,可仲裁性包括主观可仲裁性(subjective arbitrability or arbitrability ratione personae)和客观可仲裁性(objective arbitrability or arbitrability rationemateriae)两层含义。②

主观可仲裁性一般是指某一主体是否具备签订仲裁协议的资格并

---

① See Derek Roebuck and Bruno de Loynes de Fumichon, *Roman Arbitration*, Oxford: Holo Books, 2004, pp. 104 – 105.

② See Emmanuel Gaillard and John Savage eds., *Fouchard, Gaillard, Goldman on International Commercial Arbitration*, The Netherlands: Kluwer Law International, 1999, pp. 312 – 313; See also, Bernhard BerGer and Franz Kellerhals, *International and Domestic Arbitration in Switzerland*, Switzerland: Stämpfli Publications Ltd., 2015, pp. 61, 115.

可以作为一方当事人参加仲裁程序，其判断标准一般与诉讼中对诉讼当事人的要求一样。[1] 也有学者指出主观可仲裁性重点强调的是某一主体因其所具有的特殊地位或职责使得其在争议发生后不能够通过仲裁解决争议，比如，国家、地方政府或者公共机构。[2] 无论何种说法，主观可仲裁性关注的都是仲裁的当事人，是对仲裁当事人的一种规定和限制。

客观可仲裁性一般是指争议事项是否可以通过仲裁解决。[3] 亦有学者将其称为"仲裁范围"或"仲裁的适用范围"。[4] 有学者认为客观可仲裁性是确定仲裁协议范围的一个具体条件，即仲裁庭可以在满足该条件的情况下推定自己就该争议事项享有管辖权。[5] 也有学者认为客观可仲裁性是仲裁契约自由的基本表现，客观可仲裁性确定了当事人选择仲裁作为争议解决方式的权利范围。[6] 还有学者认为客观可

---

[1] See Bernhard BerGer and Franz Kellerhals, *International and Domestic Arbitration in Switzerland*, Switzerland: Stämpfli Publications Ltd., 2015, p. 115.

[2] See Emmanuel Gaillard and John Savage eds., *Fouchard, Gaillard, Goldman on International Commercial Arbitration*, The Netherlands: Kluwer Law International, 1999, pp. 312-313.

[3] See Julian D. M. Lew, Loukas A. Mistelis, et al., *Comparative International Commercial Arbitration*, The Netherlands: Kluwer Law International, 2003, p. 187; See also Emmanuel Gaillard and John Savage eds., *Fouchard, Gaillard, Goldman on International Commercial Arbitration*, The Netherlands: Kluwer Law International, 1999, p. 313.

[4] 参见谭冰主编《中国仲裁制度的改革与完善》，人民出版社2005年版，第110页；黄进、宋连斌、徐前权《仲裁法学》，中国政法大学出版社2008年版，第21页；沈伟、陈治东《商事仲裁法——国际视野和中国实践》，上海交通大学出版社2020年版，第55页；赵汉根《商事仲裁法律实务》，中国法制出版社2020年版，第35页。笔者认为，将"客观可仲裁性"与"仲裁范围"或"仲裁的适用范围"完全等同并不十分准确。"仲裁范围"和"仲裁的使用范围"的概念实际上大于"客观可仲裁性"的概念，其不仅包括法律规定的仲裁范围，还包括当事人通过仲裁协议约定的仲裁范围。而客观可仲裁性仅仅指法律规定的仲裁范围。

[5] See Stavros L. Brekoulakis, "On Arbitrability: Persisting Misconceptions and New Areas of Concern", in Loukas A. Mistelis and Stavros L. Brekoulakis eds., *Arbitrability: International and Comparative Perspectives*, The Netherlands: Kluwer Law International, 2009, p. 39.

[6] See Karim Abou Youssef, "The Death of Inarbitrability", in Loukas A. Mistelis and Stavros L. Brekoulakis eds., *Arbitrability: International and Comparative Perspectives*, The Netherlands: Kluwer Law International, 2009, p. 49.

仲裁性是判断争议事项是否可以由仲裁庭解决或者是否属于法院的专属管辖范围之内，其关注的是争议事项是否会因违反公共政策或者由于在仲裁协议的范围外而被禁止通过仲裁解决。[1] 除此之外，有的学者认为客观可仲裁性确立了司法判决和仲裁裁决各自的范围，是公共正义（public justice）和私人正义（private justice）的重要分界线。[2]

笔者以为，上述对客观可仲裁性概念的界定实际上是从不同的角度出发的。将客观可仲裁性看作确定仲裁协议范围的一个具体条件，是从客观可仲裁性的功能出发的，指出客观可仲裁性可以作为仲裁庭判断其管辖范围的依据。认为客观可仲裁性是仲裁契约自由的基本表现，是从仲裁的契约属性出发的，仲裁的基础是仲裁协议，仲裁协议即是一种契约，当事人达成合意选择仲裁解决其争议必须是在当事人权利范围内的。关注争议事项是否属于法院的专属管辖以及是否会违反公共政策，是从反面对客观可仲裁性下定义，即何种争议事项或者说何种情况下的争议事项是不具有客观可仲裁性的。认为客观可仲裁性是公共正义和私人正义的分界线，也是从仲裁的契约属性出发，指出仲裁庭和法院行使的权力的不同。仲裁庭的权力是建立在当事人达成的仲裁协议的基础上，而法院行使的权力则是一种公共权力。

不论从何种角度出发对客观可仲裁性下定义，其本质上仍然是判断某类争议事项是否可以通过仲裁解决。可以通过仲裁解决的争议事项，仲裁庭自然享有管辖权，也必然在当事人的权利范围之内。如果

---

[1] See Laurence Shore, "The United States' Perspective on 'Arbitrability'", in Loukas A. Mistelis and Stavros L. Brekoulakis eds., *Arbitrability: International and Comparative Perspectives*, The Netherlands: Kluwer Law International, 2009, p. 70.

[2] See Thomas E. Carbonneau, "Liberal Rules of Arbitrability and the Autonomy of Labor Arbitration in the United States", in Loukas A. Mistelis and Stavros L. Brekoulakis eds., *Arbitrability: International and Comparative Perspectives*, The Netherlands: Kluwer Law International, 2009, p. 143.

某类争议事项所涉利益太过重要而必须由一国司法机关来管辖，此类争议事项就不能够通过仲裁解决，也就不具有客观可仲裁性。本书所论述可仲裁性问题仅指客观可仲裁性，在没有特殊说明的情况下，下文所述"可仲裁性"均指"客观可仲裁性"。[①]

第二节　可仲裁性问题的法律意义

可仲裁性问题在整个仲裁制度中具有重要的意义，它贯穿仲裁制度的始末，从仲裁的基石仲裁协议到仲裁的决定者仲裁庭再到仲裁最终的结果仲裁裁决，都可以看到可仲裁性问题的身影。首先，可仲裁性问题影响仲裁协议的效力；其次，可仲裁性问题影响仲裁庭的管辖范围；最后，可仲裁性问题影响仲裁裁决的承认与执行。可仲裁性问题在仲裁制度中的重要意义进一步影响了仲裁解决社会冲突的功能的实现。

一　可仲裁性问题影响仲裁协议的效力

仲裁协议是整个仲裁法律制度的基石。[②] 任何争议事项若想通过仲裁解决，必须以存在有效的仲裁协议为前提。仲裁协议既可以是在争议发生前，双方当事人即达成的用仲裁解决纠纷的协议，也可以是在争议发生后，双方当事人达成的提交仲裁解决的协议。仲裁协议与

[①] 一般学者在论述可仲裁性问题时，如没有特殊说明，"可仲裁性"即指"客观可仲裁性"。See e. g., Nigel Blackaby, Constantine Partasides, et al., *Redfern and Hunter on International Arbitration*, New York: Oxford University Press, 2015, pp. 111 - 125; Gary B. Born, *International Commercial Arbitration*, The Netherlands: Kluwer Law International, 2021, pp. 1027 - 1138；杨良宜、莫世杰、杨大明《仲裁法，从1996年英国仲裁法到国际商务仲裁》，法律出版社2006年版，第513页；宋连斌《仲裁法》，武汉大学出版社2010年版，第17页；肖建国主编《仲裁法学》，高等教育出版社2021年版，第38页。

[②] 宋连斌：《仲裁法》，武汉大学出版社2010年版，第105页。

一般合同一样，其成立及有效需要满足一系列的形式及实质要件。争议事项具有可仲裁性即是仲裁协议有效的实质要件之一。①《纽约公约》在规定缔约国需承认仲裁协议这一推定义务的同时，也允许缔约国在仲裁协议所涉争议事项不具有可仲裁性时拒绝承认仲裁协议。②因此，只要是《纽约公约》的缔约国，均可以仲裁协议所涉争议事项不具有可仲裁性为由拒绝承认仲裁协议的效力。事实上，几乎所有《纽约公约》的缔约国在其相关仲裁立法或司法机构的实践中都就可仲裁性问题进行了规定，明确不是所有的争议事项都可以通过仲裁解决。如果仲裁协议涉一国所规定的不具有可仲裁性的争议事项，一国即可拒绝承认该仲裁协议的效力。可见，争议事项的可仲裁性问题直接影响仲裁协议的效力，整个仲裁也会因此而受到影响。

二　可仲裁性问题影响仲裁庭的管辖范围

一般来讲，争议事项是否具有可仲裁性在当事人签订仲裁协议时并不会有任何问题，只要双方可以达成选择仲裁解决争议的合意，也就不会存在就某争议事项是否具有可仲裁性而产生争议的情况。然而，一旦当事人真的产生纠纷而诉诸仲裁或诉讼时，争议事项是否具有可仲裁性的问题就会浮出水面。若一方当事人（仲裁申请人）将争议诉诸仲裁，争议事项不具有可仲裁性进而仲裁庭没有管辖权往往是另一方当事人（仲裁被申请人）的主要抗辩之一。若一方当事人（原告）将争议诉诸法院，另一方当事人（被告）往往会以存在仲裁协议为由要求法院命当事人将争议提交仲裁；此时，原告往往会以所涉争议事项不具有可仲裁性，仲裁协议无效，仲裁庭没有管辖权为由

---

① 参见肖建国主编《仲裁法学》，高等教育出版社2021年版，第63页。
② 参见《纽约公约》第2条第1款，当事人以书面协定承允彼此间所发生或可能发生之一切或任何争议，如关涉可以公断解决事项之确定法律关系，不论为契约性质与否，应提交公断时，各缔约国应承认此项协定。

来进行反驳。

在仲裁程序中,根据仲裁庭自裁管辖权原则(Competence-Competence Doctrine),①仲裁庭被推定为有权考量和判定自己是否有管辖权。②当仲裁被申请人提出争议事项不具有可仲裁性的抗辩时,仲裁庭可以根据自裁管辖权原则就此问题先行作出裁定。在诉讼程序中,根据《纽约公约》,除非仲裁协议无效、失效或不能实行,各缔约国应承认仲裁协议并命当事人提交仲裁。③如前所述,争议事项不具有可仲裁性会导致仲裁协议无效,而仲裁协议无效又会导致仲裁庭丧失管辖权。因此,一旦争议事项不具有可仲裁性,法院即可拒绝承认仲裁庭就该争议的管辖,仲裁庭也必须作出放弃管辖的裁定,由法院通过司法途径解决争议。

如所涉争议事项既有可仲裁性争议事项又有不可仲裁性争议事项,仲裁庭的管辖范围应如何认定,目前的国际公约以及各国立法并没有明确的规定。有学者认为当下的立法措辞表现出"以偏概全"的态度,即只要仲裁事项具有不可仲裁性,不论是整体不可仲裁还是局部不可仲裁,不论该可仲裁性争议事项与不可仲裁性争议事项是否可以分割,仲裁庭均对该事项无裁决权。④笔者以为,由《纽约公约》

---

① 就仲裁庭自裁管辖权的规定比较有代表性的属《联合国贸易法委员会国际商事仲裁示范法》(UNCITRAL Model Law on International Commercial Arbitration)(以下简称《示范法》)的规定。《示范法》第16条第1款规定,仲裁庭可以对其管辖权,包括对关于仲裁协议的存在或效力的任何异议作出裁定。尽管该原则在最初并未得到普遍接受,现在,世界上大多数国家的仲裁立法以及主要仲裁机构的仲裁规则,基本上都接受了该原则。

② See Gary B. Born, *International Arbitration: Law and Practice*, The Netherlands: Kluwer Law International, 2012, p. 52.

③ 参见《纽约公约》第2条第1款,当事人以书面协定承允彼此间所发生或可能发生之一切或任何争议,如关涉可以公断解决事项之确定法律关系,不论为契约性质与否,应提交公断时,各缔约国应承认此项协定;第2条第3款,当事人就诉讼事项订有本条所称之协定者,缔约国法院受理诉讼时应依当事人一造之请求,命当事人提交公断,但前述协定经法院认定无效、失效或不能实行者不在此限。

④ 参见欧明生《民商事纠纷可仲裁性问题研究》,浙江大学出版社2013年版,第36—37页。

的相关规定,①结合目前支持仲裁发展、扩大仲裁适用范围的趋势可以推出,如果争议事项仅是局部不可仲裁或者可仲裁性争议事项与不可仲裁性争议事项可以分割,对具有可仲裁性的争议事项应肯定仲裁庭对其的管辖。可仲裁性争议事项与不可仲裁性争议事项的混合仅仅对仲裁庭的管辖范围产生影响,并不根本否定仲裁庭对该争议事项的整体的管辖权。②无论何种情况,我们可以清晰地看到,争议事项的可仲裁性问题会对仲裁庭的管辖范围产生影响。

三 可仲裁性问题影响仲裁裁决的承认与执行

可仲裁性问题除了会对仲裁协议的效力以及仲裁庭的管辖范围造成影响以外,在仲裁裁决的承认与执行过程中,也占据着重要地位。国内仲裁裁决作出后面临着撤销与否和执行与否的问题;国际仲裁裁决作出后,除撤销问题以外,在执行前还需要考虑在一国是否会得到承认的问题。《纽约公约》以及《示范法》等国际公约均规定,争议事项不具有可仲裁性是一国拒绝承认和执行仲裁裁决的理由之一。③

---

① 参见《纽约公约》第5条第1款第3项,裁决所处理之争议非为交付公断之标的或不在其条款之列,或裁决载有关于交付公断范围以外事项之决定者,但交付公断事项之决定可与未交付公断之事项划分时,裁决中关于交付公断事项之决定部分得予承认及执行。由此条规定可以看出执行仲裁裁决时若有仲裁协议以外的事项的决定,可以将仲裁协议以外的事项的决定与仲裁协议以内的事项分开,仅执行仲裁协议以内的事项。据此,笔者以为可以类推解释认为可仲裁性争议事项与不可仲裁性争议事项同时存在,并不当然否定仲裁庭的管辖权,可以将可仲裁性争议事项与不可仲裁性争议事项分开,肯定仲裁庭对可仲裁性争议的管辖。

② 将可仲裁性争议事项与不可仲裁性争议事项进行分割,进而划分法院与仲裁庭的管辖范围,在实际应用中,可能反而会使争议解决的程序更加复杂,不利于争议的解决,也不符合仲裁高效的特点。笔者此处仅从理论上说明存在这种可能性,至于此种做法是否实用还有待进一步分析论证。考虑到篇幅及本书的主要论述问题,此处不对此问题做更多论述。

③ 参见《纽约公约》第1条第3款,……任何国家亦得声明,该国唯于争议起于法律关系,不论其为契约性质与否,而依提出声明国家之国内法为系属商事关系者,始适用本公约。第5条第2款,倘申请承认及执行地所在国之主管机关认定有下列情形之一,亦得拒不承认及执行公断裁决:(甲)依该国法律,争议事项系不能以公断解决者;《示范法》第36条第1款第2项,仲裁裁决不论在何国境内作出,仅在下列任何情形下才可拒绝予以承认或执行……法院认定有下列任何情形:(i)根据本国的法律,争议事项不能通过仲裁解决。

第一章 可仲裁性问题概述

如果某争议事项依承认与执行国的法律规定不具有可仲裁性,则涉该争议事项的仲裁裁决在该国即可不被承认与执行。可见,即便仲裁庭作出了仲裁裁决,仲裁裁决也可能因为可仲裁性问题而得不到承认与执行。

四 可仲裁性问题影响仲裁解决社会冲突的功能的实现

社会冲突广泛存在于人类社会中,其本身具有一定的违法和危害性质,解决社会冲突对维护社会的稳定以及人类的发展有重要意义。① 在诸多解决社会冲突的手段中,仲裁以当事人意思自治为原则,充分尊重冲突主体的意志,与和解、调解、诉讼等共同构成多元化争议解决机制,在解决社会冲突中发挥着重要作用。伴随着全球经济一体化的发展,仲裁成为越来越多商事主体在解决国际争议时的首选。相应地,各国国内仲裁也得到快速发展。可仲裁性问题贯穿整个仲裁制度的始终,对仲裁解决社会冲突功能的实现有重要影响。可仲裁性争议事项范围越广,更多的社会冲突可通过仲裁得以解决;可仲裁性争议事项的限制越多,可通过仲裁解决的社会冲突越少。②

第三节 可仲裁性问题的理论依据

理论上讲,任何可以由一国法院解决的争议事项应该也可以由仲裁庭解决。③ 但是,无论是国际公约还是各国的仲裁立法或司法实践,都会限制可以用仲裁解决的争议事项的范围,这是由仲裁本身的性质

---

① 参见顾培东《社会冲突与诉讼机制》,法律出版社 2016 年版,第 27 页。
② 参见肖建国主编《仲裁法学》,高等教育出版社 2021 年版,第 39 页;杨秀清《仲裁司法审查裁判规则理论与实务》,法律出版社 2021 年版,第 3 页。
③ See Nigel Blackaby, Constantine Partasides, et al., *Redfern and Hunter on International Arbitration*, New York: Oxford University Press, 2015, p. 111.

和一国的公共政策决定的。

一 仲裁性质

仲裁性质是分析仲裁制度的理论起点。对仲裁性质的不同理解会对仲裁实践产生不同影响,因此,仲裁制度的研究需要首先正确认识和理解仲裁性质,可仲裁性问题的研究也是如此。

就仲裁性质的争论开始于1901年巴黎上诉法院作出的 Del Drago 案,① 时隔百年,该问题仍未达成共识。通说认为存在四种学说:仲裁司法说(jurisdictional theory),仲裁契约说(contractual theory),仲裁自治说(autonomous theory)和仲裁混合说(mixed or hybrid theory)。②

仲裁司法说主要流行于一些大陆法系国家。③ 该学说强调国家对仲裁的控制和调整。④ 根据该学说,仲裁协议的效力来源于一国的国内法规范;仲裁庭的审判权并非源于当事人的仲裁协议,而是来源于国家主权;仲裁裁决与法院判决具有同等效力,其在外国的执行被按照外国判决而非合同对待。⑤ 实践中,在引发仲裁性质之争的 Del Dra-

---

① 在 Del Drago 案中,巴黎上诉法院就外国仲裁裁决应被等同于合同还是判决作出了解释,引发了仲裁性质的争论。See Julian D. M. Lew, Loukas A. Mistelis, et al., *Comparative International Commercial Arbitration*, The Netherlands: Kluwer Law International, 2003, p. 76; Adam Samuel, "Separability of Arbitration Clauses-Some Awkward Questions About the Law on Contracts, Conflict of Laws and the Administration of Justice" (April 2021), https://adamsamuel.com/wp-content/uploads/2021/04/separabi-1.pdf.

② 参见黄进、宋连斌、徐前权《仲裁法学》,中国政法大学出版社2008年版,第7—12页;韩健《现代国际商事仲裁法的理论与实践》,法律出版社2000年版,第34页;宋连斌《仲裁法》,武汉大学出版社2010年版,第8—14页;乔欣主编《和谐文化理念视角下的中国仲裁制度研究》,厦门大学出版社2011年版,第45页;欧明生《民商事纠纷可仲裁性问题研究》,浙江大学出版社2013年版,第7—23页;晏玲菊《国际商事仲裁制度的经济学分析》,上海三联书店2016年版,第34—41页;Julian D. M. Lew, Loukas A. Mistelis, et al., *Comparative International Commercial Arbitration*, The Netherlands: Kluwer Law International, 2003, pp. 71–82.

③ 参见晏玲菊《国际商事仲裁制度的经济学分析》,上海三联书店2016年版,第35页。

④ 参见乔欣《仲裁法学》,清华大学出版社2020年版,第11页。

⑤ 参见晏玲菊《国际商事仲裁制度的经济学分析》,上海三联书店2016年版,第36页。

go 案中，巴黎上诉法院认为外国仲裁裁决等同于外国的法院判决。[1]在 2000 年英国上诉法院作出的 *AT & T Corporation and another v. Saudi Cable Company* 案中，法院认为判断仲裁员是否存在偏见的标准与适用于法官的标准一致。[2] 这两个案件均强调了仲裁的司法属性，在解决仲裁制度中的相关问题时适用诉讼制度中的相关规定，是仲裁司法说的代表性案例。

仲裁契约说与仲裁司法说完全相悖，该说认为仲裁即契约，仲裁协议是自成一类的合同，其本质是当事人意思自治；仲裁员的仲裁权来源于当事人的合意。在仲裁裁决这一问题上，传统的仲裁契约说认为仲裁员实则是当事人的代理人，仲裁裁决即仲裁员作为当事人的代理人所订立的合同。[3] 现代仲裁契约说否认了仲裁员为当事人代理人的说法，认为仲裁裁决是合同关系的直接后果，仲裁裁决的终局性体现的是当事人信守彼此将遵守仲裁庭作出的裁决的承诺，是一种遵守仲裁协议义务的延伸。[4] 尽管传统契约说和现代契约说在仲裁裁决这一问题上说法不一，但本质上并未突破仲裁即契约，仲裁的本质是当事人的意思自治。

仲裁混合说是当下占主导地位的学说，其融合了司法说和契约说两种学说。该说认为仲裁的有效性来自当事人合意达成的仲裁协议，但是仲裁程序一旦开始，诉讼法的强行规范将有更多的影响力。也就

---

[1] See Julian D. M. Lew, Loukas A. Mistelis, et al., *Comparative International Commercial Arbitration*, The Netherlands: Kluwer Law International, 2003, p.76.

[2] See Julian D. M. Lew, Loukas A. Mistelis, et al., *Comparative International Commercial Arbitration*, The Netherlands: Kluwer Law International, 2003, p.76.

[3] See A. Samuel, *Jurisdictional Problems in International Commercial Arbitration: A Study of Belgian, Dutch, English, French, Swedish, U.S. and West German Law*, 转引自黄进、宋连斌、徐前权《仲裁法学》，中国政法大学出版社 2008 年版，第 9 页。

[4] See A. Samuel, *Jurisdictional Problems in International Commercial Arbitration: A Study of Belgian, Dutch, English, French, Swedish, U.S. and West German Law*, 转引自黄进、宋连斌、徐前权《仲裁法学》，中国政法大学出版社 2008 年版，第 9—10 页。

是说，仲裁源于私人契约，但同时受司法制度的规范。在仲裁中，当事人之间的意思自治不能超越法律体系而行使，司法权要保障仲裁制度的实现。① 索瑟-霍尔（Sauser-Hall）教授在1952年国际法研究院（Institute de Droit International）的会议报告中就仲裁混合说做了详细的阐释，他认为仲裁不可能超越司法而存在，仲裁协议的效力及仲裁裁决的执行一定是受到法律规制的；他同时承认仲裁源于私人契约，仲裁员的选任及仲裁规则的适用等取决于当事人的协议。他认为仲裁的司法属性及契约属性不可分割地交织在一起。②

仲裁自治说最早由拉柏林-戴维其（Rubellin-Devichit）在1965年提出。她认为仲裁的性质既非司法性，也非契约性，亦不是二者的混合。仲裁的性质是由仲裁制度的目的和功能决定的。③ 该说认为仲裁并不是一国专门设计出来的法律制度，而是商人们在实践过程中发展出来的争议解决方式。仲裁的目标为满足当事人的愿望，功能是发展商人法。④ 仲裁协议的效力、仲裁员的行为和仲裁裁决的执行等均取决于当事人解决争议的需求。特别是在国际仲裁中，仲裁实践一直是一国仲裁法修改及发展的催化剂，而影响仲裁实践的则是仲裁程序本身以及仲裁制度的使用者，因此，仲裁是为实现一系列特定目标而发展出的超越一国法律体系的自治体系。⑤

除以上四种通说以外，亦有学者提出准司法说、民间性说及行政

---

① 参见晏玲菊《国际商事仲裁制度的经济学分析》，上海三联书店2016年版，第39—40页。

② See Julian D. M. Lew, Loukas A. Mistelis, et al., *Comparative International Commercial Arbitration*, The Netherlands: Kluwer Law International, 2003, pp. 79-80.

③ See Julian D. M. Lew, Loukas A. Mistelis, et al., *Comparative International Commercial Arbitration*, The Netherlands: Kluwer Law International, 2003, p. 81.

④ 参见宋连斌《仲裁法》，武汉大学出版社2010年版，第12—13页。

⑤ See Julian D. M. Lew, Loukas A. Mistelis, et al., *Comparative International Commercial Arbitration*, The Netherlands: Kluwer Law International, 2003, pp. 81-82; Gary B. Born, *International Commercial Arbitration*, The Netherlands: Kluwer Law International, 2021, p. 244.

性说等学说。① 准司法说认为仲裁解决的争议以一国法律为依据，有法定的程序，仲裁机构是保证法律贯彻实施的机构，因此，仲裁活动是一种准司法活动，是国家司法制度的必要补充和变通，仲裁程序是一种准司法程序，仲裁制度是一种准司法制度。② 民间性说认为仲裁生来即具有民间性，仲裁本身是当事人自愿的民间自治行为，仲裁机构是民间组织。③ 亦有学者认为仲裁的民间性是从仲裁权的性质来看仲裁的性质，因仲裁权来源于民间性契约，仲裁便具有民间性。④ 行政性说认为仲裁具有行政性质，其依据在于仲裁机构是行政管理机构，仲裁程序具有行政程序的特点，仲裁裁决实质上是一种行政决定。⑤ 笔者以为，仲裁民间性说实则从不同的角度去阐释仲裁契约说，其本质仍为尊重当事人的意思自治。仲裁行政性说则是从我国实践中的行政仲裁总结而来的，与国际上通说的私主体之间的仲裁的性质不同。

根据仲裁性质的不同学说，可仲裁性问题的界定也不同。仲裁司法说强调国家对仲裁的控制和调整，由此，可仲裁性问题的界定亦强调国家对其的控制和调整。仲裁契约说将仲裁性质界定为契约性，可仲裁性问题即同时受到契约局限性的影响。契约的本质是约定，当事人尽管可以约定任何事情，但是并不是所有约定都能得到社会法律的

---

① 参见谭冰主编《中国仲裁制度的改革与完善》，人民出版社2005年版，第112—114页；乔欣《仲裁法学》，清华大学出版社2020年版，第13—15页；肖建国主编《仲裁法学》，高等教育出版社2021年版，第12—13页。
② 参见谭兵主编《中国仲裁制度研究》，法律出版社1995年版，第12—13页。值得注意的是，谭兵教授在其2005年主编出版的《中国仲裁制度的改革与完善》中，认为仲裁是一种民间性的法律冲突救济机制，强调仲裁的民间性而非仲裁准司法性。参见谭冰主编《中国仲裁制度的改革与完善》，人民出版社2005年版，第112—114页。
③ 参见谭冰主编《中国仲裁制度的改革与完善》，人民出版社2005年版，第114页。
④ 参见乔欣《仲裁法学》，清华大学出版社2020年版，第14—15页；肖建国主编《仲裁法学》，高等教育出版社2021年版，第13页。
⑤ 参见乔欣《仲裁法学》，清华大学出版社2020年版，第14页；肖建国主编《仲裁法学》，高等教育出版社2021年版，第12—13页。

认可，因此，只有具有可契约性的事项才可以仲裁。[①] 仲裁混合说将司法说和契约说融合，契约性是仲裁的本质，但仲裁同时受到司法的限制。相应地，争议的可仲裁性需要同时满足契约性和司法性。仲裁自治说从仲裁制度的目的和功能出发界定仲裁的性质，可仲裁性问题的界定也应符合仲裁制度的目的和功能，应从有利于争议高效解决，促进商事发展，满足当事人意思自治出发。仲裁准司法说将仲裁认定为一种准司法制度，相应地，但凡可以由司法机关通过司法解决的争议就应同时可以仲裁。[②]

笔者以为，仲裁司法说夸大了仲裁与司法的联系，仲裁契约说忽视了司法对仲裁的影响，这两种学说都没有正确反映仲裁的性质。仲裁混合说从折中的角度，避免了司法说与契约说的片面性，尽管有学者认为这种折中是毫无意义的，[③] 但笔者以为仲裁混合说在确定仲裁的性质上还是具有一定的进步性和意义的。混合说既看到了仲裁的契约本质，又指出仲裁受到一定的司法限制，抛开国际仲裁不谈，该学说在界定国内仲裁的性质时还是比较准确的。与国际仲裁不同，国内仲裁主要解决本国当事人之间的没有涉外因素的争议，受一国国内实体法和程序法的规制，一国司法对其的影响比较明显。因此，只看到仲裁司法性或契约性的司法说或契约说不能准确反映国内仲裁的性质，兼顾了二者的混合说更准确地反映了国内仲裁的性质。

国际仲裁不同于国内仲裁。国际仲裁是在国际贸易发展的过程中产生的一种争议解决机制，它并非是专门创设的法律制度，其发展与完善主要是基于商人的实践。国际仲裁中的仲裁协议的当事人、仲裁

[①] 参见欧明生《民商事纠纷可仲裁性问题研究》，浙江大学出版社2013年版，第25页。
[②] 参见欧明生《民商事纠纷可仲裁性问题研究》，浙江大学出版社2013年版，第28页。
[③] 参见［法］伊曼纽尔·盖拉德《国际仲裁的法理思考和实践指导》，黄洁译，北京大学出版社2010年版，第13页（伊曼纽尔·盖拉德认为关于仲裁是司法属性还是契约属性的争论最终以毫无意义的结论收场，即认为仲裁具有司法和契约的混合属性）。

庭的组成可能来自不同国家，仲裁裁决可能在世界多个国家被当事人申请承认与执行，笔者以为仲裁混合说并不能准确地反映国际仲裁的性质，仲裁自治说强调仲裁制度的目的和功能，更符合国际仲裁，国际仲裁的性质应采用仲裁自治说。

就可仲裁性问题而言，由于国内仲裁和国际仲裁的性质有所不同，笔者以为，可仲裁性问题在国内仲裁和国际仲裁中也相应地应该有所区别。国内仲裁可仲裁性问题的确定应同时考虑仲裁的契约本质以及司法对仲裁制度的影响；国际仲裁可仲裁性问题的确定，则应更多地考虑仲裁作为一种争议解决制度的目的和功能。

二 公共政策

长久以来，公共政策一直被认为对可仲裁性问题有重要影响，某类争议事项是否具有可仲裁性取决于一国的公共政策。[1] 雷德芬（Redfern）教授和亨特（Hunter）教授认为争议事项的可仲裁性问题就是一国对仲裁的公共政策的限制。他们指出正是因为仲裁是一种私人的争议解决方式却有着公共结果，因此，某些类型的争议事项被一国预留在法院的管辖范围内，这些争议事项也就不具有可仲裁性。[2]《纽约公约》及《示范法》等国际公约之所以没有给出一个明确的可仲裁性争议事项的范围也是由于其将可仲裁性问题视为一国的公共政策，考虑到其受一国的政治、社会、经济政策等影响，在各国之间存

---

[1] See e. g., Loukas A. Mistelis, "Arbitrability-International and Comparative Perspectives", in Loukas A. Mistelis and Stavros L. Brekoulakis eds., *Arbitrability*: *International and Comparative Perspectives*, The Netherlands: Kluwer Law International, 2009, p. 8；杨良宜、莫世杰、杨大明《仲裁法，从1996年英国仲裁法到国际商务仲裁》，法律出版社2006年版，第513页；中国国际仲裁30人编著《1958年〈承认与执行外国仲裁裁决公约〉（〈纽约公约〉）理论与适用》，法律出版社2020年版，第200页。

[2] See Nigel Blackaby, Constantine Partasides, et al., *Redfern and Hunter on International Arbitration*, New York: Oxford University Press, 2015, p. 111.

可仲裁性问题的比较研究

在很大的分歧，难以找到一个可以被大多数国家所接受的判断标准，为得到更多国家的承认，便将可仲裁性问题留给了各个缔约国自己规定。事实上，各国对可仲裁性问题的规定并无统一标准，这也从侧面体现了一国公共政策对可仲裁性问题的影响。

仲裁的发展历史从另一个角度证明了公共政策对可仲裁性问题的影响。早期，各国就可仲裁性问题的规定颇为严格。这主要是因为仲裁这一争议解决机制在各国并未受到重视，各国司法机构对仲裁也存有一种质疑和敌视的态度。以美国为例，仲裁程序被认为存在一定的问题。仲裁程序中的事实认定、庭审笔录的记录、证据规则的适用等被认为无法和诉讼程序相媲美。① 仲裁裁决可以只写裁决结果而不写裁决的推论过程的规定也受到了众多批评。② 仲裁员适用法律法规及一国公共政策的能力亦受到质疑。由于仲裁员主要是从商业界中选任的，既不是律师也不是法官，对法律的适用也没有经验，在国际仲裁中，仲裁员甚至可能来自其他国家，这样的仲裁员是否能够正确适用一国法律及公共政策受到了诸多怀疑。③ 他们是否有义务适用一国的

---

① See Alexander v. Gardner-Denver, 415 U. S. 36, 57 – 58 (1974) (stating the factfinding process in arbitration usually is not equivalent to judicial factfinding, and the record of the arbitration proceedings is not as complete, the usual rules of evidence do not apply, and rights and procedures common the civil trials, such as discovery, compulsory process, cross-examination, and testimony under oath are often severly limited or unavailable.) . See also, Bernhardt v. Polygraphic Co. , 350 U. S. 198, 203 (1956) (stating the record of arbitrators' proceedings is not as complete as it is in a court trial) ; Wilko v. Swan, 346 U. S. 427, 435 – 437 (1953) .

② See Scherk v. Alberto-Culver Co. , 417 U. S. 506 (1974) (Judge Douglas stated in dissenting opinion that an arbitral award can be made without explication of reasons. Arbitrator's application of law could be absolutely incorrect while there is no way to review it.) . See also, Bernhardt v. Polygraphic Co. , 350 U. S. 198, 203 (1956) (stating the change from a conrt of law to an arbitration may make a radical difference in intimate result [as] ……arbitrators need not give their reasons for their results.) .

③ See e. g. , American Safety Equipment Corp. v. Hickok Manufacturing Co. , Inc. & J. P. Maguire & Co. , Inc. , 391 F. 2d 821, 827 (2nd Cir. 1968) (stating since commercial arbitrators are frequently men drawn for their business expertise, it hardly seems proper for them to determine these issues of great public interest.); University Life Insurance Co. v. Unimarc Ltd. , 699 F. 2d 846, 851 (CA 1983) (stating arbitrators who are not judges, and often not even lawyers can not decide antitrust issues.) .

第一章 可仲裁性问题概述

法律及公共政策也是质疑争议事项是否可以由仲裁解决的重要原因。[①] 然而，随着仲裁的不断发展以及世界经济的发展，仲裁作为一种争议解决方式逐渐在国际商事领域中显现出优势，国际仲裁制度和仲裁员的能力得到信任，仲裁在减轻国家法院的案件压力中有重大作用，支持仲裁（pro-arbitration）成为国际大环境，世界各国对仲裁的态度相继发生了变化，建立并成为国际仲裁中心是许多国家的发展目标。传统限制可仲裁争议事项的理由很难再成立，在国际仲裁中，以法国为代表，许多国家发展出了国际公共政策，专门适用于国际仲裁（参见第3章）。仲裁的适用范围从传统的商事领域进一步扩大到其他领域，越来越多的争议事项可以通过仲裁解决。可见，公共政策的变化对可仲裁性问题的认定有重要影响。

然而，有学者指出"公共政策"是一个过于宽泛的概念，各个国家也没有对其给出一个准确的界定，在当今支持仲裁的大环境下，并不是所有的公共政策都会导致某类争议事项不具有可仲裁性，因此，以公共政策为基础解释可仲裁性问题是非常有限的，可仲裁性问题的解释不应建立在公共政策上，而应建立在仲裁作为一种争议解决手段的自身局限性上。[②] 根据此观点，仲裁本身有其难以克服的局限性。由于仲裁的本质在于当事人意思自治，能否仲裁的前提在于是否有当事人的合意，因此，仲裁的这种契约属性就导致仲裁无法影响大批的人，可仲裁性争议事项的范围也就因此而受到限制，比如，破产程序争议由于涉及不同的当事人以及多种争议事项，就不适合通过仲裁解

[①] See Stavros L. Brekoulakis, "On Arbitrability: Persisting Misconceptions and New Areas of Concern", in Loukas A. Mistelis and Stavros L. Brekoulakis eds., *Arbitrability: International and Comparative Perspectives*, The Netherlands: Kluwer Law International, 2009, p. 30.

[②] See Stavros L. Brekoulakis, "On Arbitrability: Persisting Misconceptions and New Areas of Concern", in Loukas A. Mistelis and Stavros L. Brekoulakis eds., *Arbitrability: International and Comparative Perspectives*, The Netherlands: Kluwer Law International, 2009, pp. 32-37.

决。考虑到仲裁的主要目的是高效地解决争议,可仲裁性的判断就应建立在某类争议事项是否能够被仲裁庭高效地解决之上。[①] 正是仲裁程序的效率决定了当事人是否决定用仲裁解决其争议,这与仲裁庭的功能以及仲裁的本质都是相符的。因此,大部分争议事项都应该具有可仲裁性,只有在极少数的情况下,且通常是在国内仲裁的情况下,才可能出现不具有可仲裁性的争议事项。[②]

笔者以为,从仲裁本身的局限性出发认定可仲裁性,实质上就是从仲裁的性质出发认定可仲裁性,但是并不能就此完全抛弃或者否定公共政策对可仲裁性问题的影响。同样以破产程序为例,破产程序尽管涉及多种争议事项和多方当事人,但是各国对破产程序中争议事项的可仲裁性并不是完全的否定(详见第4章)。而且,从仲裁发展的历史来看,可仲裁性争议事项范围的变化随着一国对仲裁态度的变化而变化。可见,一国的公共政策是分析可仲裁性问题的重要理论依据之一。

三 小结

仲裁性质与一国公共政策是分析可仲裁性问题的重要理论依据。仲裁性质的不同学说对可仲裁性问题的界定不同。尽管就仲裁的性质存在多种学说,但是,同时兼顾了仲裁契约性与司法性的混合说更准确地反映了国内仲裁的性质。因此,国内仲裁的可仲裁性问题的分析需要同时考虑仲裁的契约本质以及司法对仲裁制度的影响。国际仲裁

[①] See Stavros L. Brekoulakis, "On Arbitrability: Persisting Misconceptions and New Areas of Concern", in Loukas A. Mistelis and Stavros L. Brekoulakis eds., *Arbitrability: International and Comparative Perspectives*, The Netherlands: Kluwer Law International, 2009, pp. 32 - 37.

[②] See Karim Abou Youssef, "The Death of Inarbitrability", in Loukas A. Mistelis and Stavros L. Brekoulakis eds., *Arbitrability: International and Comparative Perspectives*, The Netherlands: Kluwer Law International, 2009, pp. 48 - 52.

的发展突破了国内仲裁的限制,有其自身的特点,在仲裁性质的诸多学说中,仲裁自治说看到了国际仲裁的特殊性,反映了国际仲裁的性质。因此,国际仲裁中可仲裁性问题的分析应以仲裁自治说为依据,从仲裁制度的目的和功能出发。一国的公共政策对可仲裁性问题的影响随着公共政策的不断变化而变化。历史上,公共政策对可仲裁性问题的分析曾起到非常重要的作用,但是,随着全球化和国际贸易的发展,公共政策对可仲裁性问题的影响越来越有限,国际仲裁中甚至单独发展出了国际公共政策,专门适用于国际仲裁,旨在减小一国公共政策对可仲裁性问题的影响。尽管如此,公共政策在可仲裁性问题的分析中还是占据着一席地位,可仲裁性问题的分析不能完全抛弃公共政策。

第四节　可仲裁性问题与易混概念的辨析

各国就可仲裁性问题的规定常常与仲裁管辖权、仲裁协议的效力和公共政策捆绑在一起,导致可仲裁性问题的判断时常被误等同于仲裁管辖权的确定、仲裁协议效力的判断,甚至将可仲裁性问题与公共政策混为一谈。尽管可仲裁性问题与仲裁管辖权、仲裁协议的效力和公共政策有着密切的联系,但是,其本身是完全不同的概念。

一　可仲裁性问题与仲裁管辖权

依据国际上通行的理论,可仲裁性与仲裁管辖权是两个独立的概念。二者的关系仅为争议事项的可仲裁性影响仲裁管辖权,仲裁庭对不具有可仲裁性的争议事项没有管辖权。但是,可仲裁性问题与仲裁管辖权常被混淆,特别是在美国法上,二者有着极为特殊的关系。美国法上的可仲裁性问题不仅指国际上通行的主观可仲裁性和客观可仲裁性两层含义，仲裁管辖权的问题亦包含其中，比如，仲裁协议的效力应由仲裁庭抑或是法院来决定，争议事项的可仲裁性应由仲裁庭抑或是法院来决定等。① 与世界上其他国家均不同，在美国法上，可仲裁性问题与仲裁管辖权并不是互相独立的概念，而是包含与被包含的关系。②

二 可仲裁性问题与仲裁协议的效力

可仲裁性问题尽管对仲裁协议的效力有影响，但是，可仲裁性问题并不等同于仲裁协议的效力，二者是两个完全不同的概念。

第一，可仲裁性问题的规定与仲裁协议效力的规定的法律渊源不同。③ 可仲裁性问题的规定一般来自规定具体争议的相关成文法或者一国规定仲裁的程序法，比如，刑法的相关立法，破产法的相关立法、民事诉讼法中的仲裁部分等；仲裁协议效力的规定则来自一般合同法中的相关原则，比如，显失公平、欺诈等。④

第二，争议事项不具有可仲裁性与仲裁协议无效完全不同。⑤ 争议事项不具有可仲裁性是指该争议事项不能通过仲裁解决，仲裁协议无效是指该仲裁协议违反了相关的实质或形式要件。争议事项不具有可仲裁性是仲裁协议效力的实质要件之一，争议事项不具有可仲裁性

---

① See Laurence Shore, "The United States' Perspective on 'Arbitrability'", in Loukas A. Mistelis and Stavros L. Brekoulakis eds., *Arbitrability: International and Comparative Perspectives*, The Netherlands: Kluwer Law International, 2009, pp. 69–72.

② 本书所论述的可仲裁性问题仅指国际上通说的可仲裁性概念，不包括美国法中所包含的仲裁管辖权问题。

③ See Gary B. Born, *International Commercial Arbitration*, The Netherlands: Kluwer Law International, 2021, p. 1034.

④ 比如，我国《仲裁法》第十七条第三款规定一方采取胁迫手段，迫使对方订立仲裁协议的，仲裁协议无效。

⑤ See Gary B. Born, *International Commercial Arbitration*, The Netherlands: Kluwer Law International, 2021, p. 1034.

会导致该仲裁协议无效,[①] 但是仲裁协议的无效（比如，显失公平或欺诈等）并不必然意味着该仲裁协议下的争议事项不具有可仲裁性。反过来，通过涉某类争议事项的仲裁协议有效的规定可以得出此类争议事项具有可仲裁性，但是，某类争议事项具有可仲裁性并不必然意味着涉该类争议事项的仲裁协议有效。

三 可仲裁性问题与公共政策

可仲裁性问题与公共政策是两个既紧密联系又彼此区别的概念。如前文所述，尽管各国一般都承认并尊重当事人的意思自治，当事人可以自由决定用仲裁解决彼此间的争议，但是，各国会根据本国的社会、政治、经济等公共政策排除一定的争议事项，各国排除的争议事项即不具有可仲裁性的争议事项。因此，一国的公共政策对认定某类争议事项是否具有可仲裁性有一定的影响。

公共政策与可仲裁性问题又彼此区别。首先，可仲裁性问题有明确的概念，且是一国的强制规定的组成部分。而公共政策本身是一个非常模糊的概念，有学者将其称为"一只没有被驯服的野马（an unruly horse）"，只有一个精通骑术的人才可以驾驭。[②] 其体现的是一国的政治、经济、社会政策等，而且会随着时间及一国在政治、经济、社会政策等方面的变化而变化。其次，可仲裁性问题尽管受公共政策影响，但是违反公共政策并不必然等于争议事项不具有可仲裁性。直接决定某类争议事项可仲裁性的是一国的立法意图，如果一国的立法没有排除某类争议事项的可仲裁性，仅因为此类争议涉公共政策并不

---

① 比如，我国《仲裁法》第十七条第一款规定仲裁协议约定的仲裁事项超出法律规定的仲裁范围的，仲裁协议无效。

② See Richardson v. Mellish，(1824) 2 Bing 228，转引自杨良宜、莫世杰、杨大明《仲裁法，从开庭审理到裁决书的作出与执行》，法律出版社2010年版，第736页。

能据此认定此类争议事项没有可仲裁性。① 以各国的强制规定为例，有时，一国会从公共政策的角度出发规定必须适用某一强制规定，但是这并不必然意味着涉此类强制规定的争议事项就不具有可仲裁性。② 最后，可仲裁性问题因争议本身产生，对其的审查，既可以在确认仲裁协议效力时，也可以在提出仲裁管辖权异议时，也可以是在仲裁裁决的承认与执行阶段。而违反公共政策仅仅适用于仲裁裁决的承认与执行阶段。③

《纽约公约》的规定充分体现了可仲裁性问题与公共政策两个概念的关系。《纽约公约》第5条第2款第1项规定一国可以争议事项不具有可仲裁性为由而拒绝承认与执行仲裁裁决。④ 第5条第2款第2项规定一国可以违反公共政策为由而拒绝承认与执行仲裁裁决。⑤ 将可仲裁性与公共政策单独放在第5条第2款，而不是与第5条第1款的一般规定放在一起，充分说明二者存在一定的联系与共同点。但是，第5条第2款将可仲裁性与公共政策分为两条又充分说明了二者的不同，与公共政策冲突的仲裁裁决不能被承认与执行，这是从实体

---

① See e.g., Judgment of 14 October 1993, Société Aplix v. Société Velcro, 1994 Rev. arb. 164, 167 (Paris Courd'appel) ("arbitrability of a dispute is not excluded solely because public policy rules are applicable to this dispute; in international arbitration, an arbitrator decides on its own jurisdiction with regard to arbitrability of the dispute, taking into account the rules of international public order, has the power to apply these rules and principles and order sanctions for violation of these rules, subject to subsequent control by the annulment judge."), cited in Gary B. Born, *International Commercial Arbitration*, The Netherlands: Kluwer Law International, 2021, p. 1037, note 47.

② See Gary B. Born, *International Commercial Arbitration*, The Netherlands: Kluwer Law International, 2021, pp. 1035–1036.

③ 参见中国国际仲裁30人编著《1958年〈承认与执行外国仲裁裁决公约〉（〈纽约公约〉）理论与适用》，法律出版社2020年版，第200—201页。

④ 参见《纽约公约》第5条第2款第1项，倘申请承认及执行地所在国之主管机关认定有下列情形之一，亦得拒不承认及执行仲裁裁决：依该国法律，争议事项系不能以仲裁解决者。

⑤ 参见《纽约公约》第5条第2款第2项，倘申请承认及执行地所在国之主管机关认定有下列情形之一，亦得拒不承认及执行仲裁裁决：承认或执行裁决有违该国公共政策。

角度出发为仲裁员和其所作出的仲裁裁决设定了一个不可突破的标准。但是，可仲裁性问题只是承认与执行仲裁裁决程序上的一个限定，不具有可仲裁性仅说明仲裁程序不能被用于此类争议事项并且仲裁庭不得就此类争议事项作出一个有约束力的裁决。[1]

第五节 本章小结

可仲裁性问题古已有之，一般来讲，"可仲裁性"指的就是客观可仲裁性，即某类争议事项是否可以仲裁。研究可仲裁性问题对整个仲裁制度的研究有重要意义。可仲裁性问题的影响贯穿整个仲裁程序，从仲裁的基石仲裁协议的效力到仲裁的决定者仲裁庭的管辖范围再到仲裁最终的结果仲裁裁决的承认与执行，可仲裁性问题都占据着一席之位。可仲裁性问题亦对仲裁作为一种解决社会冲突手段的功能的实现有影响。

仲裁的性质和公共政策是研究可仲裁性问题的理论依据，仲裁的性质决定着可仲裁性问题的研究方向，公共政策的不同及变化对可仲裁性问题规定的不同和变化有影响。

尽管国际公约并未给可仲裁性下准确的定义，但是世界各国都有关于可仲裁性问题的规定，且常常与仲裁管辖权、仲裁协议的效力和公共政策捆绑在一起。然而，可仲裁性问题仅在美国法上被与仲裁管辖权混为一谈，在国际通说上，二者为独立的两个概念。可仲裁性问题与仲裁协议效力和公共政策亦是完全不同的概念。争议事项不具有可仲裁性是仲裁协议效力的实质要件之一，但是仲裁协议的无效并不

---

[1] See Gary B. Born, *International Commercial Arbitration*, The Netherlands: Kluwer Law International, 2021, p. 1037; Homayoon Arfazadeh, "Arbitrability under the New York Convention: the Lex Fori Revisited", *Arbitration International*, Vol. 17, No. 1, March 2001, p. 86.

必然意味着协议下的争议事项不具有可仲裁性。同样的,与一国的公共政策相冲突对认定某类争议事项是否具有可仲裁性有影响,但是仅仅因为某类争议事项涉公共政策并不能据此认定此类争议事项没有可仲裁性。

第二章 可仲裁性问题的法律适用

可仲裁性问题的法律适用一般只见于国际仲裁中,国内仲裁中当事人均在一国,败诉方的财产亦大多只在本国内,所有阶段都只涉及一套法律,也就不存在法律适用的问题。[①] 但是在国际仲裁中,当事人、仲裁地、败诉方财产所在地均可能在不同国家,各个国家的法律之间甚至可能存在冲突。理论界与实务界就可仲裁性问题的法律适用一直争议不断,有学者甚至提出,就可仲裁性问题的法律适用问题能得出的唯一统一观点即是没有统一观点。[②]

在整个仲裁程序中,当事人一般可以在四个时机提出可仲裁性问题:(1)当事人可以在仲裁庭前以可仲裁性问题为由就仲裁庭的管辖权提出异议;[③](2)当事人可以在法院前以可仲裁性问题为由要求法

[①] 参见杨良宜、莫世杰、杨大明《仲裁法,从1996年英国仲裁法到国际商务仲裁》,法律出版社2006年版,第519页。

[②] See Karl-Heinz Bockstiegel, "Public Policy and Arbitrability", in Pieter Sanders ed., *Comparative Arbitration Practice and Public Policy in Arbitration*, *ICCA Congress Series*, Volume 3, ICCA & Kluwer Law International, 1987, p.185 (stating that agreement on the conclusion that there is disagreement seems to be the only common denominator that one can find between arbitrators, courts and publicists regarding the question which is the applicable law on arbitrability.).

[③] 一般来讲,如果当事人没有就可仲裁性问题提出异议,仲裁庭没有义务审查争议事项是否具有可仲裁性,其自身是否会因此而就该争议事项没有管辖权。See Bernard Hanotiau, "What Law Governs the Issue of Arbitrability?", *Arbitration International*, Vol.12, No.4, 1996, p.393.

院就仲裁庭是否有管辖权作出决定；（3）在仲裁庭作出裁决后，当事人可以在法院前以争议事项不具有可仲裁性，仲裁庭没有管辖权为由要求法院撤销仲裁裁决；（4）在仲裁庭作出裁决后，当事人可以在申请承认与执行仲裁裁决所在地法院以可仲裁性问题为由要求法院拒绝承认与执行仲裁裁决。① 可仲裁性问题的适用法主要有仲裁协议的适用法、仲裁地的法律、仲裁裁决执行地的法律等。在提出可仲裁性问题的各个不同阶段，可仲裁性问题的适用法可能不同，需要具体分析，本部分将从提出可仲裁性问题的各个阶段入手分别就可仲裁性问题的法律适用进行分析。

第一节　仲裁庭前可仲裁性问题的法律适用

如果仲裁一方当事人（一般为仲裁被申请人）以可仲裁性问题为由向仲裁庭提出管辖权异议，仲裁庭必须首先决定适用什么法律来解决这一挑战。与一国的法院不同，仲裁庭并没有法院地法（lex fori）这一概念，因此，仲裁庭没有义务去遵循某一冲突规则来确定可仲裁性问题的准据法。②

---

① See Trevor Cook and Alejandro I. Garcia, *International Intellectual Property Arbitration*, The Netherlands: Kluwer Law International, 2010, pp. 53 – 54; Bernhard BerGer and Franz Kellerhals, *International and Domestic Arbitration in Switzerland*, Switzerland: Stämpfli Publications Ltd., 2015, p. 62; Bernard Hanotiau, "The Law Applicable to Arbitrability", *Singapore Academy of Law Journal*, Vol. 26, No. Special, 2014, p. 875; Bernard Hanotiau, "What Law Governs the Issue of Arbitrability?", *Arbitration International*, Vol. 12, No. 4, 1996, p. 391.

② See Stavros L. Brekoulakis, "Law Applicability to Arbitrability: Revisiting the Revisited Lex Fort", in Loukas A. Mistelis and Stavros L. Brekoulakis eds., *Arbitrability: International and Comparative Perspectives*, The Netherlands: Kluwer Law International, 2009, p. 111; Piero Bernardini, "The Problem of Arbitrability in General", in Emmanuel Gaillard and Domenico Di Pietro eds., *Enforcement of Arbitration Agreements and International Arbitral Awards: The New York Convention in Practice*, London: Cameron May, 2008, p. 511.

通说认为，根据《纽约公约》第 2 条第 1 款①以及第 5 条第 1 款第 1 项，②仲裁庭需要根据适用于仲裁协议效力的法律来裁定可仲裁性问题。③ 因此，适用可仲裁性问题的法律就等同于适用确定仲裁协议效力的法律。在当事人明确仲裁协议效力的适用法时，仲裁庭即可以直接据此认定争议事项的可仲裁性问题。然而，在仲裁协议效力的适用法不明确时，就需要先判定仲裁协议的适用法。

根据仲裁协议达成的时间的不同，仲裁协议效力的适用法的判定也不同。判定争议发生之后当事人提交的仲裁协议书（submission agreement）效力的适用法通常比较容易。在这样的仲裁协议中，当事人一般都会写明仲裁协议效力的适用法，即便没有写明适用法，仲裁庭一般倾向于判定仲裁地法为仲裁协议效力的适用法。这是由于仲裁协议签订于争议发生之后，当事人选择某个地点解决争议就意味着当事人希望适用该地的法律解决该争议。④

但是，判定争议发生前当事人在基础合同中签订的仲裁条款（arbitration clause）效力的适用法就比较复杂了。此种仲裁协议中，当事人一般不会写明仲裁协议效力的适用法。由于仲裁协议构成一个单独

---

① 参见《纽约公约》第 2 条第 1 款，当事人以书面协定承允彼此间所发生或可能发生之一切或任何争议，如关涉可以公断解决事项之确定法律关系，不论为契约性质与否，应提交公断时，各缔约国应承认此项协定。

② 参见《纽约公约》第 5 条第 1 款第 1 项，第 2 条所称协定之当事人依对其适用之法律有某种无行为能力情形者，或该项协定依当事人作为协定准据之法律系属无效，或未指明以何法律为准时，依裁决地所在国法律系属无效者。

③ See Bernard Hanotiau, "The Law Applicable to Arbitrability", *Singapore Academy of Law Journal*, Vol. 26, No. Special, 2014, p. 879; Piero Bernardini, "The Problem of Arbitrability in General", in Emmanuel Gaillard and Domenico Di Pietro eds., *Enforcement of Arbitration Agreements and International Arbitral Awards: The New York Convention in Practice*, London: Cameron May, 2008, p. 510.

④ See Trevor Cook and Alejandro I. Garcia, *International Intellectual Property Arbitration*, The Netherlands: Kluwer Law International, 2010, p. 55.

的协议，基础合同的适用法并不一定就同时适用于仲裁协议。[1] 实践中，仲裁庭既有可能适用基础合同的适用法，也可能适用仲裁地的法律。[2] 一般来说，仲裁庭更倾向于适用仲裁地的法律。[3] 首先，仲裁庭需要确定当事人是否希望基础合同的适用法同时适用于仲裁协议。其次，《纽约公约》明确规定仲裁庭可以在仲裁协议效力的适用法不明确时适用仲裁地法。再次，仲裁庭为避免其所作仲裁裁决被仲裁地法院撤销，亦会倾向于适用仲裁地法。[4] 除此之外，结合支持仲裁的大环境，特别是在国际仲裁中，仲裁庭亦可能适用有效原则（principle of validation，又称 favor arbitrandum principle）。根据该原则，仲裁庭应保证当事人希望通过仲裁解决争议的意愿，因此，在适用基础合同的法律认定某项争议事项不具有可仲裁性，而仲裁地的法律认定该争议事项具有可仲裁性时，仲裁庭亦可以选择适用仲裁地的法律。[5]

有学者对适用仲裁协议的适用法或仲裁地法提出了异议。他们认为适用仲裁协议效力的适用法是对尊重当事人选择适用法的概念的错误理解。[6] 可仲裁性问题实则管辖权的问题，仲裁庭不应适用基础合

---

[1] 根据独立性原则（separability doctrine），仲裁条款被推定为与其所在的合同（主合同或基础合同）独立或可分离。几乎所有法域的立法或司法判决，以及主要的仲裁机构的仲裁规则都规定了该原则。根据该原则，仲裁协议即使是存在于基础合同中并且与之紧密相关，亦应被推定为一个单独并且独立存在的协议。See Gary B. Born, *International Arbitration: Law and Practice*, The Netherlands: Kluwer Law International, 2012, p. 50.

[2] See Trevor Cook and Alejandro I. Garcia, *International Intellectual Property Arbitration*, The Netherlands: Kluwer Law International, 2010, p. 55.

[3] See Stavros L. Brekoulakis, "Law Applicability to Arbitrability: Revisiting the Revisited Lex Fori", in Loukas A. Mistelis and Stavros L. Brekoulakis eds., *Arbitrability: International and Comparative Perspectives*, The Netherlands: Kluwer Law International, 2009, p. 111.

[4] See Piero Bernardini, "The Problem of Arbitrability in General", in Emmanuel Gaillard and Domenico Di Pietro eds., *Enforcement of Arbitration Agreements and International Arbitral Awards: The New York Convention in Practice*, London: Cameron May, 2008, pp. 512–513.

[5] See Trevor Cook and Alejandro I. Garcia, *International Intellectual Property Arbitration*, The Netherlands: Kluwer Law International, 2010, p. 55.

[6] See Gary B. Born, *International Commercial Arbitration*, The Netherlands: Kluwer Law International, 2021, pp. 645–646.

同的适用法或仲裁协议效力的适用法裁决争议事项的可仲裁性。[①] 仲裁地法则仅应在争议事项与仲裁地有属地联系时，才可以适用。即，仲裁庭需要首先确定仲裁地法是否就争议事项的可仲裁性有规定，并赋予其法院专属管辖权；如果答案是肯定的，仲裁庭需要进一步确认该规定是否适用于仲裁庭前的待解决争议。[②] 比如，甲国公司与乙国公司签订了仲裁地在丙国的仲裁协议，其约定解决的争议事项与甲乙两国的法律以及发生在甲乙两国的行为有关，丙国仅为约定的仲裁地。若一方当事人以争议事项不具有可仲裁性为由向仲裁庭提出管辖权异议，由于争议事项与丙国并无联系，仲裁庭则不应适用丙国法律裁定争议事项的可仲裁性。有学者据此提出，仲裁庭应根据仲裁作为一种争议解决方式是否能够有效解决争议来裁定争议事项的可仲裁性。以专利有效性争议为例，若存在争议的专利是在瑞士专利局注册的，无论仲裁地在哪里，仲裁庭都应认可该专利有效性争议的可仲裁性，因为瑞士专利局承认仲裁庭就专利有效性作出的裁决，且会根据仲裁裁决修改注册专利的相关情况，意味着仲裁庭能够有效解决该争议。若存在争议的专利是在一个不承认就专利有效性作出仲裁裁决的国家注册的，即便是仲裁地在瑞士，仲裁庭也应认定该专利有效性争议不具有可仲裁性，因为就该专利有效性的争议仅专利注册国可以解决。[③]

[①] See Stavros L. Brekoulakis, "Law Applicability to Arbitrability: Revisiting the Revisited Lex Fort", in Loukas A. Mistelis and Stavros L. Brekoulakis eds., *Arbitrability: International and Comparative Perspectives*, The Netherlands: Kluwer Law International, 2009, pp. 112 – 113.

[②] See Stavros L. Brekoulakis, "Law Applicability to Arbitrability: Revisiting the Revisited Lex Fort", in Loukas A. Mistelis and Stavros L. Brekoulakis eds., *Arbitrability: International and Comparative Perspectives*, The Netherlands: Kluwer Law International, 2009, p. 111.

[③] See Stavros L. Brekoulakis, "Law Applicability to Arbitrability: Revisiting the Revisited Lex Fort", in Loukas A. Mistelis and Stavros L. Brekoulakis eds., *Arbitrability: International and Comparative Perspectives*, The Netherlands: Kluwer Law International, 2009, pp. 113 – 114.

第二节　法院前可仲裁性问题的法律适用

法院前可仲裁性问题可以出现在以下情形中：（1）在与仲裁程序平行的诉讼程序中，当事人向法院提出的因争议事项不具有可仲裁性而导致的仲裁庭管辖异议的申请，（2）仲裁裁决作出后，当事人以争议事项不具有可仲裁性、仲裁庭错误地受理案件为由向法院申请撤销仲裁裁决，（3）仲裁裁决作出后，因争议事项不具有可仲裁性，当事人向裁决执行地法院申请拒绝承认与执行仲裁裁决。在这三种情形中，可仲裁性问题的法律适用各不相同。

一　与仲裁程序平行的诉讼程序中可仲裁性问题的法律适用

在一方当事人（仲裁申请人）申请仲裁之后，另一方当事人（仲裁被申请人）若认为争议事项不具有可仲裁性，仲裁庭没有管辖权，可以在法院提起诉讼。同理，在一方当事人（原告）向法院提起诉讼后，另一方当事人（被告）也可以存在仲裁协议为由提出管辖权抗辩，此时，原告可以争议事项不具有可仲裁性、仲裁协议无效来回应。在此种情况下，有四种法律可以供法院选择：仲裁协议效力的适用法、适用于案件实体部分的法律（*lex causae*）、法院地法和仲裁地法（*lex arbitri*）。[①] 然而，具体应适用哪一种法律，当下并未有统一的说法。

多数学者认为法院此时应适用法院地法。他们认为既然《纽约公约》在仲裁裁决的承认与执行阶段明确规定适用法院地法，法院在以争议事项的可仲裁性为依据判定仲裁协议效力时，同样可以适用法院

[①] See Bernhard BerGer and Franz Kellerhals, *International and Domestic Arbitration in Switzerland*, Switzerland: Stämpfli Publications Ltd., 2015, p. 65.

地法。① 《欧洲国际商事仲裁公约》（European Convention on International Commercial Arbitration）（以下简称"《欧洲公约》"）则直接规定，若争议事项依据法院地法不具有可仲裁性，法院可以拒绝承认该仲裁协议的效力。② 但是，该观点亦受到了一定的批评。第一，适用法院地法确定争议事项可仲裁性的国家并不一定就是需要承认与执行该裁决的国家。③ 第二，《纽约公约》在承认与执行仲裁裁决阶段明确规定适用法院地法，而在以争议事项的可仲裁性为依据判定仲裁协议效力时却没有规定适用法，充分说明只有在承认与执行仲裁裁决阶段才要求适用法院地法，而在判断争议事项的可仲裁性时并不一定要适用法院地法。④ 第三，当事人申请确认可仲裁性问题的法院可能与该争议事项无任何关联，即便是在该法院为仲裁地法院时也面临同样的可能。⑤ 再看上一节所举甲国公司与乙国公司签订了仲裁地在丙国

---

① See Julian D. M. Lew, Loukas A. Mistelis, et al., *Comparative International Commercial Arbitration*, The Netherlands: Kluwer Law International, 2003, p. 193（"the better view is that the law applicable to the question of arbitrability in court proceeding should be governed by the provisions of the law of the national court which determines the case."）. See also, Bernhard BerGer and Franz Kellerhals, *International and Domestic Arbitration in Switzerland*, Switzerland: Stämpfli Publications Ltd., 2015, p. 65〔"the court would not have additional or different authority than in recognition and enforcement proceedings under NYC, Art. V（2）（a）."〕.

② See European Convention on International Commercial Arbitration, Article VI（2）, The courts may also refuse recognition of the arbitration agreement if under the law of their country the disputes not capable of settlement by arbitration.

③ See Bernard Hanotiau, "What Law Governs the Issue of Arbitrability?", *Arbitration International*, Vol. 12, No. 4, 1996, p. 399.

④ See Meadows Indem. Co. v. Baccala & Shoop Ins. Servs., Ins., 760 F. Supp. 1036, 1041（E. D. N. Y. 1991）（stating the absence in Article II of any reference to the law where enforcement will be sought and the presence of such language in Article V may compel the opposite conclusion, i. e., that the delegates to the Convention deliberately excluded any such reference from Article II and intended that the law where enforcement is sought is dispositive only of the question whether to enforce an arbitral award and not the question whether to order arbitration under Article II.）.

⑤ See Stavros L. Brekoulakis, "Law Applicability to Arbitrability: Revisiting the Revisited Lex Fort", in Loukas A. Mistelis and Stavros L. Brekoulakis eds., *Arbitrability: International and Comparative Perspectives*, The Netherlands: Kluwer Law International, 2009, pp. 103 – 108.

的仲裁协议的例子。若在仲裁程序进行中，一方当事人向丙国法院以争议事项的可仲裁性为由提出管辖权异议，适用丙国法并不合逻辑，因为丙国仅为约定的仲裁地，与争议事项并无联系。有学者据此提出应对适用法院地法进行一定的限制，考虑到可仲裁性问题的立法目的是在法院与仲裁庭存在管辖权冲突时，保证法院对特定争议事项的专属管辖权，则仅在法院与仲裁庭存在管辖权冲突时，才应适用法院地法。若不存在管辖权冲突，法院应承认仲裁协议的效力，将可仲裁性问题留给仲裁庭确定。[①]

也有学者认为应适用认定仲裁协议效力的法律，[②]理由是仲裁庭会适用认定仲裁协议效力的法律来确定争议事项的可仲裁性。但是，有学者认为该观点是对《欧洲公约》第6条第2款以及尊重当事人选择适用法的概念的错误理解。[③] 除此之外，还有学者认为法院应适用仲裁地法，持此观点的学者认为法院在这种情况下所面临的问题并不是争议事项根据法院地法是否具有可仲裁性，而是根据仲裁地法争议事项是否具有可仲裁性。[④] 法院只有在无法确定仲裁地法时才可以适用法院地法。

二 撤销仲裁裁决程序中可仲裁性问题的法律适用

当仲裁庭作出裁决后，当事人可以争议事项不具有可仲裁性，仲

[①] See Stavros L. Brekoulakis, "Law Applicability to Arbitrability: Revisiting the Revisited Lex Fori", in Loukas A. Mistelis and Stavros L. Brekoulakis eds., *Arbitrability: International and Comparative Perspectives*, The Netherlands: Kluwer Law International, 2009, pp. 103 – 108.

[②] See Bernard Hanotiau, "The Law Applicable to Arbitrability", *Singapore Academy of Law Journal*, Vol. 26, No. Special, 2014, p. 884.

[③] See Gary B. Born, *International Commercial Arbitration*, The Netherlands: Kluwer International, 2021, pp. 645 – 646.

[④] See Bernhard BerGer and Franz Kellerhals, *International and Domestic Arbitration in Switzerland*, Switzerland: Stämpfli Publications Ltd., 2015, p. 65 (stating if a court, when seised of an action in a matter in respect of which the parties have made an agreement to arbitrate, has to examine whether the dispute is arbitrable, the question is not whether arbitrability exists according to the law of the forum, but whether it would exist pursuant to the law the arbitral tribunal would apply if it had been seised in the first place).

裁庭没有管辖权为由要求法院撤销仲裁裁决。此时，法院一般适用法院地法。[1]《示范法》对此亦有直接规定，当以争议事项不具有可仲裁性为由申请撤销仲裁裁决时，法院应依据法院地法决定争议事项的可仲裁性。[2] 在 *Liv Hidravlika D. O. O. v. SA Diebolt* 案中，Diebolt 和 Liv Hidravlika 签订了专利许可协议，该许可协议同时约定，若发生争议，将适用 ICC 规则在巴黎的国际商会（International Chamber of Commerce，"ICC"）通过仲裁解决。Diebolt 后以违约为由申请了仲裁，Liv Hidravlika 认为争议中涉及专利的有效性，而专利的有效性不具有可仲裁性，仲裁庭没有管辖权。仲裁庭驳回了 Liv Hidravlika 的管辖权异议挑战，就双方争议作出了仲裁裁决。Liv Hidravlika 随后在巴黎上诉法院（Paris Cour d'appel）起诉要求撤销该仲裁裁决。巴黎上诉法院在判定专利有效性是否具有可仲裁性时适用的法律正是法院地法。[3] 即便是在仲裁庭对争议事项的可仲裁性的适用法已作出适用非法院地法的裁决的情况下，仍然不会影响法院适用法院地法。[4]

尽管在撤销仲裁裁决程序中，可仲裁性问题的法律适用基本无争议，但亦有学者提出了与在仲裁程序平行的诉讼程序中适用法院地法解决可仲裁性问题同样的问题。再看第一节所举例子，若仲裁庭就甲国公司与乙国公司的争议作出裁决，一方当事人在丙国法院申请撤销仲裁裁决，由于仲裁裁决所涉争议事项仅与甲乙两国的法律以及发生

---

[1] See Bernard Hanotiau, "The Law Applicable to Arbitrability", *Singapore Academy of Law Journal*, Vol. 26, No. Special, 2014, p. 884.

[2] 参见《示范法》第34条第2款（b）(i)，有下列情形之一的，仲裁裁决才可以被第6条规定的法院撤销：…… 法院认定有下列任何情形：根据本国的法律，争议事项不能通过仲裁解决。

[3] See Liv Hidravlika D. O. O. v. SA Diebolt, 28 Feb. 2008, 1st chamber, Juris Data No. 2008 – 359055, discussed in Trevor Cook and Alejandro I. Garcia, *International Intellectual Property Arbitration*, The Netherlands: Kluwer Law International, 2010, pp. 58 – 59.

[4] See Bernard Hanotiau, "What Law Governs the Issue of Arbitrability?", *Arbitration International*, Vol. 12, No. 4, 1996, p. 403.

在甲乙两国的行为有关，丙国仅为约定的仲裁地，丙国法院不应该撤销该仲裁裁决，因为适用丙国法的目的是在丙国法院与仲裁庭存在管辖冲突的前提下，维护丙国法院对特定争议事项的管辖权，既然仲裁裁决所涉争议事项与丙国无联系，丙国法院对该争议事项本无管辖权，则不应适用丙国法律撤销该仲裁裁决。①

三　仲裁裁决承认与执行程序中可仲裁性问题的法律适用

当仲裁庭作出裁决后，当事人也可以在仲裁裁决在一国承认与执行时，以争议事项不具有可仲裁性为由，要求法院拒绝承认与执行该仲裁裁决。此时，就可仲裁性问题的适用法，《纽约公约》第5条第2款第1项明确规定法院应适用法院地法。②《示范法》在此处的规定也与《纽约公约》相同，要求法院适用法院地法。③

即便是《纽约公约》等国际国内立法明确规定法院在仲裁裁决的承认与执行阶段，适用法院地法解决争议事项的可仲裁性，亦有学者对此提出了疑问。斯塔夫罗斯·布雷库拉基斯（Stavros L. Brekoulakis）教授认为法院在仲裁裁决被申请承认与执行时，同样应该审查仲裁裁决所涉争议事项是否违反了法院地法对该类争议事项的专属管辖权，而非直接依据法院地法判定该类争议事项是否不具有可仲裁性。他进一步举例说明，假设瑞士的仲裁庭就一个在意大利专利局注册的专利争议作出裁决。如果一方当事人在意大利申请承认与执行该仲裁裁

---

① See Stavros L. Brekoulakis, "Law Applicability to Arbitrability: Revisiting the Revisited Lex Fort", in Loukas A. Mistelis and Stavros L. Brekoulakis eds., *Arbitrability: International and Comparative Perspectives*, The Netherlands: Kluwer Law International, 2009, pp. 108 – 109.

② 参见《纽约公约》第5条第2款第1项，倘申请承认及执行地所在国之主管机关认定有下列情形之一，亦得拒不承认及执行仲裁裁决：依该国法律，争议事项系不能以仲裁解决者。

③ 参见《示范法》第36条第1款第2项（i），仲裁裁决不论在何国境内作出，仅在下列任何情形下才可拒绝予以承认或执行……法院认定有下列任何情形：根据本国的法律，争议事项不能通过仲裁解决。

决，意大利法院可以根据意大利的法律，涉专利争议属于法院的专属管辖，不具有可仲裁性为由，而拒绝承认与执行该仲裁裁决。但是，如果瑞士仲裁庭裁决的专利是在日本注册的，意大利法院则不应该以意大利的法律规定专利争议不具有可仲裁性为由而拒绝承认与执行该仲裁裁决。①

第三节 可仲裁性问题适用法的确定

可仲裁性问题的法律适用应结合仲裁制度的发展以及可仲裁性问题的立法目的，根据可仲裁性问题的提出时间的不同加以确定。随着国际仲裁的不断发展，支持仲裁已成为仲裁制度发展的大环境。争议事项的可仲裁性的规定实则各国适用《纽约公约》的一个"退出机制（escape device）"②，对其的适用应有严格的限制。

在当事人在仲裁庭前以争议事项不具有可仲裁性为由向仲裁庭提出管辖权异议时，仲裁庭在确定争议事项的可仲裁性问题时应结合支持仲裁的大环境，适用有效原则，尊重并满足当事人希望争议通过仲裁解决的意愿。笔者并不赞同仲裁庭直接适用仲裁地法裁定争议事项的可仲裁性，因为各国对某类争议事项的可仲裁性规定并不一致，且仲裁裁决仅对当事人双方有效，以专利有效性争议为例，一国专利局拒绝承认仲裁裁决就专利有效性作出的认定，并不等于仲裁无法解决当事人之间的争议，采用此种方式将大大限制仲裁作为一种争议解决

---

① See Stavros L. Brekoulakis, "Law Applicability to Arbitrability: Revisiting the Revisited Lex Fort", in Loukas A. Mistelis and Stavros L. Brekoulakis eds., *Arbitrability: International and Comparative Perspectives*, The Netherlands: Kluwer Law International, 2009, pp. 109 – 110.

② See Gary B. Born, *International Commercial Arbitration*, The Netherlands: Kluwer Law International, 2021, p. 642 (stating the exceptional character of nonarbitrability is a local "escape device".).

机制的适用。

在当事人在法院前以可仲裁性问题为由要求法院就仲裁庭是否有管辖权作出决定时，法院仅应在法院与仲裁庭存在管辖权冲突，即争议事项与法院所在地有密切联系时，可以适用法院地法，进而保障法院地法就该类争议事项的专属管辖。当争议事项与法院所在地无任何联系时，法院应将可仲裁性问题留给仲裁庭以及仲裁裁决的承认与执行国决定。在仲裁庭作出裁决后，当事人在法院前以争议事项不具有可仲裁性，仲裁庭没有管辖权为由要求法院撤销仲裁裁决时，法院亦仅应在法院与仲裁庭存在管辖权冲突，即争议事项与法院所在地有密切联系时，争议本应由该国法院解决时，可以适用法院地法，以实现保障法院地法就该类争议事项的专属管辖的目的。当争议事项与法院所在地无任何联系时，法院应将可仲裁性问题留给仲裁庭以及仲裁裁决的承认与执行国决定。在仲裁庭作出裁决后，当事人在申请承认与执行仲裁裁决所在地法院以可仲裁性问题为由要求法院拒绝承认与执行仲裁裁决时，笔者并不赞同斯塔夫罗斯·布雷库拉基斯教授的观点，笔者以为，在承认与执行仲裁裁决阶段，仲裁裁决的承认与执行与一国的切身利益，甚至是公共利益相关，此时，无论争议事项与裁决的承认与执行国是否有联系，法院都应以《纽约公约》规定为准，直接适用法院地法。

当然，一国在确定争议事项的可仲裁性时，特别是在国际仲裁中，应受到一定的限制。第一，一国只能把争议事项不具有可仲裁性作为例外，不能违背《纽约公约》的目的，将大量的争议事项列为不具有可仲裁性。第二，一国不得区别对待国际仲裁及国内仲裁，即在国内仲裁中肯定某类争议事项的可仲裁性，但在国际仲裁中又否认该类争议事项的可仲裁性。第三，一国在适用争议事项不具有可仲裁性这一例外时，应尽量与其他国家以及国际上支持仲裁环境下的实践相一致。①

第四节 本章小结

国际仲裁中，可仲裁性问题的法律适用因提起可仲裁性问题的阶段不同而不同，且在理论与实务界存有争议。在仲裁程序开始时，当事人可以争议事项不具有可仲裁性为由就仲裁庭的管辖权向仲裁庭提出异议。此时，仲裁庭可以依据仲裁协议效力的适用法、仲裁地法，或依据有效原则来解决可仲裁性问题。在与仲裁程序平行的诉讼程序中，当事人还可以争议事项不具有可仲裁性，仲裁庭没有管辖权为由，向法院提起诉讼。此时，尽管受到一定的异议，通说认为法院应适用法院地法来解决可仲裁性问题，但是，也有学者认为应适用仲裁协议效力的适用法或仲裁地法。在仲裁裁决作出后，当事人可以以争议事项不具有可仲裁性为由向法院申请撤销该裁决。此时，法院一般会适用法院地法就可仲裁性问题作出判决，但是，也有学者认为应对其适用加以限制。在仲裁裁决的承认与执行阶段，当事人也可以以争议事项不具有可仲裁性为由申请法院拒绝承认与执行仲裁裁决，此时尽管受到一定的质疑，通说以《纽约公约》的明确规定为准，缔约国应适用法院地法就可仲裁性问题作出判决。

笔者以为，可仲裁性问题的法律适用问题是一个较为复杂且没有形成统一的问题，应结合仲裁制度的发展以及可仲裁性问题的立法目的，根据可仲裁性问题的提出时间的不同加以确定。在当事人在仲裁庭前以争议事项不具有可仲裁性为由向仲裁庭提出管辖权异议时，仲裁庭在确定争议事项的可仲裁性问题时应结合支持仲裁的大环境，适

---

① See Gary B. Born, *International Commercial Arbitration*, The Netherlands: Kluwer Law International, 2021, pp. 655–657.

用有效原则,尊重并满足当事人希望争议通过仲裁解决的意愿。在当事人在法院前以可仲裁性问题为由要求法院就仲裁庭是否有管辖权作出决定时,或在仲裁庭作出裁决后,当事人在法院前以争议事项不具有可仲裁性,仲裁庭没有管辖权为由要求法院撤销仲裁裁决时,法院仅应在法院与仲裁庭存在管辖权冲突时,即争议事项与法院所在地有密切联系时,争议本应由该国法院解决时,适用法院地法。在仲裁庭作出裁决后,当事人在申请承认与执行仲裁裁决所在地法院以可仲裁性问题为由要求法院拒绝承认与执行仲裁裁决时,无论争议事项与裁决的承认与执行国是否有联系,法院都应以《纽约公约》规定为准,直接适用法院地法。

第三章　可仲裁性问题判断标准的比较法研究

可仲裁性问题在国际仲裁中有着重要作用，仲裁协议的效力以及仲裁裁决的承认与执行均直接受到其影响，对其进行比较法研究有助于了解当今世界各国就其的规定和理解与应用。本部分研究从两个部分展开。首先，研究世界主要国际公约及软法就可仲裁性问题的规定，探寻国际上对其的基本态度及立场；其次，研究各个国家就可仲裁性问题的规定，从中寻找可仲裁性问题规定的特性与共性。

第一节　可仲裁性问题之国际立法

国际公约对某一问题的规定代表了国际上就该问题的基本态度及立场。就仲裁而言，最主要的国际公约是《纽约公约》。除《纽约公约》以外，《示范法》作为软法，也在国际仲裁中占据着举足轻重的地位。本部分将从《纽约公约》和《示范法》出发，结合其他国际公约，探究国际上对可仲裁性问题的基本态度及立场。

一　《纽约公约》之规定与评析

1958年6月10日签订于纽约的《纽约公约》旨在保证和促进仲

裁裁决及仲裁协议在世界范围内的承认与执行。该公约被认为是国际贸易法领域最为成功的国际文书，是确保承认仲裁裁决及仲裁协议的条约与仲裁法中最引人注目的杰作。① 截至 2022 年 3 月 29 日，已有 168 个国家签订了该公约。②

《纽约公约》中并没有对可仲裁性问题作出直接规定，而是从三个侧面对其进行了间接规定。第一，可仲裁性问题影响仲裁协议的有效性。《纽约公约》第 2 条第 1 款规定"当事人以书面协定承允彼此间发生或可能发生之一切或任何争议，如关涉可以仲裁解决事项之确定法律关系，不论为契约性质与否，应提交仲裁时，各缔约国应承认此项协定。"此规定指出各缔约国承认仲裁协议的前提之一是争议事项为可以仲裁解决的事项，可见，争议事项具有可仲裁性为仲裁协议有效的条件之一。第二，可仲裁性问题影响仲裁裁决的承认与执行。《纽约公约》第 5 条第 2 款规定"倘申请承认及执行地所在国之主管机关认定有下列情形之一，亦得拒不承认及执行仲裁裁决：（甲）依该国法律，争议事项系不能以仲裁解决者。"此规定把争议事项不具有可仲裁性作为一国拒绝承认及执行仲裁裁决的条件之一。第三，可仲裁性问题与争议事项的商事性质息息相关。《纽约公约》第 1 条第 3 款规定"任何国家得于签署、批准或加入本公约时，或于依本公约第 10 条通知推广适用时，本交互原则声明该国适用本公约，以承认及执行在另一缔约国领土内作成之裁决为限。任何国家亦得声明，该国唯于争议起于法律关系，不论其为契约性质与否，而依提出声明国家之国内法认为系属商事关系者，始适用于本公约。"该规定为《纽约公约》中所作出的"商事保留"规定，根据该规定，凡是商事类

---

① See Pieter Sanders ed., *ICCA's Guide to the Interpretation of the 1958 New York Convention*, The Hague: International Council for Commercial Arbitration, 2012, p. v.
② 具体缔约国的名单可参考 The New York Convention 网站, https://www.newyorkconvention.org/list+of+contracting+states。

争议事项，除非依据一国法律有特殊规定，即具有可仲裁性，可以通过仲裁解决并适用《纽约公约》。

《纽约公约》之所以选择从侧面对可仲裁性问题进行规定主要是考虑到可仲裁性问题受一国的政治、社会、经济政策等公共政策影响，在各国之间存在很大的分歧，难以找到一个可以被大多数国家所接受的判断标准。

这种分歧首先体现在确定仲裁协议的效力上。第一，仲裁协议无效是向受理案件的仲裁庭提出管辖权异议的抗辩之一。争议事项具有可仲裁性作为仲裁协议有效的前提之一，使得当事人可以在仲裁庭受理仲裁后，以争议事项不具有可仲裁性，仲裁协议无效为由向受理案件的仲裁庭提出管辖权的抗辩。此时，根据仲裁庭自裁管辖权原则，仲裁庭被推定为有权考量和判定自己是否有管辖权，但是，仲裁庭所作出的决定将会受到后续司法审查的限制。[1] 第二，仲裁协议无效是法院确认其管辖权的依据。法院在当事人以存在仲裁协议为由提出管辖权异议时，可能会面临根据争议事项的可仲裁性确定仲裁协议效力的问题。第三，仲裁协议无效是法院拒绝承认与执行仲裁裁决的依据之一。在当事人向特定国家申请承认与执行仲裁裁决时，被请求的法院可以争议事项不具有可仲裁性，仲裁协议无效为由拒绝承认与执行该仲裁裁决。[2] 无论是法院抑或是仲裁庭在判断争议事项是否具有可仲裁性时，均需要确定准据法，如第2章所述，这是一个非常复杂的问题，理论与实务界均没有一个统一的确定标准。比如，一个中国当

---

[1] Gary B. Born, *International Arbitration: Law and Practice*, The Netherlands: Kluwer Law International, 2012, p.52.

[2] 参见《纽约公约》第5条第1款，裁决唯有于受裁决援用之一造向申请承认及执行地之主管机关提具证据证明有下列情形之一时，始得依该造之请求，拒予承认及执行：（甲）第二条所称协定……依当事人作为协定准据之法律系属无效，或未指明以何法律为准时，依裁决地所在国法律系属无效者。

事人和一个美国当事人约定发生争议时,在瑞士由瑞士仲裁机构进行仲裁。假设争议发生时,中国当事人在瑞士提起仲裁请求,美国当事人则以争议事项不具有可仲裁性、仲裁协议无效为由向仲裁庭提出管辖权抗辩。根据仲裁庭自裁管辖权原则,仲裁庭对仲裁协议是否有效有管辖权,此时,仲裁庭首先面临的问题就是在判断争议事项的可仲裁性时,应以中国、美国、瑞士抑或是其他的法律为准据法,根据不同国家法律得出的结果可能不同。若美国当事人在美国法院提起诉讼,中国当事人以存在仲裁协议为由提出管辖权异议,而美国当事人则抗辩争议事项不具有可仲裁性,仲裁协议无效,此时,美国法院亦面临准据法的确定的问题。若仲裁庭就争议作出仲裁裁决,仲裁裁决在中国、美国或其他国家执行时,中国法院、美国法院和其他国家的法院在判定是否承认与执行该仲裁裁决时,同样面临判定争议事项的可仲裁性问题。由于《纽约公约》并没有就可仲裁性问题给予任何定义,也没有提供一份清单,争议事项的可仲裁性完全由一国法律决定,适用不同国家的法律可能会得出完全不同的结论。

这种分歧的第二个表现是在仲裁裁决的承认与执行上。在当事人向特定国家申请承认与执行仲裁裁决时,被请求的法院可以以争议事项不具有可仲裁性为由直接拒绝承认与执行该仲裁裁决。由于仲裁裁决可以在仲裁地或者仲裁地以外的国家获得承认与执行,根据《纽约公约》第5条第2款规定,各个被请求国的法院在判断争议事项是否具有可仲裁性时,依据的是该国的法律,各国的结果就可能会产生不同。[①]

如果要在《纽约公约》中就可仲裁性问题进行直接规定,就必须使各国在以上分歧中达成一致,这显然是一个难以实现的目标。《纽

[①] 一般认为,各国不易扩大适用《纽约公约》第5条第2款第1项。See Bernard Hanotiau, "The Law Applicable to Arbitrability", *Singapore Academy of Law Journal*, Vol. 26, No. Special, 2014, pp. 884–885.

约公约》的目的之一是吸引更多的国家加入并保证其国际影响力，《纽约公约》的制定必须在"支持仲裁"的目标和各国的公共政策之间作出平衡。因此，《纽约公约》回避了可仲裁性问题，没有就何为"争议事项具有可仲裁性"或"争议事项不能以仲裁解决"作出直接规定。尽管根据《纽约公约》中"商事保留"的规定可以简单将争议事项属商事类与具有可仲裁性画等号，但何为"商事"，《纽约公约》也没有给出明确的定义。可仲裁性问题在《纽约公约》中悬而未决，被留给各个缔约国根据本国立法自行决定。

二 《联合国贸易法委员会国际商事仲裁示范法》之规定与评析

联合国贸易法委员会（UNCITRAL）的《示范法》在国际仲裁领域中具有重要地位，其目的在于协调不同国家对国际仲裁的处理方式。世界上许多国家的立法直接采用《示范法》，或者将其作为立法模本，而且这一数字仍在不断上升。[①]

《示范法》同《纽约公约》做法一致，没有就可仲裁性问题给出直接规定。[②] 根据《示范法》的规定，可仲裁性问题仅仅影响仲裁裁决。首先，争议事项不具有可仲裁性是一国撤销仲裁裁决的情形之一。《示范法》在第 34 条第 2 款第 2 项中规定："有下列情形之一的，仲裁裁决才可以被第 6 条规定的法院撤销……法院认定有……根据本国的法律，争议事项不能通过仲裁解决……"其次，争议事项不具有可仲裁性是一国拒绝承认与执行仲裁裁决的条件之一。《示范法》在第 36 条第 1 款中规定："仲裁裁决不论在何国境内作出，仅在下列任何情形下才可拒绝予以承认或执行……（b）法院认定有下列任何情

[①] See Gary B. Born, *International Arbitration: Law and Practice*, The Netherlands: Kluwer Law International, 2012, p. 25.

[②] See Gary B. Born, *International Commercial Arbitration*, The Netherlands: Kluwer Law International, 2021, pp. 1046–1047.

形：(i)根据本国的法律，争议事项不能通过仲裁解决……"同《纽约公约》一样，该规定没有就何为"争议事项不能通过仲裁解决"作出明确规定，事实上，《示范法》在第1条第5款中规定："本法不得影响规定某些争议事项不可交付仲裁或仅根据本法之外的规定才可以交付仲裁的本国其他任何法律"，把争议事项的可仲裁性问题留给了各个国家根据本国立法自行决定。

同《纽约公约》类似，《示范法》将其适用范围限定在国际商事仲裁中。[①] 这也就意味着只要争议事项是商事性的，该争议事项就可以适用《示范法》，具有可仲裁性。对商事性的界定就等同于对可仲裁性的界定。然而，不同于《纽约公约》，《示范法》在规定其适用范围为国际商事仲裁的同时，对何为"商事"作了解释："对'商事'一词应作广义解释，使其包括不论是契约性或非契约性的一切商事性质的关系所引起的事项。商事性质的关系包括但不限于下列交易：供应或交换货物或服务的任何贸易交易；销售协议；商事代表或代理；保理；租赁；建造工厂；咨询；工程；使用许可；投资；筹资；银行；保险；开发协议或特许；合营和其他形式的工业或商业合作；空中、海上、铁路或公路的客货载运。"[②]

《示范法》对"商事"概念给出了一个非常宽泛的解释，其立法目的在于囊括更多的争议。其界定采用了"包括但不限于"的非穷尽、开放式的方式，所列举的交易类型兼顾了世界上主要国家对商事的理解，但是为了避免遗漏类型，又用开放式的方式对其进行了弥补。至于这种开放达到何种程度，则完全由一国根据本国情况自行决定。[③] 《示范法》的这种立法模式可以看作是一种对《纽约公

---

① 参见《示范法》第1条第1款，本法适用于国际商事仲裁，但须服从在本国与其他任何一国或多国之间有效力的任何协定。
② 《示范法》第1条第1款注。
③ 参见欧明生《民商事纠纷可仲裁性问题研究》，浙江大学出版社2013年版，第78—79页。

约》的发展，既对可仲裁性问题作出了一定的规定，但又将最终解释权和决定权留给了各个国家。这也从另一个侧面反映出可仲裁性问题的规定在国际上还没有一个通行的标准。①

三 其他国际公约之规定

《日内瓦议定书》（Protocolon Arbitration Clauses）签订于 1923 年 9 月 24 日，被认为是关于国际仲裁的第一部现代国际公约，其宗旨是确保仲裁协议在国际范围内得到承认。《日内瓦议定书》第 1 条从侧面规定了可仲裁性问题，成员国要承认涉商事类争议事项或其他可以由仲裁解决的争议事项的仲裁协议的效力。② 由于《日内瓦议定书》仅规定了确认仲裁协议效力的问题，并未规定仲裁裁决的承认与执行问题，1927 年 9 月 26 日，《日内瓦议定书》的成员国签订了《关于执行外国仲裁裁决公约》（Convention on the Execution of Foreign Arbitral Awards）（以下简称《日内瓦公约》）。③《日内瓦公约》规定了仲裁裁决承认与执行的条件、拒绝承认与执行的情形等。就争议事项的可仲裁性问题，《日内瓦公约》并没有对其进行直接规定，仅仲裁裁决所涉争议事项可以由仲裁解决是仲裁裁决得以被承认与执行的条件之一。④ 1953

---

① See Gary B. Born, *International Commercial Arbitration*, The Netherlands: Kluwer Law International, 2021, p. 1046.

② See Protocol on Arbitration Clauses, Article 1, Each of the Contracting States recognizes the validity of an agreement whether relating to existing or future differences between parties subject respectively to the jurisdiction of different Contracting States by which the parties to a contract agree to submit to arbitration all or any differences that may arise in connection with such contract relating to commercial matters or to any other matter capable of settlement by arbitration, whether or not the arbitration is to take place in a country to whose jurisdiction none of the parties is subject.

③ See Opening Speech by Ambassador Schurmann for the United Nations Conference on International Commercial Arbitration on Tuesday 20 May, 1958, https://cdn.arbitration-icca.org/s3fs-public/document/media_document/004.pdf.

④ See Convention on the Execution of Foreign Arbitral Awards, Article 1 (b), ... To obtain such recognition or enforcement, it shall, further, be necessary: ... (b) That the subject-matter of the award is capable of settlement by arbitration under the law of the country in which the award is sought to be relied upon.

年，鉴于《日内瓦公约》仅得到部分国家的批准，为了在更大范围内促进仲裁协议效力的确认以及仲裁裁决的承认与执行，ICC起草了新的公约，建议替换《日内瓦议定书》和《日内瓦公约》，最终在联合国经济及社会理事会（"ECOSOC"）的推动下，签订了继承了《日内瓦议定书》和《日内瓦公约》部分条款的《纽约公约》。作为《纽约公约》的"前身"，《日内瓦议定书》和《日内瓦公约》均未对"商事"或"可以由仲裁解决的争议"作进一步的说明。

《欧洲公约》主要适用于欧洲国家，旨在推动欧洲贸易的发展。可仲裁性问题在《欧洲公约》中是拒绝承认仲裁协议有效的条件之一。其第6条第2款规定，如争议事项依该国法律系不能以仲裁解决者，该国法院可以拒绝承认仲裁协议。[①] 同《纽约公约》和《示范法》一样，《欧洲公约》也没有就何种争议事项是不能以仲裁解决的作出具体规定，而是由申请承认仲裁协议国家的法律来决定。

《美洲国家国际商事仲裁公约》（Inter-American Convention on International Commercial Arbitration）（以下简称"《巴拿马公约》"）主要适用于美洲国家。在该公约中，可仲裁性问题是拒绝承认与执行仲裁裁决的条件之一。其第5条第2款规定，若申请承认及执行地所在国的主管机关依该国法律，认定争议事项系不能以仲裁解决者，也可以拒不承认及执行仲裁裁决。[②] 至于可仲裁性问题是否是决定仲裁协议效力的条件之一，《巴拿马公约》并没有给出明确的规定，仅在第1条中规定，若

[①] See European Convention on International Commercial Arbitration, Article VI (2), The courts may also refuse recognition of the arbitration agreement if under the law of their country the disputes not capable of settlement by arbitration.

[②] See Inter-American Convention on International Commercial Arbitration, Article 5 (2) (a), The recognition and execution of an arbitral decision may also be refused if the competent authority of the State in which the recognition and execution is requested finds: that the subject of the dispute can not be settled by arbitration under the law of that State.

争议系属商事交易关系，则仲裁协议有效。① 具体何为"商事交易关系"，同《纽约公约》一样，《巴拿马公约》也没有给出明确的规定。

四 小结

《日内瓦议定书》《日内瓦公约》《纽约公约》《示范法》《欧洲公约》以及《巴拿马公约》就可仲裁性问题的规定总体上相同，反映了国际上对该问题的基本立场：

第一，可仲裁性问题影响仲裁协议的有效性。如果争议事项不具有可仲裁性，则仲裁协议无效，在仲裁庭受理案件后，可以作为仲裁庭管辖权的抗辩事由；在仲裁庭作出裁决后，可以间接地作为拒绝承认与执行仲裁裁决的事由。

第二，可仲裁性问题影响仲裁裁决的承认与执行。如果争议事项不具有可仲裁性，则被申请承认执行仲裁裁决的一国法院可以直接以此为由拒绝承认与执行该仲裁裁决。

第三，可仲裁性问题在国际上没有统一的规定及标准，具体何种争议事项具有可仲裁性，何种争议事项不具有可仲裁性由一国根据本国的政治、社会、经济政策等公共政策自行立法决定。

第四，可仲裁性问题可简单等同于商事性问题。具有商事性特征的争议事项即具有可仲裁性。对"商事性"概念的界定总体上采宽泛解释的态度，但是宽泛到何种程度，则与可仲裁性问题一样，由各国立法自行决定。

总而言之，国际上就可仲裁性问题没有一个统一的确定的标准，可仲裁性问题的最终决定权在具体的主权国家。

---

① See Inter-American Convention on International Commercial Arbitration, Article 1, An agreement in which the parties undertake to submit to arbitral decision any differences that may arise or have arisen between them with respect to a commercial transaction is valid.

第二节　可仲裁性问题之国别立法与实践

《纽约公约》等世界上主要国际公约和《示范法》等软法均没有对可仲裁性问题作出直接规定。相反，它们将该问题留给了各个国家自行决定。各个国家在结合本国的政治、社会、经济等公共政策以及国际贸易发展的情况下，确立了各自的判断标准。

一　法国的立法与实践

法国是仲裁制度发展比较完善的国家之一，亦是 ICC 仲裁院（ICC International Court of Arbitration）所在地。法国现行有效的仲裁法是 2011 年修订并生效的，被编入《法国民事诉讼法》（New Code of Civil Procedure）（以下简称"NCPC"）第四编，其中第 1442 条到第 1503 条是针对国内仲裁的相关规定，第 1504 条到第 1527 条是针对国际仲裁的相关规定。就可仲裁性问题而言，NCPC 第四编并未进行规定，其相关规定见于《法国民法典》（French Civil Code）（以下简称"FCC"）第三卷第十六编。

可仲裁性问题的发展随着仲裁制度本身在法国的发展而经历了大起大落。在中世纪绝对君主制时期，与诉讼相比，仲裁受到法院的质疑，只有极少数的争议事项可以通过仲裁解决。[1] 到法国大革命时期，仲裁被认为是最自然、最正常的解决纠纷、维护正义的争议解决方

---

[1] 当时，仲裁被认为不能够得出公平公正的结论。这是由于法官在解决争议时会受到一定的约束，而仲裁员在解决争议时拥有绝对的自由，因此，与诉讼相比，仲裁裁决被认为是不完全是根据法律作出的，其被认为会受到同情心等因素的影响。See Seneca, "Conversaions, Beneficial Actions", III. VII 7, cited in Jean Rouche, Gerald H. Pointon, et al., *French Arbitration Law and Practice*：*A Dynamic Civil Law Approach to International Arbitration*, The Netherlands：Kluwer Law International, 2009, p. 3.

式，法院则仅仅是解决纠纷的一种补充机制。法律明确规定禁止以任何形式或方法限制仲裁。可仲裁性的范围也随之无限扩大，即使是个人身份关系（personal status）的争议也具有可仲裁性。① 很快，仲裁程序开始被乱用导致了大量的不公，1806 年《法国民事诉讼法典》（*Code de Procédure Civile*，又称 *Napoleonic Code*）的颁布再次对仲裁进行了严格限制。② 争议事项是否具有可仲裁性需要满足严格的条件。1806 年《法国民事诉讼法典》第 83 条规定涉及国家、公共领域、地方政府和公共机构的争议只能由公诉机关（public prosecutor）来解决。③ 第 1004 条又规定所有需要通知公诉机关的争议事项都不能通过仲裁解决。④ 这两条规定被认为是法国最早对可仲裁性问题的规定。NCPC 颁布时这两条规定被废止，但是 1972 年《法国民法典》将其进行了修改沿用。⑤ 第一次世界大战后，随着国际商事的发展，法国开始意识到一个快速、灵活的争议解决方式对商业发展的重要性，随即规定约定将未来可能发生的争议通过仲裁解决的合同只要是关于商事交易（commercial transactions）就视为有效。⑥ 此规定间接地将涉

---

① See Jean Rouche, Gerald H. Pointon, et al. , *French Arbitration Law and Practice*: *A Dynamic Civil Law Approach to International Arbitration*, The Netherlands: Kluwer Law International, 2009, p. 3.

② See Jean Rouche, Gerald H. Pointon, et al. , *French Arbitration Law and Practice*: *A Dynamic Civil Law Approach to International Arbitration*, The Netherlands: Kluwer Law International, 2009, pp. 3 – 4.

③ See French Code of Civil Procedure of 1806, Art. 83, Actions... concerning... the state, the public domain, local authorities and public entities [must be] referred to the public prosecutor.

④ See French Code of Civil Procedure of 1806, Art. 1004, Disputes subject to notification to the Ministère Public [the public prosecutor's office] can not be referred to arbitration.

⑤ See Emmanuel Gaillard and John Savage eds. , *Fouchard, Gaillard, Goldman on International Commercial Arbitration*, The Netherlands: Kluwer Law International, 1999, p. 314.

⑥ See French Law of 31 December 1925. 此规定颁布之前，法国最高法院在其判例中判定，约定将未来可能发生的争议事项通过仲裁解决的合同是无效的。See Cass. civ. 10 July 1843, S. 1843. 1. p. 561 and D. 1843. 1. p. 343, cited in Jean Rouche, Gerald H. Pointon, et al. , *French Arbitration Law and Practice*: *A Dynamic Civil Law Approach to International Arbitration*, The Netherlands: Kluwer Law International, 2009, p. 4.

"商事交易"的争议事项纳入了可仲裁性争议事项的范围内,一定程度上扩大了可仲裁性争议事项的范围。

尽管法国仲裁法区分了国际仲裁和国内仲裁,[①]可仲裁性问题的规定本身并没有区分国际仲裁和国内仲裁。其具体规定采取了概括加列举的方式,从正反两方面直接规定了何种争议事项具有可仲裁性,何种争议事项不具有可仲裁性。FCC 第 2059 条首先规定凡是当事人可以自由处置(free to dispose)的争议事项均具有可仲裁性。[②] 第 2060 条第 1 款紧跟其后对其作出了限制,并具体列举了不具有可仲裁性的争议事项,包括:个人民事法律地位和民事能力的争议、离婚或者法定分居争议、[③] 涉公共社区和公共企业(public communities and public establishments)的争议[④]以及所有涉公共政策的

[①] 法国法将含有国际商事利益的仲裁归为国际仲裁,其余则为国内仲裁。See New Code of Civil Procedure, Art. 1504, An arbitration is international when international trade interests are at stake.

[②] See French Civil Code, Art. 2059, All persons may agree to arbitration in relation to rights which they are free to dispose of.

[③] 尽管第 2060 条第 1 款规定个人民事法律地位和民事能力的争议以及离婚或者法定分居争议不具有可仲裁性,但是由于个人民事法律地位和民事能力变化或者由于离婚和法定分居而产生的财产争议具有可仲裁性。See Jean Rouche, Gerald H. Pointon, et al., *French Arbitration Law and Practice: A Dynamic Civil Law Approach to International Arbitration*, The Netherlands: Kluwer Law International, 2009, pp. 41 – 42.

[④] 第 2060 条第 2 款间接地给出了公共企业的定义。该款规定涉公共企业的争议中的某些公共企业如果有工业和商业性质,在有法令授权时,这些争议事项可以提交仲裁解决。See French Civil Code, Art. 2060, Nevertheless, certain categories of public establishments of an industrial and commercial character may be authorized by decree to submit to arbitration. 可见一般情况下,即便是有工业和商业性质的公共企业,与其有关的争议事项也不得仲裁。See Jean Rouche, Gerald H. Pointon, et al., *French Arbitration Law and Practice: A Dynamic Civil Law Approach to International Arbitration*, The Netherlands: Kluwer Law International, 2009, p. 42. 但是,法国已经颁布了许多法令给有工业和商业性质的公共企业授权,通过仲裁解决与其相关的争议。比如,2002 年 1 月 8 日,第 2002—56 号法令颁布,涉煤矿、电和气的公共企业的争议可以提交仲裁解决。see Jean Rouche, Gerald H. Pointon, et al., *French Arbitration Law and Practice: A Dynamic Civil Law Approach to International Arbitration*, The Netherlands: Kluwer Law International, 2009, p. 42.

争议。① 除此之外，第2061条间接地对可仲裁性问题作出了规定，除非另有特殊的法律规定，与专业活动（professional activities）有关的仲裁合同有效。② 与前文所述1925年的规定结合，当某一争议事项是与商事交易或专业活动有关时，属于具有可仲裁性的争议事项，仲裁合同有效。

法国仲裁法对可仲裁性问题的规定中争议最大的是第2060条第1款中"涉公共政策争议"的限制。该条款并没有对何为"涉公共政策争议"作出解释，从字面来看，该规定使大部分争议事项都不具有可仲裁性，证券法争议、知识产权争议等，由于或多或少会"涉及"公共政策，都属于不可仲裁的争议事项。③ 实践中，法国法院确实曾如此严苛地解释适用该条款，但是这样的规定与《纽约公约》的宗旨不符，也严重阻碍了仲裁在法国的发展，受到众多批评，逐渐被司法实践摒弃。④

在对第2060条第1款中"涉公共政策争议"进行适用时，尽管可仲裁性问题的规定本身并没有区分国际仲裁和国内仲裁，法国法院在具体解释"涉公共政策"时还是区分了国际仲裁和国内仲裁。

在国际仲裁案件中，法国法院采取了非常宽泛的解释方法，甚至直

---

① See French Civil Code, Art. 2060, It is not permissible to submit to arbitration matters of civil status and capacity of individuals, or relating to divorce or judicial separation of spouses or disputes concerning public communities and public establishments and more generally all matters which concern public policy.

② See French Civil Code, Art. 2061, Unless provided otherwise in special statutory provisions, an arbitration clause is valid in contracts which are concluded in relation to professional activities.

③ See Gary B. Born, *International Commercial Arbitration*, The Netherlands: Kluwer Law International, 2021, pp. 1049–1050.

④ See Karim Abou Youssef, "The Death of Inarbitrability", in Loukas A. Mistelis and Stavros L. Brekoulakis eds., *Arbitrability: International and Comparative Perspectives*, The Netherlands: Kluwer Law International, 2009, p. 59.

接摒弃了"涉公共政策争议"限制的适用。① 巴黎上诉法院首先在判例中指出尽管《民法典》不允许用仲裁解决涉公共政策的争议,但是这并不代表所有与公共政策有关联的案子都不具有可仲裁性。② 随后,法国最高法院(Cour de cassation)在 *Impex v. Malteria Adriatica* 案中明确判定第 2059 条和第 2060 条不适用于国际仲裁。③ 法国法院在国际仲裁的案例中从此从第 2059 条和第 2060 条的桎梏中解脱出来,并逐渐确立了更自由、更宽松的判定标准。法国法院指出国际仲裁中可仲裁性的认定应以国际公共政策(international public policy)为标准,并采用了以当事人意思自治(party autonomy)而非一国法律为准的原则。④ 只要当事人达成合意由仲裁解决某争议事项,只有该争议事项所涉利益与国际公共政策紧密联系时才不具有可仲裁性。⑤ 因此,国际仲裁中不具有可仲裁性的争议事项在法国非常罕见。

尽管国际仲裁可仲裁性问题不再适用第 2059 条和第 2060 条,国

---

① See Karim Abou Youssef, "The Death of Inarbitrability", in Loukas A. Mistelis and Stavros L. Brekoulakis eds., *Arbitrability: International and Comparative Perspectives*, The Netherlands: Kluwer Law International, 2009, p. 59.

② See Judgment of 21 February 1964, *Meulemans et Cie v. Robert*, 92 J. D. I. (Clunet) 113, 116 (Paris Courd'appel) (1965), discussed in Gary B. Born, *International Commercial Arbitration*, The Netherlands: Kluwer Law International, 2021, p. 1050. 该案中法院认定在没有获得出口许可证的情况下,只要其不影响潜在交易的合法性,要求赔偿的请求具有可仲裁性。

③ See Judgment of 20 June 1969, *Impex v. Malteria Adriatica*, 1969 Rev. arb. 95 (Paris Courd'appel), discussed in Emmanuel Gaillard and John Savage eds., *Fouchard, Gaillard, Goldman on International Commercial Arbitration*, The Netherlands: Kluwer Law International, 1999, p. 331.

④ 法国法院事实上是第一个以国际公共政策为标准确定国际仲裁可仲裁性的国家。See J-B. Racine, *L'Arbitrage Commercial International et L'ordre Public* (LGDJ 1999) 34, cited in Karim Abou Youssef, "The Death of Inarbitrability", in Loukas A. Mistelis and Stavros L. Brekoulakis eds., *Arbitrability: International and Comparative Perspectives*, The Netherlands: Kluwer Law International, 2009, p. 59.

⑤ See CA Paris, 29 March, 1991, *Rev. Arb.* (1991) 478, cited in Karim Abou Youssef, "The Death of Inarbitrability", in Loukas A. Mistelis and Stavros L. Brekoulakis eds., *Arbitrability: International and Comparative Perspectives*, The Netherlands: Kluwer Law International, 2009, p. 59.

内仲裁仍然适用这一规定。然而即便是国内仲裁,该规定也逐渐趋向于做宽松解释。在19世纪和20世纪早期,凡是涉及公共政策的争议事项,无论是直接还是间接涉及,均不具有可仲裁性。直到1954年,该种解释仍然占主流。在 Société anonyme agricole v. Torris 案中,所涉争议事项是关于应纳税物品合同的履行。巴黎上诉法院判定,由于涉及应纳税物品的法律法规是公共政策问题,因此,该案争议事项不具有可仲裁性,仲裁庭对该案没有管辖权。① 由此,任何解释或适用此类规定的争议事项均不具有可仲裁性。20世纪50年代开始,法院的解释开始逐渐放宽。1956年,巴黎上诉法院在 Sigma v. Bezard 案中判定,尽管原则上禁止通过仲裁解决任何涉及公共政策的争议事项,但是该规定并不意味着每一个由根据公共政策确立的法律法规规范的交易的争议事项都不能通过仲裁解决。某一争议事项并不由于其涉及公共政策就不具有可仲裁性,仅在当产生争议的交易或合同由于违反公共政策而被认定为非法或无效时,"公共政策"规则才适用。② 其后的判决进一步确认了这一判定。在 Auvinet S. A. v. S. A. Sacomi et Poirier 案中,法院认定涉违反公司章程而导致的损失赔偿的争议事项可以仲裁,因为判定争议事项可仲裁性的标准是争议事项本身,而不是解决此类争议事项规则的性质。③ 类似的,在 Phocéenne de Dépôtspétroliers de Fos 案中,法院认定涉及强制规定的合

---

① See Société anonyme agricole v. Torris, Dalloz, Jur. 192 (1954), discussed in Emmanuel Gaillard and John Savage eds., *Fouchard, Gaillard, Goldman on International Commercial Arbitration*, The Netherlands: Kluwer Law International, 1999, pp. 333 – 334.

② See Sigma v. Bezard, discussed in Emmanuel Gaillard and John Savage eds., *Fouchard, Gaillard, Goldman on International Commercial Arbitration*, The Netherlands: Kluwer Law International, 1999, p. 334.

③ See Auvinet S. A. v. S. A. Sacomi et Poirier, 1986 Rev. Arb. 442, discussed in Emmanuel Gaillard and John Savage eds., *Fouchard, Gaillard, Goldman on International Commercial Arbitration*, The Netherlands: Kluwer Law International, 1999, pp. 334 – 335.

同或侵权争议具有可仲裁性。① 可见，在国内仲裁中，随着仲裁制度的不断发展，"涉公共政策争议"的解释并不是仅仅指适用于争议法律关系的规则属于公共政策，"公共政策争议"限制背后真正的考量因素主要有三点：第一，该争议事项的判决将对公共大众有约束力；②第二，与公共政策相关的规则旨在保护相对较弱的一方当事人，且这种保护是必需的；③ 第三，争议的目的即获得一个不可避免会侵犯公共政策规则的裁决。④ 只有在存在这三种考量因素的情况下，某项争议事项才会因为违反公共政策而不具有可仲裁性。可见，可仲裁性问题判断标准的解释适用在国内仲裁中也呈现逐渐宽松的趋势。

二 瑞士的立法与实践

瑞士是一个非常重视仲裁制度发展的国家，亦是最受当事人欢迎的国际仲裁地之一，其仲裁法的相关规定与解释均以有利于仲裁为原则，就可仲裁性问题而言，无论是国内仲裁还是国际仲裁，都充分体现了其支持、突出、不断扩大仲裁适用的目的。

---

① See Phocéenne de Dépôtspétroliers de Fos, 1989 Rev. Arb. 280, discussed in Emmanuel Gaillard and John Savage eds., *Fouchard, Gaillard, Goldman on International Commercial Arbitration*, The Netherlands: Kluwer Law International, 1999, p. 335.

② 比如，专利有效性争议。由于其结果将对公共大众有约束力，专利有效性争议在法国不具有可仲裁性。See Jean Rouche, Gerald H. Pointon, et al., *French Arbitration Law and Practice: A Dynamic Civil Law Approach to International Arbitration*, The Netherlands: Kluwer Law International, 2009, p. 47.

③ 比如，与支付赡养费的一方当事人相比，被支付赡养费的一方当事人处在相对较弱的地位，在赡养费被支付前，要求其放弃向法院请求另一方当事人支付赡养费的权利，与此相关的争议在法国不具有可仲裁性。See Jean Rouche, Gerald H. Pointon, et al., *French Arbitration Law and Practice: A Dynamic Civil Law Approach to International Arbitration*, The Netherlands: Kluwer Law International, 2009, p. 48.

④ See Jean Rouche, Gerald H. Pointon, et al., *French Arbitration Law and Practice: A Dynamic Civil Law Approach to International Arbitration*, The Netherlands: Kluwer Law International, 2009, p. 45.

(一) 瑞士仲裁制度发展的历史沿革

仲裁法在瑞士早期并不区分国际仲裁和国内仲裁，仲裁相关问题由各州自行规定，导致瑞士国内仲裁的立法千差万别。为解决仲裁立法的不统一问题，瑞士于1969年制定了《仲裁协定》（Concordat on Arbitration），截止到1995年，瑞士26个州相继加入了该协定。[1] 20世纪七八十年代，制定统一的国际仲裁规则成为趋势，立法机关于1987年，在《瑞士联邦国际私法》（Private International Law Statute）（以下简称"PILS"）中设专章（第12章）规定国际仲裁。[2] 随着PILS第12章的生效，1969年《仲裁协定》不再适用于国际仲裁，仅规制瑞士国内仲裁。[3] 由于对《仲裁协定》的任何修改都需要经过所有成员州的同意并批准，为《仲裁协定》的修订带来了困难，瑞士联邦委员会（Swiss Federal Council）最终决定由2011年生效的《瑞士民事诉讼法典》（Swiss Code of Civil Procedure）（以下简称"CCP"）的第3部分取代《仲裁协定》。[4] 仲裁制度在瑞士因此包含两套体系，国际仲裁（适用PILS第12章）[5] 和国内仲裁（适用CCP第3部分）；争议事

---

[1] See Bernhard BerGer and Franz Kellerhals, *International and Domestic Arbitration in Switzerland*, Switzerland: Stämpfli Publications Ltd., 2015, pp. 25–26.

[2] 瑞士在2020年对第12章进行了修订，此次修改主要集中在将瑞士最高法院的相关裁决法典化，明确相关表述，进一步强化当事人意思自治，提升用户友好性。See Sebastiano Nessi, "New Law Maintains Switzerland at the Forefront of International Arbitration", Kluwer Arbitration Blog (August 2020), http://arbitrationblog.kluwerarbitration.com/2020/08/22/new-law-maintains-switzerland-at-the-forefront-of-international-arbitration/.

[3] See Bernhard BerGer and Franz Kellerhals, *International and Domestic Arbitration in Switzerland*, Switzerland: Stämpfli Publications Ltd., 2015, p. 30.

[4] See Bernhard BerGer and Franz Kellerhals, *International and Domestic Arbitration in Switzerland*, Switzerland: Stämpfli Publications Ltd., 2015, p. 26.

[5] 根据PILS第176条第1款，如果仲裁地在瑞士，且至少一方当事人在签订仲裁协议时在瑞士没有住所，则视为国际仲裁，适用PILS。See Swiss Private International Law Act, Art. 176 (1), The provisions of this chapter apply to any arbitration if the seat of the arbitral tribunal is in Switzerland and if, at the time when the arbitration agreement was entered into, at least one of the parties had neither its domicile nor its habitual residence in Switzerland.

项可仲裁性的认定也因此区分国际仲裁和国内仲裁，适用两套制度。

（二）瑞士国际仲裁中的可仲裁性问题

在瑞士，国际仲裁中可仲裁性争议事项的范围非常广泛，判断争议事项是否具有可仲裁性仅考察该争议事项是否与"经济利益"（economic interest）相关。根据PILS第177条第1款，任何争议事项只要是与经济利益相关的，均可以通过仲裁解决。① 至于何种争议事项是与经济利益相关的，瑞士最高法院（Swiss Federal Tribunal）对其作出了非常宽泛的解释，即，任何对当事人来说有金钱价值（pecuniary/ monetary value）的争议事项均可通过仲裁来解决。这种金钱价值不考虑其是当事人财产的一部分还是当事人责任的一部分，只要争议事项代表的利益可用金钱来衡量即可。② 同时，这种金钱价值对争议的性质也不做限制，其既可以是私法的，亦可以是公法的。③ 也有学者将其解释为与财产（property）相关，且不考虑该财产是动产还是不动产、有形还是无形，都具有可仲裁性。④ 瑞士联邦委员会进一步解释说明，PILS第177条第1款实际上是采取了PILS第5条第1款的做法。⑤ PILS第5条第1款是法院选择规范，对于涉经济利益的争议，当事人可以合意决定管辖法院。⑥ "涉经济利益的争议"在该条中不

---

① See Swiss Private International Law Act, Art. 177（1）, Any dispute involving an economic interest may be the subject-matter of an arbitration.

② See BGE 118 II 353 E. 3b, cited in Bernhard BerGer and Franz Kellerhals, *International and Domestic Arbitration in Switzerland*, Switzerland: Stämpfli Publications Ltd., 2015, p. 69.

③ See Partick M. Baron and Stefan Liniger, "A Second Look at Arbitrability: Approaches to Arbitration in the United States, Switzerland and Germany", *Arbitration International*, Vol. 19, No. 1, March 2003, p. 34.

④ See Karim Abou Youssef, "The Death of Inarbitrability", in Loukas A. Mistelis and Stavros L. Brekoulakis eds., *Arbitrability: International and Comparative Perspectives*, The Netherlands: Kluwer Law International, 2009, p. 60.

⑤ See Bernhard BerGer and Franz Kellerhals, *International and Domestic Arbitration in Switzerland*, Switzerland: Stämpfli Publications Ltd., 2015, p. 65.

⑥ See Swiss Private International Law Act, Art. 5（1）, In matters involving an economic interest, parties may agree on the court that will have to decide any potential or existing dispute arising out of a specific legal relationship.

仅包括因合同、侵权、不当得利而产生的争议，也包括因家庭、继承和财产法而产生的金钱请求（monetary claim）争议。① PILS 第 177 条第 1 款中的经济利益与 PILS 第 5 条第 1 款中的经济利益所指一致，因此，凡是根据 PILS 第 5 条第 1 款可以解决的争议事项，都具有可仲裁性。争议事项是否与经济利益相关是一个门槛非常低的标准，充分体现出瑞士支持扩大可仲裁性争议事项范围的政策。

瑞士在国际仲裁中支持扩大可仲裁性争议事项范围的另一个表现即可仲裁性问题的判断不受公共政策影响，某类争议事项不因其与公共政策不相符而不具有可仲裁性。② 首先，仲裁裁决与公共政策不符并不代表仲裁裁决所涉争议事项本身不具有可仲裁性。③ 其次，在瑞士仲裁的争议事项的可仲裁性不受外国公共政策或强制性规则的限制。④ 国际仲裁中判断可仲裁性问题的唯一标准是该争议事项是否与经济利益相关，不因外国法对其的限制而被否定。

（三）瑞士国内仲裁中的可仲裁性问题

根据 1969 年《仲裁协定》第 5 条的规定，国内仲裁中争议事项的可仲裁性判断标准有 2 条，第一，争议事项具有可处分性，第二，该争议事项不属于由强制性法律规定所确定的法院专属管辖的争议事项，即，如果存在强制性的法律规定某类争议事项法院享有专有管辖

---

① See Report PILS, BB1 1983 I 301, cited in Bernhard BerGer and Franz Kellerhals, *International and Domestic Arbitration in Switzerland*, Switzerland: Stämpfli Publications Ltd., 2015, p. 70.

② 截止到 2015 年，瑞士最高法院还未因与公共政策不符而认定某类争议事项不具有可仲裁性。See Bernhard BerGer and Franz Kellerhals, *International and Domestic Arbitration in Switzerland*, Switzerland: Stämpfli Publications Ltd., 2015, p. 88.

③ See Bernhard BerGer and Franz Kellerhals, *International and Domestic Arbitration in Switzerland*, Switzerland: Stämpfli Publications Ltd., 2015, p. 88.

④ See Bernhard BerGer and Franz Kellerhals, *International and Domestic Arbitration in Switzerland*, Switzerland: Stämpfli Publications Ltd., 2015, p. 89.

权，则该争议事项即便具有可处分性，也不具有可仲裁性。① 1969 年《仲裁协定》确定的判断标准受到了一定质疑，特别是该标准的第 2 条，规定其目的为何受到了批评。如果当事人对某类争议事项没有可处分性，则该争议事项自然应该由法院享有管辖权；同样的，如果法律强制规定某类争议事项由法院享有专属管辖权，则该争议事项自然不具有可处分性。据此，有学者认为该规定属于冠上加冠。②

与 1969 年《仲裁协定》不同，CCP 仅保留了《仲裁协定》第 5 条的前半部分，根据 CCP 第 354 条，在当事人对某类争议事项有处分权（free to dispose）时，该争议事项即具有可仲裁性。③ 根据瑞士法的规定，只有极少数争议事项是当事人没有处分权的。当事人对婚姻家庭法中的离婚诉讼、确认亲子关系的诉讼等没有处分权。涉及公共登记簿（public registry）的登记和修改的某些特定行为，比如，名字的修改、宣告失踪等，当事人也没有处分权。对于旨在使证券无效的程序，当事人也没有处分权。④ 可见，瑞士国内仲裁的可仲裁性范围也非常广，只有极少数的争议事项才不具有可仲裁性。但是，国内仲裁中争议事项可仲裁性的判断标准与国际仲裁中的规定相比，国际仲裁中的"与经济利益相关"的解释及应用要比"具有可处分性"更为开放一些，在国内仲裁中，即便是"与经济利益相关"的争议事项，若不具有可处分性，也不具有可仲裁性。⑤

---

① See Concordat on Arbitration, Art. 5.
② See Bernhard BerGer and Franz Kellerhals, *International and Domestic Arbitration in Switzerland*, Switzerland: Stämpfli Publications Ltd., 2015, p. 84.
③ See Swiss Code of Civil Procedure, Art. 354, Any claim over which the parties may freely dispose may be the object of an arbitration agreement.
④ See Bernhard BerGer and Franz Kellerhals, *International and Domestic Arbitration in Switzerland*, Switzerland: Stämpfli Publications Ltd., 2015, p. 85.
⑤ See Gary B. Born, *International Commercial Arbitration*, The Netherlands: Kluwer Law International, 2021, p. 1047.

三 德国的立法与实践

德国拥有完善的法律体系，仲裁制度亦有着悠久的历史。德国没有单独的仲裁法，关于仲裁的相关规定以《示范法》为蓝本，包含在《德国民事诉讼法典》（Code of Civil Procedure）中。扩大仲裁在争议解决中的适用是立法者制定仲裁法的立法目的，[①] 就可仲裁性问题而言，采用了非常宽泛的标准。

（一）德国仲裁制度发展的历史沿革

早在1877年的《德国民事诉讼法典》的第10章中，就已经有27个短小的段落对仲裁程序进行了非常粗浅的规定，这些规定构成了德国早期的仲裁法。[②] 该仲裁法除在1986年进行过一次小的修改以外，一直没有修改，使得德国在全世界国际仲裁的竞争中处于不利地位。[③] 为提升德国在国际仲裁中的竞争力，从1986年开始即出现了修改该仲裁法的讨论。[④] 1991年，德国司法部（German Minister of Justice）召集专家学者，正式决定对仲裁法进行修改，1998年，《德国仲裁法》（New German Arbitration Act）开始实施。该仲裁法对《德国民事诉讼法典》第十编进行了修订，总共41个部分，对仲裁程序

[①] See Patricia Nacimiento, Stefan M. Kroll, et al. eds., *Arbitration in Germany: The Model Law in Practice*, The Netherlands: Kluwer Law International, 2015, p. 97.

[②] See Klaus Peter Berger, "The New German Arbitration Law in International Perspective", in *Forum Internationale No. 26*, The Netherlands: Kluwer Law Arbitration, 2000, p. 4.

[③] 有学者评价1877年民事诉讼法典中关于仲裁的规定没能揭示德国真正的仲裁法，对于不熟悉德国法、又不懂德语的外国实务者来说，1877年民事诉讼法典中关于仲裁的规定展示的是一个古老且过时的立法。See Klaus Peter Berger, "The New German Arbitration Law in International Perspective", in *Forum Internationale No. 26*, The Netherlands: Kluwer Law Arbitration, 2000, p. 5. 也有学者持不同意见，认为1877年民事诉讼法典中关于仲裁的规定已经体现出了《示范法》的基本原则。See Patricia Nacimiento, Stefan M. Kroll, et al. eds., *Arbitration in Germany: The Model Law in Practice*, The Netherlands: Kluwer Law International, 2015, p. 4.

[④] The Editors, "The New German Arbitration Law", *Arbitration International*, Vol. 14, No. 1, March 1998, pp. iii – iv.

的各个部分进行了细致的规定。① 1998 年《德国仲裁法》以《示范法》为蓝本，重视用户友好性，德国从此有了一部对外国实务者来说也很容易理解的仲裁法，标志着德国加入了世界仲裁法发展较为完善的国家的行列。②

（二）德国可仲裁性问题的规定

1998 年《德国仲裁法》不区分国际仲裁和国内仲裁，其使用范围也并不仅仅局限于商事仲裁。③ 尽管《示范法》为其修订的蓝本，但是就可仲裁性问题的规定，1998 年《德国仲裁法》并没有完全遵从《示范法》的规定，而是对其进行了专门的规定。1998 年《德国仲裁法》对可仲裁性问题的规定深受瑞士仲裁法的影响。④ 就可仲裁性问题的认定标准结合了瑞士国际仲裁和国内仲裁中可仲裁性问题的认定标准。1998 年《德国仲裁法》借用了 PILS 第 177 条第 1 款的规定，任何涉及财产权性质的请求权（vermögensrechtlicher Anspruch）争议事项，均可以通过仲裁解决。⑤ 对此概念的解释，德国也和瑞士相同，对其进行了非常宽泛的解释。申请人的主张只要具备经济利益（economic interest），无论是直接的还是间接的，且不考虑该主张是公

---

① See Klaus Peter Berger, "The New German Arbitration Law in International Perspective", in *Forum Internationale* No. 26, The Netherlands: Kluwer Law Arbitration, 2000, pp. 3 – 5.

② 有学者指出，1998 年《德国仲裁法》的座右铭是，凡是懂《示范法》的外国实务者即懂德国仲裁法。See Klaus Peter Berger, "The New German Arbitration Law in International Perspective", in *Forum Internationale* No. 26, The Netherlands: Kluwer Law Arbitration, 2000, p. 6.

③ See Klaus Peter Berger, "The New German Arbitration Law in International Perspective", in *Forum Internationale* No. 26, The Netherlands: Kluwer Law Arbitration, 2000, p. 4.

④ See Karim Abou Youssef, "The Death of Inarbitrability", in Loukas A. Mistelis and Stavros L. Brekoulakis eds., *Arbitrability: International and Comparative Perspectives*, The Netherlands: Kluwer Law International, 2009, pp. 60 – 61.

⑤ See German Civil Procedure Law (ZPO), § 1030 I (1), Any claim under property law may become the subject matter of an arbitration agreement. An arbitration agreement regarding non-pecuniary claims has legal effect insofar as the parties to the dispute are entitled to conclude a settlement regarding the subject matter of the dispute.

法还是私法上的，都具有可仲裁性。① 法律关系的变更、为保护商业利益而提出的禁止性或撤销请求，也属于满足经济利益的要求。②

同时，1998年《德国仲裁法》还结合瑞士国内仲裁的判断标准，进一步扩大了可仲裁性争议事项的范围。对于不涉及财产权性质的争议事项，如果其具有可处分性，那么该争议事项也可以仲裁。③ 由此，只有立法专门规定某类争议事项只能由法院解决时，该类争议事项在德国才不具有可仲裁性。④ 但是，如果某一成文法仅规定国家司法系统中的某些法院有能力解决某些争议事项，并不能就此否定该类争议事项的可仲裁性。只有在对立法机关认为某种利益需要特殊的保护且这种保护只有国家司法系统中的法院才能保证，因此必须由法院来解决此类争议事项的立法目的存在足够的确定性时，才可以认定该类争议事项不具有可仲裁性。⑤ 事实上，包含此类规定的成文法少之又少，早期规定某些争议事项不具有可仲裁性的成文法很多已经被废除。⑥ 根据德国仲裁法，备受争议的知识产权争议、反垄断争议、破产程序相关争议等都具有可仲裁性。⑦

---

① See Klaus Peter Berger, "The New German Arbitration Law in International Perspective", in *Forum Internationale No.* 26, The Netherlands: Kluwer Law Arbitration, 2000, p. 7.

② See Patricia Nacimiento, Stefan M. Kroll, et al. eds., *Arbitration in Germany: The Model Law in Practice*, The Netherlands: Kluwer Law International, 2015, p. 99.

③ See Karim Abou Youssef, "The Death of Inarbitrability", in Loukas A. Mistelis and Stavros L. Brekoulakis eds., *Arbitrability: International and Comparative Perspectives*, The Netherlands: Kluwer Law International, 2009, p. 61.

④ See Klaus Peter Berger, "The New German Arbitration Law in International Perspective", in *Forum Internationale No.* 26, The Netherlands: Kluwer Law Arbitration, 2000, p. 7.

⑤ See Klaus Peter Berger, "The New German Arbitration Law in International Perspective", in *Forum Internationale No.* 26, The Netherlands: Kluwer Law Arbitration, 2000, p. 7.

⑥ See Gary B. Born, *International Commercial Arbitration*, The Netherlands: Kluwer Law International, 2021, p. 1048 note 111.

⑦ See Patricia Nacimiento, Stefan M. Kroll, et al. eds., *Arbitration in Germany: The Model Law in Practice*, The Netherlands: Kluwer Law International, 2015, pp. 100–103.

四　美国的立法与实践

美国仲裁法由《联邦仲裁法》（*Federal Arbitration Act*）和各州仲裁法两部分构成。《联邦仲裁法》主要适用于州际争议及国际争议。[①]各州仲裁法一般仅适用于州内的争议或者补充适用于不受《联邦仲裁法》调整的争议。[②] 在各州仲裁法规定与《联邦仲裁法》规定不一致时，《联邦仲裁法》通常优先于各州仲裁法适用。[③]

可仲裁性问题的规定在美国非常特殊，其概念所指要远大于世界其他国家一般所指的可仲裁性，具体包含两层含义。第一层含义在其他国家属于管辖权问题，即仲裁员或者法院是否有权决定某一争议事项是否应该被提交仲裁。该问题又被具体分为一系列通向仲裁的门户问题，包括：（1）是否存在有效的仲裁协议；（2）仲裁协议的范围是否包括该争议事项；（3）公共政策是否禁止将此类争议事项提交仲

---

① 联邦仲裁法第 2 条规定任何在海事交易或商事合同中规定由仲裁解决该交易或合同引发争议的条款有效。"商事"在第 1 条中被定义为：各州间或者国际间的商事活动。据此，州际或者国际争议适用《联邦仲裁法》。See 9 U. S. C. A. §1, …"commerce", as herein defined, means commerce among the several States or with foreign nations, or in any Territory of the United States or in the District of Columbia, or between any such Territory and another, or between any such Territory and any State or foreign nation, or between the District of Columbia and any State or Territory or foreign nation... 9 U. S. C. A. §2, A written provision in any maritime transaction or a contract evidencing a transaction involving commerce to settle by arbitration a controversy thereafter arising out of such contract or transaction, or the refusal to perform the whole or any part thereof, or an agreement in writing to submit to arbitration an existing controversy arising out of such a contract, transaction, or refusal, shall be valid, irrevocable, and enforceable, save upon such grounds as exist at law or in equity for the revocation of any contract.

② 参见欧明生《民商事纠纷可仲裁性问题研究》，浙江大学出版社 2013 年版，第 82 页。

③ 事实上，美国的案例已经充分证实了当下美国仲裁法的一个规则，即，《联邦仲裁法》适用于（1）涉联邦问题的争议，（2）适用州法律的多元管辖争议，（3）州法院适用州法律但是与州际贸易有关联的案子。换句话说，《联邦仲裁法》俨然成为了整个国家的仲裁法。See Moses H. Cone Memorial Hospital v. Mercury Construction Corporation, 460 U. S. 1 (1983), Southland Corp. v. Keating, 465 U. S. 1 (1984), Allied-Bruce Terminix Inc. v. Dobson, 513 U. S. 265 (1995), AT&T Mobility v. Concepcion, 563 U. S. 333 (2011). See also, Thomas E. Caronneau, *Cases and Materials on Arbitration Law and Practice*, Minnesota: West Academic Publishing, 2012, p. 52.

第三章 可仲裁性问题判断标准的比较法研究

裁；(4) 应该由谁来决定当事人是否合意决定通过仲裁来解决争议事项的实体问题。[①] 第二层含义同世界其他国家一样，指某一类争议事项是否可以通过仲裁解决。美国法下可仲裁性问题的第一层含义并未得到国际认可，仅限于美国法的语境。本书所指美国法下的可仲裁性问题仅指其第二层含义。

可仲裁性问题在美国经历了一个从怀疑到承认，从严格限制到逐步放宽的过程。这与仲裁在美国的地位息息相关。早期，美国并不认同仲裁这种争议解决方式，法官不愿意将裁判的特权转让给仲裁庭，仲裁庭被认为是由没有经过系统法律训练的个人组成的，其是否具有解决争议的能力受到严重的怀疑。[②] 仲裁在法官的眼里仅仅是一种权宜之计。[③] 在这样的大环境下，许多争议事项均不具有可仲裁性。然而随着时间的推移，特别是在诉讼爆炸发生之后，为了减轻法院的负担，高效低成本的仲裁逐渐受到重视，对可仲裁性问题的严格限制也逐渐放宽，越来越多的争议事项具有可仲裁性。[④] 这一态度的变化主要体现在三个方面：

第一，《联邦仲裁法》旨在扩大可仲裁性争议事项的范围。《联邦仲裁法》在美国仲裁的发展史上具有里程碑的地位，它的颁布意味着美国司法界对仲裁敌视态度的结束。[⑤]《联邦仲裁法》中并没有直接

[①] See Laurence Shore, "The United States' Perspective on 'Arbitrability'", in Loukas A. Mistelis and Stavros L. Brekoulakis eds., *Arbitrability: International and Comparative Perspectives*, The Netherlands: Kluwer Law International, 2009, pp. 70–72.

[②] 斯托里大法官（Judge Story）曾指出，法院在决定是否应仲裁解决当事人争议时，必须考虑这样的仲裁庭是否有足够的能力。See Tobey v. County of Bristol, 23 F. Cas. 1313, 1320–21 (C. C. D. Mass. 1845).

[③] See Thomas E. Caronneau, *Cases and Materials on Arbitration Law and Practice*, Minnesota: West Academic Publishing, 2012, p. 45.

[④] 参见欧明生《民商事纠纷可仲裁性问题研究》，浙江大学出版社2013年版，第83页。

[⑤] See Thomas E. Caronneau, *Cases and Materials on Arbitration Law and Practice*, Minnesota: West Academic Publishing, 2012, p. 46.

关于可仲裁性问题的规定。① 与《纽约公约》和《示范法》相同,其在第 2 条中规定"与商事相关"(involving commerce)的交易中的仲裁条款有效。② 可仲裁性问题间接地等同于"与商事相关"的问题。至于具体何种交易属于与商事相关的争议,《联邦仲裁法》并没有给出明确的定义。但是,国会在《联邦仲裁法》中启用了贸易条款(Commerce Clause)下最宽泛的解释,凡是在商业中(in commerce),或者是在商业流中(in the flow)的交易都可以适用《联邦仲裁法》,具有可仲裁性。③ 最高法院也在判例中指出国会颁布《联邦仲裁法》意在消除美国法院对仲裁的敌视态度,《联邦仲裁法》第 2 条的规定体现了国会将贸易条款中的贸易权力(commerce power)发挥到极致的目的。④ 最高法院对"与商事相关"这一概念的解释也充分体现了国会颁布《联邦仲裁法》的目的。最高法院对"与商事相关"这一概念作出了非常宽泛的解释,即对商事贸易有影响(affecting),且不需要是实际影响。⑤ 大量早期不具有可仲裁性的争议事项纷纷因其对商事贸易有影响而具有可仲裁性。

第二,公权力(public rights)、公共利益(public interest)等公共政策(public policy)对可仲裁性问题的影响逐渐减弱。早期,涉及公权力或者是有关公共利益等涉公共政策的争议事项,不论其是在国际仲

---

① 某类争议事项是否具有可仲裁性往往依赖于对具体部门法的司法解释。See Gary B. Born, *International Commercial Arbitration*, The Netherlands: Kluwer Law International, 2021, p. 1051.

② See 9 U. S. C. A. § 2, A written provision in any maritime transaction or a contract evidencing a transaction involving commerce to settle by arbitration a controversy thereafter arising out of such contract or transaction, or the refusal to perform the whole or any part thereof, or an agreement in writing to submit to arbitration an existing controversy arising out of such a contract, transaction, or refusal, shall be valid, irrevocable, and enforceable, save upon such grounds as exist at law or in equity for the revocation of any contract.

③ See Citizens Bank v. Alafabco, 539 U. S. 52, 56 (2003).

④ See Circuit City Stores, Inc. v. Adams, 532 U. S. 105, 105 (2001).

⑤ See Allied-Bruce Terminix Inc. v. Dobson, 513 U. S. 265, 273 – 274 (1995).

裁还是在国内仲裁的背景下在美国均不具有可仲裁性。[1] 最高法院曾指出仲裁尽管非常适合于解决合同争议，但是在维护联邦法及宪法权利时并不足以替代法院。[2] 某类争议事项是否具有可仲裁性往往依赖于对具体部门法的司法解释。[3] 证券法争议、[4] 专利争议、[5] 反垄断争议、[6] 反勒索与受贿组织法（Racketeer Influenced and Corrupt Organizations Act, RICO）争议、[7] 破产争议、[8] 海上货物运输（Carriage of Goods by Sea Act, COGSA）争议[9]等均因涉及公权力、公共利益，对公共政策有影响，太过重要而不具有可仲裁性。然而，公权力、公共利益等公共政策在可仲裁性问题的判断中应该占多大比重，某一争议事项是否应该仅因涉公权力、公共利益等公共政策就当然不具有可仲裁性等问题随着仲裁地位在美国的变化而变化，其对可仲裁性问题的影响逐渐减弱。

1974年，最高法院首先在国际仲裁中认定涉证券法争议可以仲裁。[10] 1985年，最高法院又在 *Mitsubishi Motors Corp. v. Soler Chrysler-Plymouth, Inc.* 案中认定反垄断法争议可以仲裁，且不考虑其属于国

---

[1] See, e.g., State Establishment for Agric. Prod. Trading v. M/V Wesermunde, 838 F. 2d 1576 (11th Cir. 1988). 该案尽管为国际仲裁，法院仍然拒绝执行其仲裁协议。

[2] See McDonald v. City of W. Branch, 466 U. S. 284, 290 (1984).

[3] See Gary B. Born, *International Commercial Arbitration*, The Netherlands: Kluwer Law International, 2021, p. 1051.

[4] See e. g., Wilko v. Swan, 346 U. S. 427 (1953).

[5] See e. g., Zip Mfg. Co. v. Pep Mfg. Co., 44 F. 2d 184 (D. Del. Oct. 24, 1930).

[6] See, e.g., Lake Comme'ns, Inc. v. ICC Corp., 738 F. 2d 1473 (9th Cir. 1984); Cobb v. Lewis, 488 F. 2d 41 (5th Cir. 1974); American Safety Equipment Corp. v. Hickok Manufacturing Co., Inc. & J. P. Maguire & Co., Inc., 391 F. 2d 821 (2nd Cir. 1968).

[7] See SA Mineracao da Trindade-Samitri (Brazil) v. Utah Int'l Inc., 576 F. Supp. 566 (S. D. N. Y. 1984).

[8] See, e.g., Crawford v. Halsey, 124 U. S. 648 (1988); Zimmerman v. Cont'l Airlines, Inc., 712 F. 2d 55 (3d Cir. 1983).

[9] See, e.g., State Establishment for Agric. Prod. Trading v. M/V Wesermunde, 838 F. 2d 1576 (11th Cir. 1988).

[10] See Scherk v. Alberto-Culver Co., 417 U. S. 506 (1974).

际仲裁还是国内仲裁。① 该案是美国仲裁发展史中具有划时代意义的判例,最高法院在该案中指出,一国可仲裁性的规定需要让位于支持仲裁的国际政策(international policy)。② 该案同时还确立了美国可仲裁性的判断标准,即,除非国会明确说明某一争议事项不具有可仲裁性,该争议事项应该被认定为具有可仲裁性。③ 除证券法争议、反垄断法争议以外,专利争议、破产争议等也都可以通过仲裁来解决,具有可仲裁性。事实上,根据美国法,大部分法定权利争议事项都具有可仲裁性。④

第三,国际仲裁可仲裁性争议事项范围的变化带动国内仲裁可仲裁性争议事项范围的变化。20世纪七八十年代,美国可仲裁性争议事项的范围逐渐开始扩大,首先在国际仲裁的适用中体现。⑤ 随着国际仲裁中可仲裁性争议事项范围的不断扩大,其判断标准也逐渐推广适用于国内仲裁。许多曾经不具有可仲裁性的争议事项都是由于其在国际仲裁中先被判定为具有可仲裁性,随后才在国内仲裁中被判定为具有可仲裁性的。⑥

美国证券法争议可仲裁性的发展变化可以说是美国可仲裁性问题变化发展的典型代表。证券法争议由于涉及国家公权力,其可仲裁性问题在美国一直存有争议。1953年美国最高法院在 *Wilko v. Swan* 案中

---

① See Mitsubishi Motors Corp. v. Soler Chrysler-Plymouth, Inc., 473 U. S. 614 (1985).
② See Mitsubishi Motors Corp. v. Soler Chrysler-Plymouth, Inc., 473 U. S. 614, 639 (1985).
③ See Mitsubishi Motors Corp. v. Soler Chrysler-Plymouth, Inc., 473 U. S. 614, 639–40 (1985).
④ See Thomas E. Caronneau, *Cases and Materials on Arbitration Law and Practice*, Minnesota: West Academic Publishing, 2012, p. 28.
⑤ 1974年,最高法院在 *Scherk v. Alberto-Culver Co.* 案中认定国际交易中的涉证券法争议可以仲裁。See Scherk v. Alberto-Culver Co., 417 U. S. 506 (1974).
⑥ 比如,证券法争议,反垄断法争议等。

明确否定了证券争议的可仲裁性。① 在该案中,原告通过被告购买的股票暴跌,导致原告受到严重的金钱损失。原告以被告有误导的故意为由向法院提起诉讼,被告则以双方当事人签有仲裁协议,该案应由约定的仲裁机构通过仲裁解决为由向法院提起管辖权异议。但是,原告认为证券争议不具有可仲裁性,该仲裁协议无效。最高法院在其判决中指出国会已经颁布了证券法来保护投资者的权利而且禁止以任何形式免除该项权利,② 国会颁布此条的目的即在保障当事人向司法机关寻求救济的权利,本案中双方当事人之间的仲裁协议是一种对原告向法院诉讼的权利的限制,因此该证券法项下的相关争议事项不能通过仲裁解决。③ Wilko v. Swan 案似乎为证券法争议可仲裁性问题的争议画上了句号。

1974 年,证券法争议是否具有可仲裁性的问题在 Scherk v. Alberto-Culver Co. 案中再次成为争议点。④ 该案的原告为一家生产个人护理产品的美国公司,被告是一家德国公司。原告为扩展其海外市场,收购了被告的公司以及该公司拥有的所有商标权。被告在收购合同中就这些商标的权利义务做了承诺。在原告发现这些商标与被告所做承诺严重不符后,遂以被告违反 1934 年《证券交易法》(Securities Exchange Act of 1934)为由,向法院提起诉讼。被告以收购合同中包含有仲裁条款为由提出了管辖权异议。原告认为该案争议涉证券法,Wilko v. Swan 案中最高法院已经判定证券法争议不具有可仲裁性,该仲裁协议无效。最高法院最终将本案的重点锁定在了本案的国际因素上。最高法院指出本

---

① See Wilko v. Swan, 346 U. S. 427 (1953).
② See Securities Act of 1933, Art. 14, Any condition, stipulation, or provision binding any person acquiring any security to waive compliance with any provision of this title or of the rules and regulations of the Commission shall be void.
③ See Wilko v. Swan, 346 U. S. 427, 438 (1953).
④ See Scherk v. Alberto-Culver Co., 417 U. S. 506 (1974).

案的合同毋庸置疑是一个国际合同。合同的当事人分别为美国和德国注册公司。合同在美国、英国和德国谈判协商，在奥地利签字，在瑞士最终确定。合同所涉标的为一家德国注册、受德国法规制的公司。在这样的情境下，实体法和准据法的确定存在极大的不确定性；双方当事人通过在合同中事先约定争议的解决方式可以保证国际交易的秩序性、确定性及可预测性；也可以避免争议被提交到对一方当事人有敌意或不利的管辖机构。仲裁条款在这样的合同中实际上是一种管辖机构的选择，认定这样的仲裁条款无效不仅使当事人背弃了其承诺，也反映出了"所有争议必须在我们的法院依据我们的法律解决"的狭隘观念，这在国际贸易中是不可取的。[①] 尽管存在不同意见，最高法院最终以5∶4判定涉证券法争议在国际仲裁中具有可仲裁性。尽管最高法院在该案中，与 *Wilko v. Swan* 案进行对比，突出国际仲裁这一因素，但 *Scherk v. Alberto-Culver Co.* 案无疑开创了涉公权力、公共利益等公共政策争议事项具有可仲裁性的先河。

Scherk v. Alberto-Culver Co. 案对证券法争议在国际仲裁背景下具有可仲裁性的判定很快引起了证券法争议在国内仲裁背景下的再次热议。1987年，在 *Shearson/American Express Inc. v. McMahon* 案中，原告委托被告代理从事股票交易，在经历股票买卖失利后，以被告存在欺诈、过量交易，违反《证券交易法》为由向法院起诉，并提出了惩罚性赔偿金的诉求。被告以存在仲裁协议为由向法院提出管辖权异议。[②] 一审法院认定证券交易损失具有可仲裁性，但惩罚性赔偿金争议不具有可仲裁性。上诉法院则认为证券交易损失也不具有可仲裁性。该案最终被上诉到最高法院。最高法院认为《联邦仲裁法》旨在彻底转变美国长期以来对仲裁的敌视态度，其建立了一个支持仲裁的联邦政

---

① See Scherk v. Alberto-Culver Co., 417 U.S. 506, 516–519 (1974).

② See Shearson/American Express Inc. v. McMahon, 482 U.S. 220 (1987).

策，法院要严格执行仲裁协议。虽然国会在有明确的相反立法目的时可以超越这一联邦政策，但应由反对仲裁的一方承担举证责任。本案中，被告没有提出令人信服的证据证明国会禁止证券法争议仲裁，因此，证券交易争议具有可仲裁性，其惩罚性赔偿金争议也具有可仲裁性。①

Shearson/American Express Inc. v. McMahon 案尽管没有推翻 *Wilko v. Swan* 案，却明确肯定了证券法争议在国内仲裁中的可仲裁性，被认为是 *Wilko v. Swan* 案的绝唱。② 很快，最高法院便在 *Rodriguez de Quijas v. Shearson/American Exp., Inc.* 案中正式推翻了 *Wilko v. Swan* 案，认定涉证券法争议的内国争议具有可仲裁性。③ 肯尼迪大法官（Judge Kennedy）在撰写多数意见时写道："正如在 *Shearson/American Express Inc. v. McMahon* 案中看到的，如今的仲裁已不同于 *Wilko v. Swan* 案时的仲裁。*Wilko v. Swan* 案是建立在对仲裁制度的怀疑上的，仲裁被认为会削弱对当事人的保护。这已经远远落后于《联邦仲裁法》所确立的支持仲裁的联邦政策。"④ 至此，涉证券法争议可仲裁性问题在美国彻底确定，无论是在国际仲裁还是在国内仲裁的背景下均具有可仲裁性。

美国证券法争议可仲裁性问题的变化发展充分体现了美国可仲裁性问题的变化发展。起初，由于仲裁制度本身被质疑的地位，再加上证券法本身所涉的公共政策因素，证券法争议完全不具有可仲裁性。然而，伴随着国际贸易的发展，美国严格的可仲裁性政策开始在国际仲裁中松动，证券法争议的可仲裁性在国际仲裁中先一步得到肯定。

---

① See Shearson/American Express Inc. v. McMahon, 482 U. S. 220, 225 – 227 (1987).
② See F. Chet Taylor, "The Arbitrability of Federal Securities Claims: Wilko's Swan Song", *University of Miami Law Review*, Vol. 42, No. 1 September 1987, p. 42.
③ See Rodriguez de Quijas v. Shearson/American Exp., Inc., 490 U. S. 47 (1989).
④ See Rodriguez de Quijas v. Shearson/American Exp., Inc., 490 U. S. 477, 479 – 485 (1989).

《联邦仲裁法》颁布后确立的支持仲裁的联邦政策,以及其随后迅速在国内仲裁中发挥的影响力逐渐削弱了公共政策在可仲裁性问题判断中的影响力,证券法争议在国内仲裁中也具有了可仲裁性。与证券法类似的其他涉公权力或有关公共利益等涉公共政策的争议事项也纷纷落入可以仲裁的范围之内,[①]且不区分是国际仲裁还是国内仲裁。[②]

五 英国的立法与实践

英国长期以来实施支持仲裁的政策,[③]仲裁制度在英国发展的非常成熟,[④]早在17世纪,在建筑及保险行业,就已经出现了标准的仲裁条款。[⑤]1889年,英国制定了第一部仲裁法,随后,在1950年、1975年、1979年和1996年,英国又先后对仲裁法进行了修改,现行的1996年《英国仲裁法》被认为是英国仲裁制度发展的集大成者。就可仲裁性问题而言,1996年《英国仲裁法》并没有规定,[⑥]仅有极

[①] 比如,1983年生效的美国专利法第294条明确允许通过仲裁解决涉专利的争议,甚至包括专利有效性的争议。See 35 U. S. C. §294.

[②] See e. g., Kowalski v. Chicago Tribune Co., 854 F. 2d 168, 173 (7th Cir, 1988). 该案承认反垄断争议在纯内国情况下也具有可仲裁性。

[③] See Stavros Brekoulakis, "The Historical Treatment of Arbitration under English Law and the Development of the Policy Favouring Arbitration", Oxford Journal of Legal Studies, Vol. 39, No. 1, Spring 2019, p. 149 (stating that a clear policy favouring arbitration has been embedded in statutory law from as early as the end of the 17th century... arbitration in England emerged as part of the courts system and was largely viewed as a trusted supplement, and ancillary, to the judicial machinery).

[④] 有学者认为英国的仲裁制度在立法与实践中均影响深远,一旦掌握就可以在其他地方的仲裁中驾轻就熟。参见杨良宜、莫世杰、杨大明《仲裁法,从1996年英国仲裁法到国际商务仲裁》,法律出版社2006年版,前言。

[⑤] See Stavros Brekoulakis, "The Historical Treatment of Arbitration under English Law and the Development of the Policy Favouring Arbitration", Oxford Journal of Legal Studies, Vol. 39, No. 1, Spring 2019, p. 127.

[⑥] 1996年《英国仲裁法》仅在第81条规定该法的规定不排除与其规定一致的其他法律的施行,其中包括不能通过仲裁解决事项的法律原则。See Article 81 (1), Nothing in the Part shall be construed as excluding the operation of any rule of law consistent with the provisions of this Part, in particular, any rule of law as to (a) matters which are not capable of settlement by arbitration.

少数的案例中有关于可仲裁性问题的探讨,其结果一般都是认定涉案争议事项具有可仲裁性。

Harbour Assurance v. Kansas 案就违法行为（illegality）的可仲裁性进行了讨论。该案的一方当事人违反了 1974/1981 年《保险公司法》（*Insurance Companies Act*），一审法院认为该案争议事项本身违法，因此不具有可仲裁性。上诉法院撤销了一审法院的判决，认为违法行为具有可仲裁性，仲裁员有权决定初始违法（initial illegality）。①

Fulham Football Club (1987) *Ltd v. Richards* 案就公司法争议的可仲裁性进行了讨论。该案中 Fulham Football Club（以下简称"Fulham"）是 Football Association Premier League（以下简称"FAPL"）的股东，Richards 是 FAPL 的主席。Richards 在没有 Fulham 授权的情况下将其旗下的运动员转到与其竞争的俱乐部。Fulham 遂根据 2006 年《公司法》（*Companies Act*）第 994 条向法院提起诉讼，主张不公正的偏见（unfair prejudice），② 要求禁止 Richards 的无权代理行为。FAPL 则以 FAPL 的公司章程、Football Association 规则和 FAPL 规则中存在仲裁协议为由要求法院中止诉讼。双方就"不公正的偏见"争议是否具有可仲裁性产生了分歧。高等法院参考了 *Re Vocam Europe Limited* 案③，认为此类争议事项不违背公共政策，具有可仲裁性。④ 上诉法院认可了高等法院的判决，认为 1996 年《英国仲裁法》和 2006 年《公司法》并没有条文明确禁止用仲裁解决"不公正的偏见"争议，"不公正的偏见"争议具有可仲裁性。⑤

---

① See Harbour Assurance v. Kansa (1993) 1 Lloyd's Rep. 455，转引自杨良宜、莫世杰、杨大明《仲裁法，从 1996 年英国仲裁法到国际商务仲裁》，法律出版社 2006 年版，第 540 页。
② Fulham 认为 FAPL 没有采取行动制止 Richards 的行为构成了不公正。See Fulham Football Club (1987) Ltd v. Richards [2011] EWCA Civ 855 (English Ct. App.).
③ See Re Vocam Europe Limited [1998] BCC 396. 该案中法院认定股东协议中包含的仲裁条款同样适用于"不公正的偏见"争议。
④ See Fulham Football Club (1987) Ltd v. Richards [2011] EWHC 311 (CH).
⑤ See Fulham Football Club (1987) Ltd v. Richards [2011] EWCA Civ 855 (English Ct. App.).

事实上，英国法院基本不会赞同某类争议事项不具有可仲裁性的主张，①在 ET Plus SA v. Welter 案中，法院没有任何犹豫，甚至带着一丝不屑地指出："向竞争或者反垄断一类的争议事项，毫无疑问是具有可仲裁性的。"②有学者甚至指出："英国是伦敦仲裁在国际上大受欢迎的形势下最主要的受惠国。可推想到，英国是不会有太多'不可仲裁'争议事项的，特别是在国际仲裁中。"③

六 加拿大的立法与实践

加拿大是第一个正式采用《示范法》的国家。④ 仲裁制度在加拿大曾经备受怀疑与不信任，⑤直到其采用《示范法》，对仲裁制度的态度出现了180°的大转变，可仲裁性争议事项的范围也迅速扩大。

加拿大的仲裁法包括1986年《联邦商事仲裁法》（Federal Commercial Arbitration Act）和各省仲裁法。1986年《联邦商事仲裁法》同时适用于国际仲裁和国内仲裁，⑥但是，其仅适用于当事人一方是联邦政府或联邦政府的代理或者是国有的企业，或者是海事

---

① 英国仅在非常罕见的情况下才会认定争议事项不具有可仲裁性。在 Aqaba Container Terminal（Pvt）Co. v. SoletancheBachy France sas 案中，争议事项为约旦的一部成文法是否因与宪法不一致而无效，法院认定该争议事项不具有可仲裁性。See Gary B. Born, *International Commercial Arbitration*, The Netherlands: Kluwer Law International, 2021, pp. 1055–1056.

② See ET Plus SA v. Welter［2005］EWHC 2115（Comm）（English High Ct.）.

③ 参见杨良宜《国际商务仲裁》，中国政法大学出版社1997年版，第103页。

④ 由于加拿大是最早采用《示范法》的国家，有学者认为加拿大解释适用《示范法》的司法裁判可能是世界上最多的。See Marc Lalonde and Lev Alexeev, "National Report for Canada（2018 through 2021）", in Lise Bosman ed., *ICCA International Handbook on Commercial Arbitration*, The Netherlands: Kluwer Law International, 2021, p. 2.

⑤ 在加拿大，可仲裁性争议的范围曾经非常小。See Karim Abou Youssef, "The Death of Inarbitrability", in Loukas A. Mistelis and Stavros L. Brekoulakis eds., *Arbitrability: International and Comparative Perspectives*, The Netherlands: Kluwer Law International, 2009, p. 61, note 72 (stating arbitration was refused when the sole question was the interpretation of the contract).

⑥ 《示范法》第1条中包含有"International"，对《示范法》的适用作了限制，但是1986年《联邦商事仲裁法》将第1条去掉了。

相关的争议事项。① 其余情况则一律适用各省仲裁法。加拿大各省的仲裁法在1986年《联邦商事仲裁法》生效后，均同样采用了《示范法》适用于国际仲裁。② 适用于国内仲裁的是各省的国内仲裁法。③

可仲裁性问题在加拿大的规定因适用的仲裁法不同而不同。在适用以《示范法》为蓝本的1986年《联邦商事仲裁法》和各省的国际仲裁法时，加拿大就可仲裁性问题的规定与美国类似，并没有直接规定何为"可仲裁性"，仅规定仲裁法适用于商事仲裁。④ 法院对可仲裁性争议事项范围的扩大做出了巨大贡献，特别是加拿大最高院。⑤ 在Éditions Chouette inc. v. Desputeaux案中，法院认定仲裁协议的当事人有不受任何限制的自治权去决定某类争议事项是否可以仲裁。如果国会意图排除某类争议事项，国会会在立法中明确地表明。⑥ 在适用各省的仲裁法在解决国内仲裁时，各省的仲裁法几乎没有对可仲裁争议事项做任何限制。⑦ 如今的加拿大仲裁法不仅允许当事人通过仲裁

---

① See Commercial Arbitration Act, Art. 5（2）, The Code applies only in relation to matters where at least one of the aprties to the arbitration is Her Majesty in right of Canada, a departmental corporation or a Crown corporation or in relation to maritime or admiralty matters.

② See Marc Lalonde and Lev Alexeev,"National Report for Canada（2018 through 2021）", in Lise Bosman ed., *ICCA International Handbook on Commercial Arbitration*, The Netherlands: Kluwer Law International, 2021, p. 3.

③ 各省国内仲裁法大都以加拿大统一法律联合会（Uniform Law Conference of Canada）颁行的《加拿大统一仲裁法》（Uniform Arbitration Act）为蓝本，只有不列颠哥伦比亚、纽芬兰、拉布拉多、努勒维特和育空地区是例外。See Marc Lalonde and Lev Alexeev,"National Report for Canada（2018 through 2021）", in Lise Bosman ed., *ICCA International Handbook on Commercial Arbitration*, The Netherlands: Kluwer Law International, 2021, p. 4.

④ See Commercial Arbitration Act, Art. 1（1）, This Code applies to commercial arbitration, subject to any agreement in force between Canada and any other State or States.

⑤ See Karim Abou Youssef,"The Death of Inarbitrability", in Loukas A. Mistelis and Stavros L. Brekoulakis eds., *Arbitrability: International and Comparative Perspectives*, The Netherlands: Kluwer Law International, 2009, p. 61.

⑥ See *Éditions Chouette inc. v. Desputeaux*, 2003 SCC 17, 46（Canadian S. Ct.）.

⑦ See Marc Lalonde and Lev Alexeev,"National Report for Canada（2018 through 2021）", in Lise Bosman ed., *ICCA International Handbook on Commercial Arbitration*, The Netherlands: Kluwer Law International, 2021, p. 15.

解决几乎所有的争议，甚至还将仲裁列为某些争议事项的默示争议解决方法。①

七 其他国家立法与实践

世界其他国家就可仲裁性问题大多有较明确的规定，本部分选取亚洲、拉丁美洲及非洲部分国家进行说明。

新加坡的仲裁立法区分国际仲裁和国内仲裁，国际仲裁受 2002 年《新加坡国际仲裁法》（International Arbitration Act）规制，国内仲裁受 2002 年《新加坡仲裁法》（Arbitration Act）规制。就可仲裁性问题而言，2002 年《新加坡仲裁法》虽然没有规定，但一般认为涉公共利益的争议事项不具有可仲裁性。② 就国际仲裁而言，2002 年《新加坡国际仲裁法》规定争议事项需属"商事"类且与公共政策相一致。③ 在解释何为"与公共政策相违背"进而不具有可仲裁性时，法院采用了较为宽泛的解释，除非有明确禁止仲裁或说明法院享有专属管辖权的表述，法院不得阻止当事人选用仲裁作为争议解决的方式。④

韩国是东亚国家中第一个采用《示范法》的国家，现行有效的仲裁法是 2016 年修订并生效的。2016 年修订的仲裁法中一大特点是进

---

① 比如，《魁北克专业艺术家法》（The Quebec Professional Artists Act）第 37 条规定在一方当事人申请且没有明确放弃的时候，所有因合同解释而产生的争议应交由仲裁庭通过仲裁解决。See Quebec Professional Artists Act, §37, In the absence of an express renunciation, every dispute arising from the interpretation of the contract shall be submitted to an arbitrator at the request of one of the parties.

② See Michael Hwang, Lawrence Boo, and Yewon Han, "National Report for Singapore (2018 through 2021)", in Lise Bosman ed., ICCA International Handbook on Commercial Arbitration, The Netherlands: Kluwer Law International, 2021, p. 12.

③ See International Arbitration Act, Art. 11 (1), Any dispute which the parties have agreed to submit to arbitration under an arbitration agreement may be determined by arbitration unless it is contrary to public policy to do so.

④ See Michael Hwang, Lawrence Boo, and Yewon Han, "National Report for Singapore (2018 through 2021)", in Lise Bosman ed., ICCA International Handbook on Commercial Arbitration, The Netherlands: Kluwer Law International, 2021, p. 13.

一步扩大了可仲裁性争议事项的范围。根据2016年仲裁法，判断争议事项可仲裁性的标准为争议事项是否涉财产权或是否具有可处分性，① 知识产权争议、破产争议等均具有可仲裁性。韩国亦被认为是可仲裁争议事项范围较广的国家之一。

日本关于仲裁的相关规定最早见于1890年生效的《日本民事诉讼法典》（*Code of Civil Procedure*）。该法典以1877年《德国民事诉讼法典》为蓝本，其中有20条关于仲裁的规定。长久以来，日本一直适用这20条规定解决仲裁相关的问题，直到2004年以《示范法》为蓝本的仲裁法生效才被取代。② 就可仲裁性问题的判断标准，日本没有区分国际仲裁与国内仲裁，统一以争议事项是否具有可处分性为判断标准，同时明确规定离婚或收养关系解除的争议不具有可仲裁性。③

印度在立法中没有就可仲裁性问题的明确规定。1996年《印度仲裁和调解法》（*Arbitration and Conciliation Act*）中没有说明何种争议事项具有可仲裁性，何种争议事项不具有可仲裁性。可仲裁性问题完全由法院根据具体情况具体决定。④ 然而，就可仲裁性问题的判断标准，印度法院也一直没有一个统一的判定标准。在 *Booze Allen Hamilton v. SBI*

---

① See Korean Arbitration Act, Article 3 (1), the term "arbitration" means a procedure to resolve a dispute over a property right or a dispute over a non-property right which can be resolved by the parties' settlement, by the arbitrators' award as opposed to the court's judgment, as per an agreement between parties.

② See Yasuhei Taniguchi and Tatsuya Nakamura, "National Report for Japan (2019 through 2021)", in Lise Bosman ed., *ICCA International Handbook on Commercial Arbitration*, The Netherlands: Kluwer Law International, 2021, p. 2.

③ See Japanese Arbitration Law, Art. 13 (1), except as otherwise provided in laws and regulations, an Arbitration Agreement shall be effective only when the subject thereof is a civil dispute (excluding disputes of divorce or dissolution of adoptive relation) which can be settled between the parties.

④ Binsy Susan and Himanshu Malhotra, "Arbitrability of Lease Deed Disputes in India-The Apex Court Answers", Kluwer Arbitration Blog, (February 2018), http://arbitrationblog.kluwerarbitration.com/2018/02/19/arbitrability-lease-deed-disputes-india-apex-court-answers/.

Home Finance 案中，最高法院首次给出了一个明确的判断标准，^① 即，对人权（rights in personam）具有可仲裁性，对物权（rights in rem）则不具有可仲裁性。^② 然而，该标准并没有被后续案例很好地遵循。在 *Rakesh Malhotra v Rajinder Kumar Malhotra &Ors* 案中，法院以当事人诉请的救济而不是以权利的性质为标准来判定可仲裁性。^③ 尽管印度仲裁成文法及法院判例就可仲裁性问题没有一个统一的标准，就国际仲裁和国内仲裁的区分而言，国际仲裁中可仲裁性争议的范围要大于国内仲裁。^④

阿根廷于 2018 年 7 月通过了《国际商事仲裁法》（*The Law on International Commercial Arbitration*），该法以《示范法》为蓝本，适用于国际仲裁。阿根廷就国内仲裁的立法包括专门针对仲裁协议的立法和仲裁程序的立法。2015 年生效的《国家民商法典》（*National Civil and Commercial Code*）中第 1649—1665 条是关于仲裁协议的立法。2001 年最新修订的《国家民商诉讼法典》（*National Code of Civil and Commercial Procedure*）中第 736—773 条是针对联邦层面的仲

---

① See ArthadKulekar, "A False Start-Uncertainty in the Determination of Arbitrability in India", Kluwer Arbitration Blog, (June 2016), http://arbitrationblog.kluwerarbitration.com/2016/06/16/a-false-start-uncertainty-in-the-determinationof-arbitrability-in-india/.

② See Booz Allen Hamilton v. SBI Home Finance (2011) 5 SCC 532 (statinggenerally and traditionally all disputes relating to rights *in personam* are considered to be amenable to arbitration; and all disputes relating to rights *in rem* are required to be adjudicated by courts and public tribunals, being unsuited for private arbitration) cited in ArthadKulekar, "A False Start-Uncertainty in the Determination of Arbitrability in India", Kluwer Arbitration Blog, (June 2016), http://arbitrationblog.kluwerarbitration.com/2016/06/16/a-false-start-uncertainty-in-the-determinationof-arbitrability-in-india/.

③ See *Rakesh Malhotra v Rajinder Kumar Malhotra &Ors*, MANU/MH/1309/2014, cited in ArthadKulekar, "A False Start-Uncertainty in the Determination of Arbitrability in India", Kluwer Arbitration Blog, (June 2016), http://arbitrationblog.kluwerarbitration.com/2016/06/16/a-false-start-uncertainty-in-the-determinationof-arbitrability-in-india/.

④ See Ayushi Singhal, "Arbitrability of Fraud in India-Anomaly that is Ayyasamy", Kluwer Arbitration Blog, (September 2017), http://arbitrationblog.kluwerarbitration.com/2017/09/14/arbitrability-fraud-india-anomaly-ayyasamy/.

第三章 可仲裁性问题判断标准的比较法研究

裁程序立法,各州则在其各自的诉讼法中就州一层面的仲裁程序进行规定。就可仲裁性问题的规定,阿根廷采取了概括加列举式的方式。《国家民商诉讼法典》第736条和第737条以反面排除的方式就可仲裁性问题进行了规定。[①] 其具体判断标准主要是争议事项是否具有可处分性。《国家民商法典》第1651条又进一步列举了不具有可仲裁性的争议事项,包括:与民事法律地位和民事能力相关的争议、家庭争议、涉消费者或使用者权利的争议、格式合同的争议、劳动关系引起的争议。[②]

南非仲裁法区分国际仲裁和国内仲裁。国际仲裁适用2017年生效的《南非国际仲裁法》(International Arbitration Act),国内仲裁适用1965年生效的《南非仲裁法》(Arbitration Act)。就可仲裁性问题而言,国内仲裁中直接规定婚姻和身份的争议不具有可仲裁性;[③] 国际仲裁中要判断争议事项是否具有可处分性以及是否有其他法律规定该争议事项不得通过仲裁解决,[④] 但是,仅有法律规定法院或其他机构对争议事项享有专属管辖权,并不能作为排除

---

① See National Code of Civil and Commercial Procedure, article 736, any matter but for those mentioned in Article 737 can be submitted to the decision of arbitrators before or after the commencement of court proceedings and irrespective of the stage attained by those proceedings. Article 737, Matters excluded by law from being subject to settlement can not be submitted to arbitration under sanction of nullity.

② See National Civil and Commercial Code, article 1651, the following matters are excluded from arbitration agreements: (a) those that refer to the civil status or capacity of persons; (b) family affairs; (c) those involving the rights of users and consumers; (d) adhesion contracts; (e) those derived from labor relations.

③ See South African Arbitration Act, article 2, A reference to arbitration shall not be permissible in respect of- (a) any matrimonial cause or any matter incidental to any such cause; or (b) any matter relating to status.

④ See South African International Arbitration Act, article 7 (1), for the purposes of this Chapter, any international commercial dispute which the parties have agreed to submit to arbitration under an arbitration agreement and which relates to a matter which the parties are entitled to dispose of by agreement may be determined by arbitration, unless- (a) such a dispute is not capable of determination by arbitration under any law of the Republic.

仲裁的唯一依据。①

埃及仲裁法于1994年制定并生效，其制定以《示范法》为蓝本，同时适用于国际仲裁与国内仲裁。就可仲裁性问题的规定，仲裁法首先明确其适用于"商事"，并将"商事"很宽泛地解释为具有经济属性（economic nature）并列举了其包括技术转让、环境保护、自然资源的开发与利用等情形。② 但是，埃及仲裁法进一步做了限制，要求争议事项具有可处分性。③

世界其他国家就可仲裁性问题的立法尽管存在差异，但基本与以上国家相类似。比如，挪威④、意大利⑤、瑞典⑥要求争议事项具有可

---

① See South African International Arbitration Act, article 7 (2), arbitration my not be excluded solely on the ground that an enactment confers jurisdiction on a court or other tribunal to determine a matter falling within the terms of an arbitration agreement.

② See Egyptian Arbitration Law, article 2, arbitration is commercial within the scope of this Law when the dispute arises over a legal relationship of an economic nature, whether contractual or non-contractual. This comprises, for instance, the supply of goods or services, commercial agencies, construction and engineering or technical know-how contracts, the granting of industrial, touristic and other licenses, transfer of technology, investment and development contracts, banking, insurance and transport operations, and operations relating to the exploration and extraction of natural wealth, energy supply, laying of gas or oil pipeline, building of roads and tunnels, reclamation of agricultural land, protection of the environment and establishment of nuclear reactors.

③ See Egyptian Arbitration Law, article 11, Arbitration agreements may only be concluded by natural or juridical persons having the capacity to dispose of their rights. Arbitration is not permitted in matters which can not be subject to compromise.

④ See Norwegian Arbitration Act, §9, Disputes concerning legal relations in respect of which the parties have an unrestricted right of disposition, may be settled by arbitration. The private law effects of competition law may be determined in an arbitration case.

⑤ See Italian Code of Civil Procedure, Art. 806, The parties may have disputes which have arisen between them decided by arbitrators provided the subject matter does not concern rights which may not be disposed of, except in case of express prohibition by law.

⑥ See Swedish Arbitration Act, §1, Disputes concerning matters in respect of which the parties may reach a settlement may, by agreement be referred to one or several arbitrators for resolution. Such an agreement may relate to future disputes pertaining to a legal relationship specified in the agreement The dispute may concern the existence of a particular fact. In addition to interpreting agreements, the filling of gaps in contracts can also be referred to arbitrators. Arbitrators may rule on the civil law effects of competition law as between the parties.

处分性，新西兰①要求争议事项不违背公共政策，马来西亚要求争议事项不违背公共政策或者具有可处分性，②拉脱维亚以列举的方式明确列明何种争议事项不具有可仲裁性。③

八　小结

可仲裁性问题由各个国家根据本国的情况自行规定，由于一国的政治、经济、社会政策发展不同，可仲裁性问题的规定也不尽相同。

---

① See New Zealand Arbitration Act, Art. 10 (1), Any dispute which the parties have agreed to submit to arbitration under an arbitration agreement may be determined by arbitration unless the arbitration agreement is contrary to public policy or, under any other law, such a dispute is note capable of determination by arbitration. (2) The fact that an enactment confers jurisdiction in respect of any matter on the High Court or the District Court but does not refer to the determination of that matter by arbitration does not, of itself, indicate that a dispute about that matter is not capable of determination by arbitration.

② See Malaysian Arbitration Act, §4 (1), Any dispute which the parties have agreed to submit to arbitration under an arbitration agreement may be determined by arbitration unless the arbitration agreement is contrary to public policy or the subject matter of the dispute is not capable of settlement by arbitration under the laws of Malaysia. (2) The fact that any written law confers jurisdiction in respect of any matter on any court of law but does not refer to the determination of that matter by arbitration shall not, by itself, indicate that a dispute about that matter is not capable of determination by arbitration.

③ See The Arbitration Law, article 5, (1) Any civil dispute may be referred for resolution to an arbitral institution if the parties have voluntarily agreed and concluded an arbitration agreement, with the exception of a dispute: 1) the award of which may infringe the rights or interests protected by law of such a person that is not a party to an arbitration agreement; 2) in which at least one party is the State or a local government institution or if the award of the arbitral institution may affect the rights of the State or a local government institution; 3) relating to entries in the Civil Records Registry; 4) relating to the rights and duties of persons under guardianship or trusteeship or to their interests protected by law; 5) regarding the establishment, alteration or termination of property rights with regard to immovable property, if among the parties to the dispute there is a person whose rights to acquire ownership, possession or use of immovable property are restricted by law; 6) regarding the eviction of a person from dwelling premises; 7) between an employee and an employer if the dispute has arisen by entering into, amending, terminating or implementing an employment contract, as well as in applying or translating provisions of laws and regulations, collective labour contract or working procedures (individual labour rights dispute); 8) regarding the rights and duties of such persons in respect of whom insolvency proceedings have been initiated. (2) Disputes relating to matters subject to special adjudication procedures shall not be resolved by arbitration.

可仲裁性问题在法国由1972年《法国民法典》规制，规定本身不区分国际仲裁和国内仲裁。1972年《法国民法典》就可仲裁性问题给出了明确的规定，采概括加列举的方式，先从正面规定当事人可以自由处置的争议事项具有可仲裁性，再从反面列举不可仲裁的争议事项，包括：个人民事法律地位和民事能力的争议、离婚或者法定分居争议、涉公共社区和公共企业的争议以及所有涉公共政策的争议。法院在对可仲裁性规定适用时，在国际仲裁中直接摒弃了"公共政策"的限制，以当事人意思自治和国际公共政策为准。同时，国际仲裁中针对"公共政策"的解释和态度也逐渐影响国内仲裁，国内仲裁就其的解释也采宽泛的解释方法。

瑞士本身即为一个重视仲裁制度发展的国家，可仲裁性问题的规定、解释和适用均以有利于仲裁发展为原则。瑞士仲裁法针对可仲裁性问题有明确的规定，且区分国际仲裁和国内仲裁。PILS第177条第1款规定国际仲裁中可仲裁性问题的判断标准为是否与经济利益相关，CCP第354条规定国内仲裁中可仲裁性问题的判断标准为争议事项是否具有可处分性。至于何为"与经济利益相关"，何为"具有可处分性"，瑞士法院以有利于仲裁发展为解释原则，采宽松的解释方法。除此以外，公共政策在瑞士并不影响可仲裁性的判断标准。无论是国际仲裁还是国内仲裁，瑞士可仲裁性争议的范围都非常广。

德国就可仲裁性问题的规定不区分国际仲裁和国内仲裁。1998年《德国仲裁法》对可仲裁性问题给出了明确的规定，其规定深受瑞士影响，与PILS第177条第1款一样，争议事项是否具有可仲裁性需要看争议事项是否具有经济利益；《德国仲裁法》在此基础上进一步扩大可仲裁性争议的范围，即便没有经济利益的争议，如果其具有可处分性，也具有可仲裁性。

美国仲裁制度主要受《联邦仲裁法》规制。《联邦仲裁法》并没有就可仲裁性问题给出明确规定,仅从侧面规定与商事相关的争议事项具有可仲裁性,并对何为"与商事相关"作出了非常宽泛的解释。美国可仲裁性问题的发展随着仲裁制度在美国地位的变化而变化,早期仲裁制度在美国饱受质疑,可以仲裁的争议事项少之又少,公共政策对可仲裁性问题的判断起重要作用。随着仲裁制度在美国逐渐被认可,特别是《联邦仲裁法》的颁布,司法界不再敌视仲裁,许多原来不可以仲裁的争议事项首先在国际仲裁中具有了可仲裁性,这种变化随之扩大到国内仲裁中,公共政策对可仲裁性问题的判断不再具有决定作用,在没有专门的部门法规定某类争议事项不具有可仲裁性时,该类争议事项即具有可仲裁性。

1996年《英国仲裁法》规制英国的仲裁制度,但是并没有就可仲裁性问题给出明确规定。可仲裁性问题在英国几乎不算问题,仅有极少数的案例探讨可仲裁性问题,且结果一般都会认定涉案争议事项具有可仲裁性。法院也基本不会赞同涉案争议事项不具有可仲裁性的主张。

加拿大是第一个采用《示范法》的国家,1986年《联邦商事仲裁法》和各省的国际仲裁法均以《示范法》为蓝本,就可仲裁性问题而言,并没有直接规定,仅规定适用于商事仲裁,实践中,法院亦给出了非常宽泛的解释,尊重当事人选择争议解决手段的意思自治。各省的适用于国内仲裁的仲裁法,对可仲裁性争议事项的范围几乎未做任何限制。

其他国家就可仲裁性问题的规定尽管都有自己的特色,但大多以考量争议事项的商事属性、可处分性、公共政策作为主要判断标准。

尽管各国就可仲裁性问题的规定不尽相同,纵观各国可仲裁性问题的发展,我们可以发现其中也存在着共性:

第一,可仲裁性问题与仲裁制度在一国的地位相关。当一国较为信任仲裁这种争议解决方式、仲裁制度在该国的地位较高时,具有可仲裁性的争议事项的范围就广，反之，则限制较多，仅有少数争议事项具有可仲裁性。可仲裁性问题在法国和美国的发展变化就充分体现了这一点。瑞士、英国、韩国等重视仲裁的国家，对可仲裁性问题的限制很少也充分体现了这一点。

第二，国际仲裁中就可仲裁性问题的规定解释普遍宽松于国内仲裁中的规定解释。考虑到国际贸易的发展以及一国仲裁在国际上的竞争力和影响力，无论一国可仲裁性问题的规定是否区分国际仲裁和国内仲裁，国际仲裁中可仲裁性的范围大都广于国内仲裁中可仲裁性的范围。

第三，可仲裁性问题的总体发展趋势是不断扩大其范围。伴随着国际贸易的发展，国际争议需要仲裁这种高效、快速的争议解决方法，具有可仲裁性的争议事项在国际仲裁中越来越多，这种趋势也逐渐对国内仲裁产生影响，扩大着国内仲裁中具有可仲裁性的争议事项的范围。因此，总体来看，具有可仲裁性的争议事项的范围呈不断扩大的趋势，越来越多的争议事项可以通过仲裁来解决。[1]

第三节 本章小结

本章就可仲裁性问题的具体判断标准从两个部分展开。首先，研

---

[1] 这种趋势甚至已经扩展到了那些类似于个人身份等绝对不具有可仲裁性的争议中。比如，美国辛辛那提州已经允许通过仲裁解决婚姻解除的争议。See C. G. S. A. § 52-408, An agreement in any written contract, or in a separate writing executed by the parties to any written contract, to settle by arbitration any controversy thereafter arising out of such contract, or out of the failure or refusal to perform the whole or any part thereof, or a written provision in the articles of association or bylaws of an association or corporation of which both parties are members to arbitrate any controversy which may arise between them in the future, or an agreement in writing between two or more persons to submit to arbitration any controversy existing between them at the time of the agreement to submit, or an agreement in writing between the parties to a marriage to submit to arbitration any controversy between them with respect to the dissolution of their marriage, except issues related to child support, visitation and custody, shall be valid, irrevocable and enforceable, except when there exists sufficient cause at law or in equity for the avoidance of written contracts generally.

究了世界主要国际公约及软法就其的规定；其次，研究了代表性国家就其的规定，笔者从中得出以下结论性认识：①

第一，国际上普遍承认可仲裁性问题在仲裁中的地位。可仲裁性问题在仲裁中对仲裁协议的有效性及仲裁裁决的承认与执行有影响。如果争议事项不具有可仲裁性，则仲裁协议无效；在仲裁裁决的承认与执行时，一国也可以其为由拒绝承认与执行仲裁裁决。这一点在《纽约公约》《示范法》以及其他国际公约中均有体现。

第二，国际立法就可仲裁性问题无直接规定。究竟何为"可仲裁性"，以《纽约公约》为代表的国际公约和《示范法》均未在其条文中给出明确规定，至多间接地将争议事项是否具有可仲裁性等同于争议事项是否属于商事类争议。具体何为"商事类争议"也只有《示范法》给出了一个"包括但不限于"的非穷尽、开放式定义。

第三，可仲裁性问题的判定不存在一个统一的国际标准。就可仲裁性问题的具体判断标准，在国际立法层面，以《纽约公约》为代表的国际公约和《示范法》均没有给出明确的规定，各个国家的规定也多以本国的政治、社会、经济政策为依据，具体判断标准因国家不同而不同。

第四，可仲裁性问题的立法模式主要包括概括式、列举式和概括加列举式。瑞士和德国是典型的概括式，直接规定可仲裁性问题的判断标准。法国是典型的概括加列举式，首先直接给出判断争议事项是否具有可仲裁性的判断标准，然后再进一步单独列出不具有可仲裁性的争议事项。世界上国家大多采用概括式的立法模式，部分采用概括加列举式，偶见单纯的列举式。

第五，可仲裁性问题的规定方法有正面规定、反面排除或者二者

---

① 参见附录：国际公约及部分国家可仲裁性问题判断标准的规定。

结合三种模式。正面规定即直接规定什么争议事项具有可仲裁性，判断标准是什么，一般采取概括式的模式。瑞士、德国、美国等国家均采用此种方式。反面排除是指规定某些争议事项不具有可仲裁性，即，将其排除在可仲裁性争议事项的范围外。反面排除一般采取列举式的模式，明确列出哪些争议事项不具有可仲裁性。也有部分国家采二者结合的方式，比如，法国、日本等。

第六，尽管各个国家可仲裁性问题的判断标准不尽相同，但影响可仲裁性问题的判断因素却集中在"商事性""可处分性""经济利益"和"公共政策"四个因素上。国际立法以及美国、加拿大均把争议事项是否具有商事属性作为判断争议事项是否具有可仲裁性的标准，至于何为"商事性"，则随着仲裁在其国内地位的变化而呈现一种由严格限制到宽泛解释的发展趋势。"经济利益"主要见于瑞士和德国，两国对"经济利益"的解释也是非常的宽泛，可仲裁性争议事项的范围在两国非常广，充分体现出了两国支持仲裁发展的态度。"可处分性"和"公共政策"是大多数国家所采用的衡量因素。即便是以"经济利益"为判断标准的瑞士和德国，在特定情况下也考虑"可处分性"。"公共政策"则是一个非常宽泛的概念，采用"公共政策"这一概念的国家一般也不会在其规定中给出具体解释。在一国对仲裁制度持怀疑态度时，"公共政策"是限制某一争议事项可仲裁性的主要因素，"公共政策"涵盖的概念非常之广。然而，随着仲裁在一国地位的提升，对"公共政策"的解释越来越严格，一般将其限制在对公众有约束力，立法专门规定、保护较弱的一方当事人、裁决侵犯公共政策等（比如，法国）。同时，在大力支持仲裁发展的国家，"公共政策"在判断争议事项可仲裁性中的作用也逐渐减弱，美国、加拿大、瑞士等就是典型代表。有些国家的规定还会将身份关系类的争议（比如，婚姻、个人身份等）单独列出，作为不具有可仲裁性争议事项的一种。笔者以为这并不足以单独构成一个判断因素，其主要出发点仍是"可处分性"和"公共政策"。

第七，可仲裁性问题的立法模式可基本概括为美国模式、法国模式和瑞士、德国模式。由前文论述可知，可仲裁性问题的立法模式主要包括概括式、列举式和概括加列举式，规定方法有正面规定、反面排除或者二者结合三种模式，具体判断因素集中在"商事性""可处分性""经济利益"和"公共政策"四个因素上。其中，美国采取的是正面规定的概括式，考虑因素主要是"商事性"和"公共政策"，且"商事性"被不断扩大解释，"公共政策"被逐渐削弱影响，除非立法明确规定不允许仲裁，其他符合"商事性"要求的争议事项均具有可仲裁性。加拿大的规定即与其类似。法国采取的是从正反两方面规定的概括加列举式，具体的考虑因素为"可处分性"和"公共政策"。日本、阿根廷都与其类似。瑞士和德国都是简单的概括式，从正面规定，且注重"经济利益"这个考量因素。与美国、法国的规定截然不同。就这三种模式而言，美国模式极为灵活和宽松，其可仲裁性争议的范围也相对宽于另外两种模式。法国模式较为严格，可仲裁性争议事项的范围也就相对窄于美国模式和瑞士、德国模式。如此严苛的模式已与当今国际仲裁的发展格格不入，其本国的法院在国际仲裁中也已经拒绝适用其规定。笔者以为，就国际仲裁的发展趋势来看，美国模式和瑞士、德国模式更具有契合性，发展前景也较好。

第八，国际仲裁中就可仲裁性问题的规定解释普遍宽松于国内仲裁中的规定。国际仲裁与国内仲裁本身性质的不同决定了其可仲裁性问题的不同，结合国际贸易的发展以及一国仲裁在国际上的竞争力和影响力，无论一国可仲裁性问题的规定是否区分国际仲裁和国内仲裁，国际仲裁中可仲裁性的范围大都广于国内仲裁中可仲裁性的范围。

第九，可仲裁性问题的总体发展趋势是不断扩大其范围。全球经济的发展使得国际争议的解决需要高效、快速的解决方式，越来越多的争议选择仲裁这种争议解决方式，具有可仲裁性的争议事项在国际仲裁中越来越多，而这种趋势也在逐渐对国内仲裁产生影响，扩大着国内仲裁中具有可仲裁性的争议事项的范围。总体来看，具有可仲裁性的争议事项的范围呈不断扩大的趋势，越来越多的争议事项可以通过仲裁来解决，且不区分是国际仲裁还是国内仲裁。

第四章　可仲裁性问题判断标准的具体应用

可仲裁性问题判断标准的不统一导致各国就不同争议事项的可仲裁性，特别是针对一些比较特殊的争议事项的可仲裁性的认定不同。本部分结合上文论述的可仲裁性问题的判断标准，选取在可仲裁性问题上存有争议的典型争议事项，特别是在我国亦存在较大分歧的争议事项，分析可仲裁性问题的判断标准在具体争议事项中的适用。

第一节　知识产权争议的可仲裁性问题

知识产权争议在国际仲裁中占有相当的比重。[①] 然而，知识产权争议是否具有可仲裁性却一直存在争议，本部分将针对知识产权争

---

① 根据伦敦玛丽王后大学与品诚梅森律师事务所在2016年做的"2016年国际争议解决报告：洞察技术、媒体、电信争议解决"（2016 International Dispute Resolution Survey: An Insight into Resolving Technology, Media and Telecoms Disputes），92%的被调查者认为国际仲裁非常适合解决技术、媒体、电信争议；82%的被调查者认为运用仲裁解决此类争议将持续增长。See Queen Mary University of London and Pinsent Masons, "2016 International Dispute Resolution Survey: An Insight into Resolving Technology, Media and Telecoms Disputes", (November 2016), http://www.arbitration.qmul.ac.uk/media/arbitration/docs/Fixing_Tech_report_online_singles.pdf.

议，探讨其在国内仲裁和国际仲裁中的可仲裁性问题。

一 知识产权争议可仲裁性问题概述

1994年，世界知识产权组织成立了调解与仲裁中心为国际商事争议，特别是涉知识产权的争议提供非诉讼争议解决的选择，就此促发了知识产权争议可仲裁性的热议。[①]

知识产权主要包括有关文学、艺术和科学作品，表演艺术家的表演以及唱片和广播节目，人类一切活动领域内的发明，科学发现，工业品外观设计，商标、服务标记以及商业名称和标志，制止不正当竞争的权利，以及在工业、科学、文学或艺术领域内由于智力活动而产生的一切其他权利。[②] 知识产权争议的产生主要基于知识产权转让，非法复制或者伪造知识产权作品，其中往往会涉及知识产权有效性和所有权相关的问题。一般来讲，各国均承认知识产权合同纠纷和侵权纠纷的可仲裁性，但是知识产权有效性和权属纠纷，特别是专利和商标的有效性和权属纠纷，是否具有可仲裁性存在较大争议，本书此处重点论述此类知识产权争议的可仲裁性问题。

知识产权争议的可仲裁性之所以会存在问题主要是由于多数国家

---

① See Anna P. Mantakou, "Arbitrability and Intellectual Property Disputes", in Loukas A. Mistelis and Stavros L. Brekoulakis eds., *Arbitrability: International and Comparative Perspectives*, The Netherlands: Kluwer Law International, 2009, p. 263.

② 关于何为"知识产权"，并没有一个统一的国际上通行的定义。See Francis Gurry, "Specific Aspects of Intellectual Property Disputes", in Marc Blessing ed., *Objective Arbitrability-Antitrust Disputes-Intellectual Property Disputes*, Basel: Swiss Arbitration Association, 1994, pp. 110 – 111. 此处采用了《建立世界知识产权组织公约》(*Convention Establishing the World Intellectual Property Organization*) 中的定义。See Convention Establishing the World Intellectual Property Organization, Article 2 (viii), "intellectual property" shall include the rights relating to: literary, artistic and scientific works, performances of performing artists, phonograms, and broadcasts, inventions in all fields of human endeavor, scientific discoveries, industrial designs, trademarks, service marks, and commercial names and designation, protection against unfair competition, and all other rights resulting from intellectual activity in the industrial, scientific, literary or artistic fields.

在判断争议事项的可仲裁性时会考量公共政策（参见第三章）。① 知识产权，特别是专利权和商标权，由于其授予、注册、管理等往往由一国公权力机关负责，② 一国公共政策是否因此而受到影响，进而导致知识产权争议不具有可仲裁性，是学术界和实务界争论的焦点。认为知识产权争议不具有可仲裁性的原因主要集中在以下三点：第一，知识产权的产生有一国公权力机关的参与。雷德芬教授和亨特教授曾指出专利权和商标的授予完全是由一国公权力机关决定的，任何涉及专利权和商标的授予及有效性的争议因此而不能通过仲裁解决。③ 根据该观点，知识产权的授予体现了一国的主权，知识产权授予的有效性因此而只能由一国公权力机关而非私主体来决定。④ 仲裁作为一种私人争议解决方式，也就不适合解决知识产权有效性的争议了。第二，有些学者认为知识产权是一种专有权，这种专有权产生了一种对世效力（erga omnes），这种对世效力只能由一国公权力机关赋予，如果允许仲裁庭就知识产权有效性或权属作出裁定，特别是裁定知识产

---

① 由第三章论述可知，法国、新加坡、新西兰等国家都将公共政策作为判断可仲裁性问题的考量因素。

② 比如，根据《中华人民共和国专利法（2020年修订）》（以下简称"《专利法》"）第三条，国务院专利行政部门负责管理全国的专利工作；统一受理和审查专利申请，依法授予专利权。第四十五条，自国务院专利行政部门公告授予专利权之日起，任何单位或者个人认为该专利权的授予不符合本法有关规定的，可以请求国务院专利行政部门宣告专利权无效。同样的，根据《中华人民共和国商标法（2019年修订）》（以下简称"《商标法》"）第二条，国务院工商行政管理部门商标局主管全国商标注册和管理的工作。国务院工商行政管理部门设立商标评审委员会，负责处理商标争议事宜。其他国家也存在专门的国家公权力机关负责专利有效性的相关问题，比如：奥地利的专利局效力部（Nullity Department of the Patent Office）、巴西的国家工业产权协会（National Institute of Industrial Property）、德国的慕尼黑联邦专利法院（Federal Patent Court in Munich）、墨西哥的墨西哥专利局（Mexican Patent Office）、韩国的韩国知识产权局（Korean Intellectual Property Office）。

③ See Nigel Blackaby, Constantine Partasides, et al., *Redfern and Hunter on International Arbitration*, New York: Oxford University Press, 2015, p. 113.

④ See Paul M. Janicke, "Maybe We Shouldn't Arbitrate: Some Aspects of the Risk/Benefit Calculus of Agreeing To Binding Arbitration of Patent Disputes", *Houston Law Review*, Vol. 39, No. 3, Symposium 2002, p. 702.

权无效或权属变更，实际上就是允许私主体对公权力机关所作决定进行变更，势必会影响一国公权力的实现。① 从本质上来讲，这样的裁决也就使本应仅对当事人有效的裁决具有了对世效力，也就超出了仲裁庭的权力范围。② 第三，一国往往设立专门负责知识产权授予、注册、管理等事物的公权力机关，意味着该国旨在建立一种专有管辖权，有的国家甚至将法院也排除在外。③ 因此，出于以上公共政策的考量，知识产权争议的可仲裁性常常被挑战。

由于著作权的保护大多采取自动保护原则，作品一经产生即产生著作权，不需要注册、登记等，因此，学术界及理论界大多认可著作权争议的可仲裁性，世界多数国家亦认可著作权争议的可仲裁性。④

二 世界各国知识产权争议可仲裁性问题的立法与实践

单纯的公共政策考量会因一国对公共政策的解释不同而导致不同的结果。各国对知识产权争议可仲裁性的认定也因此而不尽相同。在某些国家知识产权有效性和权属争议具有可仲裁性，在某些国家则不具有可仲裁性。

在美国，知识产权争议曾经是不能通过仲裁解决的。⑤ 在 *Homewood Industries, Inc. v. Caldwell* 案中，法院认为法院对专利和商标的争

---

① See Trevor Cook and Alejandro I. Garcia, *International Intellectual Property Arbitration*, The Netherlands: Kluwer Law International, 2010, p. 64.
② See Christopher John Aeschlimann, "The Arbitrability of Patent Controversies", *Journal of the Patent Office Society*, Vol. 44, No. 10, October 1962, pp. 662 – 663.
③ See Trevor Cook and Alejandro I. Garcia, *International Intellectual Property Arbitration*, The Netherlands: Kluwer Law International, 2010, p. 66.
④ See Nigel Blackaby, Constantine Partasides, et al., *Redfern and Hunter on International Arbitration*, New York: Oxford University Press, 2015, pp. 112 – 113.
⑤ Gary B. Born, *International Commercial Arbitration*, The Netherlands: Kluwer Law International, 2021, p. 1082.

议享有专属管辖权。① 1983 年，联邦立法对《美国专利法》进行了修改，确认专利相关的争议具有可仲裁性，专利有效性、专利侵权以及专利所有权的相关争议都包括在其中。② 但是，仲裁裁决仅对当事人有约束力。当事人可以约定当法院对专利的有效性作出最终裁决时，相应地修改仲裁裁决。③ 专利所有权人必须将仲裁裁决通知专利与商标局的专员，否则，不可执行该仲裁裁决。④ 就商标和著作权而言，尽管没有像《美国专利法》一样的明确的立法，但是美国法院的一系列案例已经肯定了著作权以及商标的相关争议具有可仲裁性。在 *Saturday Evening Post Co. v. Rumbleseat Press*, *Inc.* 案中，第七巡回法院判

---

① See Homewood Industries, Inc. v. Caldwell, 360 F. Supp. 1201, 1204 (N. D. III. 1973) (stating that it is well settled that the jurisdiction of federal courts in cases arising under the patent and trademark law of the United States is exclusive).

② See 35 U. S. C. § 294 (a), A contract involving a patent or any right under a patent may contain a provision requiring arbitration of any dispute relating to patent validity or infringement arising under the contract. In the absence of such a provision, the parties to an existing patent validity or infringement dispute may agree in writing to settle such dispute by arbitration. Any such provision or agreement shall be valid, irrevocable, and enforceable, except for any grounds that exist at law or in equity for revocation of a contract.

③ See 35 U. S. C. § 294 (c), An award by an arbitrator shall be final and binding between the parties to the arbitration but shall have no force or effect on any other person. The parties to an arbitration may agree that in the event a patent which is the subject matter of an award is subsequently determined to be invalid or unenforceable in a judgment rendered by a court of competent jurisdiction from which no appeal can or has been taken, such award may be modified by any court of competent jurisdiction upon application by any party to the arbitration. Any such modification shall govern the rights and obligations between such parties from the date of such modification.

④ See 35 U. S. C. § 294 (d) and (e), When an award is made by an arbitrator, the patentee, his assignee or licensee shall give notice therof in writing to the Director. There shall be a separate notice prepared for each patent involved in such proceeding. Such notice shall set forth the names and addresses of the parties, the name of the inventor, and the name of the patent owner, shall designate the number of the patent, and shall contain a copy of the award. If an award is modified by a court, the party requesting such modification shall give notice of such modification to the Director. The Director shall, upon receipt of either notice, enter the same in the record of the prosecution of such patent. If the required notice is not filed with the Director, any party to the proceeding may provide such notice to the Director. The award shall be unenforceable until the notice required by subsection (d) is received by the Director.

定联邦法并未禁止著作权有效性争议的可仲裁性。① 在 *Folkways Music Publishers*，*Inc. v. Weiss* 案中，第二巡回法院判定仲裁庭有权裁定著作权的权属争议。② 在 *Necchi Sewing Mach. Sales Corp. v. Necchi*，*S. p. A.* 案中，第二巡回法院判定商标争议具有可仲裁性。③

尽管欧盟曾在法律中直接规定针对知识产权有效性的争议不具有可仲裁性，各国法院对其享有专属管辖权，④ 但是，随着欧洲专利一揽子计划（European Patent Package）的通过，⑤ 欧盟对专利保护采用了一套新的管理模式。根据这套新的管理模式，欧盟将成立专利调解与仲裁中心（Patent Mediation and Arbitration Center），旨在协助专利纠纷的解决。⑥ 尽管就专利等知识产权有效性的争议是否可以仲裁，仍未有明确的规定，但有学者认为这套新的管理模式似乎已经认可了专利有效性争议的可仲裁性，但前提是该仲裁裁决仅仅对当事人有效。⑦

---

① See Saturday Evening Post Co. v. Rumbleseat Press, Inc., 816 F. 2d 1191, 1199（7th Cir. 1987）.

② See Folkways Music Publishers, Inc. v. Weiss, 989 F. 2d 108, 111（2d Cir. 1993）.

③ See Necchi Sewing Mach. Sales Corp. v. Necchi, S. p. A., 369 F. 2d 579, 582（2d Cir. 1966）.

④ See Council Regulation（EC）No 44/2001, Article. 22（4）, in proceedings concerned with the registration or validity of patents, trade marks, designs, or other similar rights required to be deposited or registered, the courts of the Member State in which the deposit or registration has been applied for, has taken place or is under the terms of a Community instrument or an international convention deemed to have taken place. Without prejudice to the jurisdiction of the European Patent Office under the Convention on the Grant of European Patents, signed at Munich on 5 October 1973, the courts of each Member State shall have exclusive jurisdiction, regardless of domicile, in proceedings concerned with the registration or validity of any European patent granted for that State.

⑤ 欧洲专利一揽子计划旨在建立统一的专利保护，该计划包括制定《统一欧洲专利条例》《统一欧洲专利翻译条例》和《统一专利法院协定》。

⑥ See Gyooho Lee, Keon-Hyung Ahn, Jacques de Werra, "Euro-Korean Perspectives on the Use of Arbitration and ADR Mechanisms for Solving Intellectual Property Disputes", *Arbitration International*, Vol. 30, No. 1, 2014, pp. 118–119.

⑦ See Matthew R. Reed, et al., "Arbitrability of IP Disputes", IAM, March 2021, https://www.iam-media.com/global-guide/the-guide-ip-arbitration/1st-edition/article/arbitrability-of-ip-disputes#footnote-027-backlink.

在法国，知识产权有效性的争议一般不具有可仲裁性，仅仅是转让、合同履行等知识产权合同争议或侵权争议具有可仲裁性。① 在ICC第6709号案子中，当事人就产品加工和买卖的许可合同发生争议，该产品中有两项法国专利，由德国当事人所有，许可给了法国公司。仲裁庭在裁定该案时指出，尽管专利的授予、注销以及有效性应由法院管辖，但是关于专利许可运用的争议毫无疑问是具有可仲裁性的。② 2008年，巴黎上诉法院第一次认可了专利有效性争议的可仲裁性。在 *LiyHydralivka DOO v. SA Diebolt* 案中，双方当事人就专利合同产生争议，一方当事人提出了专利有效性的抗辩，法院认定若当事人提出专利有效性的抗辩或反请求，专利有效性争议具有可仲裁性。但是，涉专利有效性争议的仲裁裁决仅对当事人有效力。③ 2011年，法国在修订知识产权法时，明确有关知识产权争议的专有管辖权的规定并不否定该争议事项的可仲裁性。④

1998年《德国仲裁法》颁布之前，知识产权争议并不具有可仲裁性。1998年《德国仲裁法》颁布后，知识产权合同争议或侵权争

---

① See ICC Award No. 2048 (1972), a dispute concerning the assignment of a trademark or patent is arbitrable, cited in Emmanuel Gaillard and John Savage eds., *Fouchard, Gaillard, Goldman on International Commercial Arbitration*, The Netherlands: Kluwer Law International, 1999, p. 352; see also ICC Award No. 1912 (1974), an arbitral tribunal refused to hear a dispute concerning the validity of a French patent, cited in Emmanuel Gaillard and John Savage eds., *Fouchard, Gaillard, Goldman on International Commercial Arbitration*, The Netherlands: Kluwer Law International, 1999, p. 352.

② See ICC Case No. 6709, German licensor v. French licensee, 119 J. D. I. 998 (1992), for excerpts translated into English, see ICC BULLETIN, Vol. 5, No. 1, p. 69 (1994), discussed in Emmanuel Gaillard and John Savage eds., *Fouchard, Gaillard, Goldman on International Commercial Arbitration*, The Netherlands: Kluwer Law International, 1999, p. 352.

③ See Laurence Kiffer, "National Report for France (2020 through 2021)", in Lise Bosman ed., *ICCA International Handbook on Commercial Arbitration Supplement*, The Netherlands: Kluwer Law International, 2021, pp. 25 – 26.

④ See France Intellectual Property Code (amended on August 2, 2020), Article L521 – 3 – 1, Article L615 – 17, Article L716 – 6, Article L722 – 8.

议因具有经济利益而具有可仲裁性。① 至于知识产权有效性争议是否具有可仲裁性，尽管仍然存有争议，但越来越多的学者开始赞同知识产权有效性争议的可仲裁性。② 以专利有效性争议为例，尽管德国的联邦专利法院（Bundespatentsgericht）和德国最高法院对专利有效性的争议享有专有管辖权，专利侵权争议也是由民事法庭中的特设法庭管辖，通说仍然认为包括专利有效性在内的任何专利相关的争议都具有可仲裁性。③ 首先，联邦法院明确说明法院享有对专利争议的专属管辖权的规定并不能作为专利争议可仲裁性的判断标准。④ 其次，仲裁庭就专利有效性所作的裁定仅仅对双方当事人有约束力。⑤ 在ICC第6097号案件中，申请人是一家日本公司，被申请人是一家德国公司。申请人声称被申请人违约且侵犯了其所有的两项专利权。被申请人则辩称申请人的专利权无效。双方达成一致适用德国法解决专利侵权争议，适用日本法解决违约争议。仲裁庭在裁决中指出，采用仲裁解决争议是双方当事人的本意，由法院解决该争议将违背当事人的意思自治。仲裁庭所作出的关于专利有效性的裁决并不会影响在德国注

---

① See Rolf Trittmann and Inka Hanefeld, "Part II: Commentary on the German Arbitration Law (10th Book of the German Code of Civil Procedure), Chapter II: Arbitration Agreement, §1030-Arbitrability", in Patricia Nacimiento, Stefan M. Kroll, et al. eds., *Arbitration in Germany: The Model Law in Practice*, The Netherlands: Kluwer Law International, 2015, p. 99.

② See Rolf Trittmann and Inka Hanefeld, "Part II: Commentary on the German Arbitration Law (10th Book of the German Code of Civil Procedure), Chapter II: Arbitration Agreement, §1030-Arbitrability", in Patricia Nacimiento, Stefan M. Kroll, et al. eds., *Arbitration in Germany: The Model Law in Practice*, The Netherlands: Kluwer Law International, 2015, p. 99.

③ See Jochen Pagenberg, "The Arbitrability of Intellectual Property Disputes in Germany", Worldwide Forum on the Arbitration of Intellectual Property Disputes, (March 1994) http://www.wipo.int/amc/en/events/conferences/1994/pagenberg.html.

④ See M. A. Smith, et al., "Arbitration of Patent Infringement and Validity Issues Worldwide", *Harvard Journal of Law & Technology*, Vol. 19, 2005–2006, pp. 334–335.

⑤ See Trevor Cook and Alejandro I. Garcia, *International Intellectual Property Arbitration*, The Netherlands: Kluwer Law International, 2010, p. 74.

册的专利的有效性，该裁决仅仅对当事人有约束力。① 再次，有学者认为既然专利侵权争议具有可仲裁性，禁止被控侵权人在同一个仲裁程序中提出有效性抗辩是不合理的。② 除此之外，德国法规定某些涉专利权的争议必须先通过仲裁解决。根据《德国雇员发明法》（Act on Employees' Inventions），雇员提出的专利权主张必须通过仲裁解决，法院对其没有管辖权。③

瑞士允许通过仲裁解决所有知识产权争议，④ 这其中也包括有效性的相关争议。⑤ 早在 1945 年，联邦最高法院就已经作出判决，法院对专利的管辖权并不是专有的。⑥ 1975 年，联邦知识产权办公室认定仲裁庭有权决定专利、商标以及外观设计的有效性。⑦ 瑞士联邦专利局亦承认仲裁裁决对专利有效性的认定。只要瑞士法院认定仲裁裁决的可执行力，仲裁裁决即可以用来撤销变更注册登记。⑧

---

① Published in [1993] 2 ICC International Court of Arbitration Bulletin, 75, cited in Trevor Cook and Alejandro I. Garcia, *International Intellectual Property Arbitration*, The Netherlands: Kluwer Law International, 2010, p. 74.

② See Matthew R Reed, et al., "Arbitrability of IP Disputes", IAM, March 2021, https://www.iam-media.com/global-guide/the-guide-ip-arbitration/1st-edition/article/arbitrability-of-ip-disputes#footnote-027-backlink.

③ See William Grantham, "The Arbitrability of International Intellectual Property Disputes", *Berkeley Journal of International Law*, Vol. 14, No. 1, 1996, p. 208.

④ See SFT 4C. 40/2003 of 19 May 2003（专利的转让）。See also BGE 59 I 177（专利权的确认），cited in Bernhard BerGer and Franz Kellerhals, *International and Domestic Arbitration in Switzerland*, Switzerland: Stämpfli Publications Ltd., 2015, p. 74.

⑤ See Bernhard BerGer and Franz Kellerhals, *International and Domestic Arbitration in Switzerland*, Switzerland: Stämpfli Publications Ltd., 2015, p. 74.

⑥ See Therese Jansson, "Arbitrability Regarding Patent Law-An International Study", *Juridisk Publikation*, January 2011, p. 66.

⑦ See Robert Briner, "The Arbitrability of Intellectual Property Disputes with Particular Emphasis on the Situation in Switzerland", Worldwide Forum on the Arbitration of Intellectual Property Disputes, (March 1994), https://www.wipo.int/amc/en/events/conferences/1994/briner.html.

⑧ See Paolo Michele Patocchi, "National Report for Switzerland (2018 through 2021)", in Lise Bosman ed., *ICCA International Handbook on Commercial Arbitration Supplement*, The Netherlands: Kluwer Law International, 2021, p. 31.

由此可见，知识产权争议的可仲裁性问题，特别是有效性及权属争议的可仲裁性问题在各个国家大都经历了由完全不具有可仲裁性到逐渐放宽的过程。认可知识产权争议的可仲裁性主要是基于以下两点考虑：首先，知识产权的授予是否构成一国的主权行为由各国不同的公共政策决定。在瑞士，专利权的授予不属于主权行为，仲裁庭可以作出专利权授予无效的裁定，且该裁定具有对世效力。[1] 其次，仲裁裁决仅对当事人有效，并不具有对世效力。一国可以选择赋予仲裁裁决对世效力。如果一国没有赋予仲裁裁决对世效力，即便仲裁裁决就知识产权有效性等做出变更，这样的裁定也仅仅对仲裁当事人有效，并不影响该知识产权在一国注册登记的状态，也不影响第三人。[2]

在国际仲裁中，有学者指出单单基于公共政策认定知识产权争议的可仲裁性是不可取的，国际仲裁中知识产权争议的可仲裁性应从国际仲裁的特点出发。[3] 国际仲裁旨在解决国际贸易中的争议，随着跨国交易的不断发展，国际仲裁发展了一套国际公共政策。在国际仲裁中，应以当事人合意选择仲裁解决争议的意思自治为主，国内的公共政策不应为仲裁裁决的承认和执行制造障碍。[4] 可仲裁性问题的判断也应采用国际公共政策而非一国的公共政策。[5]

---

[1] See Decision of 15 Dec. 1975 of the Federal Office of Intellectual Property, cited in Trevor Cook and Alejandro I. Garcia, *International Intellectual Property Arbitration*, The Netherlands: Kluwer Law International, 2010, p. 67.

[2] See Trevor Cook and Alejandro I. Garcia, *International Intellectual Property Arbitration*, The Netherlands: Kluwer Law International, 2010, pp. 68 – 69.

[3] See Trevor Cook and Alejandro I. Garcia, *International Intellectual Property Arbitration*, The Netherlands: Kluwer Law International, 2010, p. 67.

[4] See Trevor Cook and Alejandro I. Garcia, *International Intellectual Property Arbitration*, The Netherlands: Kluwer Law International, 2010, p. 76.

[5] See Trevor Cook and Alejandro I. Garcia, *International Intellectual Property Arbitration*, The Netherlands: Kluwer Law International, 2010, pp. 67 – 75.

三　小结

一般来讲，知识产权合同及侵权争议，各国一般都承认其具有可仲裁性。然而，知识产权有效性和权属的争议是否具有可仲裁性，各国的规定则不尽相同。这主要是由于知识产权，特别是专利权和商标权的授予、注册、管理往往有一国公权力机关参与，某些国家担心认定其具有可仲裁性会影响该国的公共政策。

各国就知识产权有效性争议的可仲裁性问题的规定主要有三种态度：第一，绝对不具有可仲裁性；第二，承认其具有可仲裁性，但是严格限制裁决效力；第三，承认其具有可仲裁性并赋予其裁决对世效力。

在国际仲裁中，判断知识产权争议的可仲裁性应以支持仲裁发展的国际公共政策为判断标准，尊重当事人的意思自治。

第二节　反垄断争议的可仲裁性问题

与知识产权争议相关的另一个争议便是反垄断争议。比如，在常见的专利许可合同争议中，许可合同限制竞争、违反反垄断法而无效是当事人惯用的抗辩。[1] 因此，当因专利而发生争议进行仲裁时，往往会涉及反垄断争议，由于反垄断法本身带有公法性质，反垄断争议是否具有可仲裁性往往会成为当事人的争议点。本部分将针对反垄断争议，探讨其可仲裁性问题。

---

[1] See e. g., James A. Curley, "Arbitration of Patent-Antitrust Disputes: Business Expediency vs. Public Interest", *IDEA: The PTC Journal of Research and Education*, Vol. 18, No. 4, 1976, p. 107; American Safety Equipment Corp. v. Hickok Manufacturing Co., Inc. & J. P. Maguire & Co., Inc., 391 F. 2d 821 (2nd Cir. 1968); Lear, Inc. v. Adkins, 395 U. S. 653 (1969).

一 反垄断争议可仲裁性问题概述

反垄断争议可仲裁性问题的变化，可以算是可仲裁性范围不断扩大这一趋势的典型代表，其中的一些标志性案例甚至成为其他争议是否具有可仲裁性态度变化的依据。[①]

在反垄断法刚出现的几十年间，各个国家及地区均不认可其具有可仲裁性，具体原因如下：第一，反垄断法所规定的问题被认为是保证自由经济正常运转的，其地位之重要以至于必须由一国公权力机关来管辖。第二，会导致反垄断争议的合同很大程度上是格式合同，某种程度上限制了当事人选择争议解决方式的自由。第三，反垄断争议是非常复杂的，涉及各种各样的证据，也包括需要细致分析的大量经济数据，仲裁庭是否具有正确分析处理极为复杂的反垄断争议的能力是值得怀疑的。第四，反垄断争议被认为不应交由对一国政治、经济不了解的外国的仲裁庭来决定。[②] 但是，从20世纪80年代中期开始，各国就反垄断争议可仲裁性的态度逐渐开始变化，且几乎是同时发生的。[③]

二 美国反垄断争议可仲裁性问题的立法与实践

美国是世界上最早颁布竞争法（competition law）的国家。早在1890年就颁布实施了《美国反垄断法》（*Sherman Act*），规制反垄断行为。反垄断争议的可仲裁性问题在美国经历了否认到承认的过程。

[①] 比如，美国仲裁史上的 *Mitsubishi Motors Corp. v. Soler Chrysler-Plymouth, Inc.* 案。该案首次承认反垄断争议具有可仲裁性，是美国仲裁发展史中具有划时代意义的判例。它强调了国内公共政策应让位于国际公共政策，确立了可仲裁性的判断标准，成为了日后其他争议可仲裁性问题认定的重要先例。下文对该案进行详述。

[②] See Gary B. Born, *International Commercial Arbitration*, The Netherlands: Kluwer Law International, 2021, pp. 1062 – 1063.

[③] See Gary B. Born, *International Commercial Arbitration*, The Netherlands: Kluwer Law International, 2021, p. 1063.

第四章 可仲裁性问题判断标准的具体应用

美国起初并不认可反垄断争议具有可仲裁性。在 *American Safety Equipment Corp. v. Hickok Manufacturing Co., Inc. & J. P. Maguire & Co., Inc.* 案中，American Safety Equipment（以下简称"ASE"）与 Hickok Manufacturing Co., Inc.（以下简称"Hickok"）签订了许可合同，Hickok 许可 ASE 在其设备上使用"Hickok"的商标。合同中包含仲裁条款。ASE 后与 Hickok 发生争议，遂向法院以合同内容违反《美国反垄断法》而无效为由向法院申请确认判决（declaratory judgment）。与此同时，J. P. Maguire& Co., Inc.（以下简称"Maguire"）以许可费受让人的身份申请了仲裁，向 ASE 追讨许可费。ASE 于是向法院申请禁令阻止仲裁程序的推进，Maguire 则向法院申请中止诉讼，强制仲裁。[①] 法院最终判定，反垄断争议并不仅仅是一个私主体之间的私人争议，违反《美国反垄断法》会影响成百上千的人且会造成严重的经济损失。将此类争议交由法院以外的机构解决绝不可能是国会的意图。[②] 此后很长一段时间，美国法院一直遵循该判决，认定反垄断争议不具有可仲裁性。

1985 年的 *Mitsubishi Motors Corp. v. Soler Chrysler-Plymouth, Inc.* 案改变了美国长期对反垄断争议可仲裁性问题的看法。该案中，当事人签订了一份分销合同，Soler Chrysler-Plymouth, Inc.（以下简称"Soler"）在一些地区销售 Mitsubishi Motors Corp.（以下简称"Mitsubishi"）的汽车。合同约定争议由位于日本东京的"日本商业仲裁协会"（Japan Commercial Arbitration Association）以仲裁的形式解决。争议发生后，Mitsubishi 向日本商业仲裁协会申请仲裁，Soler 则以争议

[①] See American Safety Equipment Corp. v. Hickok Manufacturing Co., Inc. & J. P. Maguire & Co., Inc., 391 F. 2d 821 (2nd Cir. 1968).

[②] See American Safety Equipment Corp. v. Hickok Manufacturing Co., Inc. & J. P. Maguire & Co., Inc., 391 F. 2d 821, 826 – 27 (2nd Cir. 1968).

违反《美国反垄断法》不具有可仲裁性为由向法院申请诉讼。① 与 American Safety Equipment Corp. v. Hickok Manufacturing Co., Inc. & J. P. Maguire & Co., Inc. 案不同,最高法院尽管仍然同意违反《美国反垄断法》会造成严重的公共后果,但是最终的判决却判定因国际合同而产生的反垄断争议具有可仲裁性。最高法院综合了国际礼让制度,尊重外国和跨国法庭能力的必要,以及保证国际商事制度中争议解决的可预测性的重要性,指出即便在国内仲裁中会有相反结果,也应承认双方当事人的仲裁协议,肯定反垄断争议的可仲裁性。②

Mitsubishi Motors Corp. v. Soler Chrysler-Plymouth, Inc. 案后对美国国内仲裁反垄断争议的可仲裁性问题也产生了影响,在 *Seacoast Motors of Salisbury, Inc. v. Daimler Chrysler Motors Corp.* 案中,法院判定反垄断争议在国内仲裁中也具有可仲裁性。③ Seacoast Motors of Salisbury, Inc.(以下简称"Seacoast")是 Daimler Chrysler Motors Corp.(以下简称"Daimler Chrysler")的经销商,Seacoast 以 Daimler Chrysler 的行为构成垄断和不正当竞争为由向法院起诉,地方法院根据当事人经销合同中包含的仲裁条款命令双方当事人仲裁。Seacoast 遂以反垄断争议不具有可仲裁性为由向上诉法院上诉。④ 法院最终判定 *American Safety Equipment Corp. v. Hickok Manufacturing Co., Inc. & J. P. Maguire & Co., Inc.* 案中确立的规则已经不再适用,反垄断争议在国内仲裁中也具有可仲裁性。⑤

---

① See Mitsubishi Motors Corp. v. Soler Chrysler-Plymouth, Inc., 473 U. S. 614 (1985).
② See Mitsubishi Motors Corp. v. Soler Chrysler-Plymouth, Inc., 473 U. S. 614, 629 (1985).
③ See Seacoast Motors of Salisbury, Inc. v. Daimler Chrysler Motors Corp., 271 F. 3d 6 (1st Cir. 2001).
④ See Seacoast Motors of Salisbury, Inc. v. Daimler Chrysler Motors Corp., 271 F. 3d 6 (1st Cir. 2001).
⑤ See Seacoast Motors of Salisbury, Inc. v. Daimler Chrysler Motors Corp., 271 F. 3d 6, 11 (1st Cir. 2001).

值得注意的是，美国在承认反垄断争议的可仲裁性的同时确立了"再审查"（second look）原则。该原则是法院在 *Mitsubishi Motors Corp. v. Soler Chrysler-Plymouth, Inc.* 案中确立的，凡是涉反垄断争议的仲裁裁决在承认与执行时将会受到法院的再审查。[①] 但是，在具体适用该原则时，美国法院则非常严格。[②]

三 欧盟反垄断争议可仲裁性问题的立法与实践

欧盟同美国一样，就反垄断争议的可仲裁性问题也经历了从否认到肯定的过程。[③] *Eco Swiss China Time Ltd. v. Benetton International NV* 案是欧盟就反垄断争议的可仲裁性由否定到肯定的标志性案件。在该案中，Benetton International NV（以下简称"Benetton"）与 Eco Swiss China Time Ltd.（以下简称"Eco Swiss"）和 Bulova Watch Company Inc.（以下简称"Bulova"）签订了为期 8 年的许可合同。合同许可 Eco Swiss 生产印有"Benetton by Bulova"字样的钟表。合同同时约定由荷兰仲裁中心通过仲裁解决任何争议。3 年后，Benetton 终止了合同，仲裁程序随之启动，仲裁庭裁定 Benetton 对 Eco Swiss 和 Bulova 因合同终止而遭受的损失负责。Benetton 随后向荷兰法院申请宣告仲裁裁决无效，理由是许可合同违反了《欧盟运行条约》（*Treaty on the*

[①] See Mitsubishi Motors Corp. v. Soler Chrysler-Plymouth, Inc., 473 U.S. 614, 638 (1985) ["Having permitted the arbitration to go forward, the national courts of the United States will have the opportunity at the award enforcement stage to ensure that the legitimate interest in the enforcement of the antitrust laws has been addressed. The (New York Convention) reserves to each signatory country the right to refuse enforcement of an award where the 'recognition or enforcement of the award would be contrary to a public policy of that country'"].

[②] See Baxter International v. Abbott Laboratories, 297 F. 3d 544 (7th Cir. 2002) (stating that once arbitration was over, the federal courts would throw the result in the waste basket and litigate the antitrust issues anew, which would just be another way of saying that antitrust matters are not arbitrable).

[③] See Gary B. Born, *International Commercial Arbitration*, The Netherlands: Kluwer Law International, 2021, p. 1065.

Functioning of the European Union,以下简称"TFEU")第 101 条[1][《罗马条约》(*Treaty of Rome*)第 85 条]而因此无效。该案最后被上诉至荷兰最高法院,荷兰法院又向欧盟法院(European Court of Justice,以下简称"ECJ")就仲裁裁决是否应因违反 TFEU 第 101 条而无效向 ECJ 提出了先决问题(preliminary question)。ECJ 最终回复:"如果一国国内程序法允许在仲裁裁决未能遵守一国公共政策时撤销该仲裁裁决,那么当仲裁裁决违反 TFEU 第 101 条时,也应允许其撤销该裁决。"[2] ECJ 的回复实则是指出仲裁庭可适用欧盟竞争法,认可了反垄断争议的可仲裁性。至此,欧盟明确承认反垄断争议的可仲裁性。

由于在本案所涉的仲裁程序中,当事人和仲裁员都没有提出许可合同违反公共政策,在最终的判定中,法院仍然被赋予了以此为由宣告仲裁裁决无效的权力,有学者据此指出 *Eco Swiss China Time Ltd. v. Benetton International NV* 案其实比 *Mitsubishi Motors Corp. v. Soler Chrysler-Plymouth, Inc.* 案更进一步。*Eco Swiss China Time Ltd. v. Benetton International NV* 案

---

[1] See Treaty on the Functioning of the European Union, Art. 101, 1, The following shall be prohibited as incompatible with the internal market: all agreements between undertakings, decisions by associations of undertakings and concerted practices which may affect trade between Member States and which have as their object or effect the prevention, restriction or distortion of competition within the internal market, and in particular those which: (a) directly or indirectly fix purchase or selling prices or any other trading conditions; (b) limit or control production, markets, technical development, or investment; (c) share markets or sources of supply; (d) apply dissimilar conditions to equivalent transactions with other trading parties, thereby placing them at a competitive disadvantage; (e) make the conclusion of contracts subject to acceptance by the other parties of supplementary obligations which, by their nature or according to commercial usage, have no connection with the subject of such contracts.

[2] See Eco Swiss China Time Ltd. v. Benetton International NV, Case No. C-126/97, [1999] E. C. R. I-3055, 3 (E. C. J.) ["(a) national court to which application is made for annulment of an arbitration award must grant that application if it considers that the award in question is in fact contrary to Article 85 of the Treaty, where its domestic rules of procedure require it to grant an application for annulment founded on failure to observe national rules of public policy."]. See also, T. Diederik de Groot, "The Impact of the Benetton Decision on International Commercial Arbitration", *Journal of International Arbitration*, Vol. 20, No. 4, 2003, pp. 367–371.

通过判定违反竞争法的请求必须被仲裁，认定了反垄断争议的可仲裁性，同时还指明，如果仲裁程序没有就是否违反竞争法作出裁决，那么该裁决在承认与执行或在一国法院被申请宣告无效时就可能会受到挑战。[1]

与美国相同的是，欧盟在 *Eco Swiss China Time Ltd. v. Benetton International NV* 案中也做了类似于"再审查"原则的规定，法院有权在审查仲裁裁决时，再次审查反垄断争议的问题，至于审查的标准和严格程度，则视具体情况而定。[2]

四 其他国家反垄断争议可仲裁性问题的立法与实践

世界其他国家大多承认反垄断争议的可仲裁性。法国的成文法虽然就可仲裁性问题规定较严格，且明确将对公共政策有影响的争议排除在可仲裁性范围之外，但是正如上文所述，法国法院在具体适用其规定时，并没有严格按照成文法的规定，在国际仲裁中甚至完全拒绝适用（参见第三章）。就反垄断争议的可仲裁性问题，法国的法院也没有遵照成文法的规定，在 *Société Almira Films v. Pierrel* 案[3]、*Labinal v. Mors et Westland Aerospace* 案[4]和 *Aplix v. Velcro* 案[5]中判定反垄断争议

---

[1] Robert B. von Mehren, "The Eco-Swiss Case and International Arbitration", *Arbitration International*, Vol. 19, No. 4 December 2003, p. 468.

[2] See Eco Swiss China Time Ltd. v. Benetton International NV, Case No. C-126/97, [1999] E. C. R. I-3055, 32 (E. C. J.) ("the ordinary courts may have to examine those questions, in particular during review of the arbitration award, which may be more or less extensive depending on the circumstances.").

[3] See Judgment of the Courd'Appel de Paris, Société Almira Films v. Pierrel, of 6 February 1989, cited in Marianela López-Galdos, "Arbitration and Competition Law: Integrating Europe Through Arbitration", *Journal of European Competition Law & Practice*, Vol. 7, No. 6, June 2016, p. 386.

[4] See Judgment of the Courd'Appel de Paris, Labinal v. Mors et Westland Aerospace, of 19 May 1993, cited in Marianela López-Galdos, "Arbitration and Competition Law: Integrating Europe Through Arbitration", *Journal of European Competition Law & Practice*, Vol. 7, No. 6, June 2016, p. 386.

[5] See Judgment of the Courd'Appel de Paris, Aplix v. Velcro, of 14 October 1993, cited in Marianela López-Galdos, "Arbitration and Competition Law: Integrating Europe Through Arbitration", *Journal of European Competition Law & Practice*, Vol. 7, No. 6, June 2016, p. 386.

具有可仲裁性，仲裁员有义务适用竞争法就相关问题作出裁定。[①] 西班牙也承认反垄断争议的可仲裁性。在 2004 年马德里地区法院（Audiencia Provincial de Madrid）所做的一个判决中指出，只要反垄断争议所涉的问题是当事人可以依自己意志决定的，用仲裁解决此类争议并不违反西班牙法律。[②] 澳大利亚[③]、新西兰[④]、瑞士[⑤]、加拿大[⑥]、德国[⑦]、瑞典[⑧]等国也都承认反垄断争议的可仲裁性。据学者统计，只

[①] See Marianela López-Galdos, "Arbitration and Competition Law: Integrating Europe Through Arbitration", *Journal of European Competition Law & Practice*, Vol. 7, No. 6, June 2016, p. 386.

[②] See Auto of Section 14 of the Regional Court of Madrid (Audiencia Provincial de Madrid) No. 324/2004, 27 May, Aranzadi JUR 2004/227176, cited in Marianela López-Galdos, "Arbitration and Competition Law: Integrating Europe Through Arbitration", *Journal of European Competition Law & Practice*, Vol. 7, No. 6, June 2016, p. 386.

[③] See Francis Travel Mktg Pty Ltd. v. Virgin Atl. Airways Ltd., [1996] 131 FLR 422, 428 (N. S. W. Ct. App.) ["(T)here is no reason in principle why the parties to a commercial contract can not agree to submit to arbitration disputes which have arisen between them in relation to their rights and obligations under the Trade Practices Act. Indeed, it is consistent with the modern policy of encouragement of various forms of alternative dispute resolution, including arbitration, mediation and conciliation, that courts should facilitate, rather than impede, agreements for the private resolution of all forms of dispute, including disputes involving claims under statutes such as the Trade Practices Act."], discussed in Gary B. Born, *International Commercial Arbitration*, The Netherlands: Kluwer Law International, 2021, p. 1068.

[④] See New Zealand v. Mobil Oil New Zealand Ltd., XIII Y. B. Comm. Arb. 638, 651–54 (Wellington High Ct. 1987) (1988), cited in Gary B. Born, *International Commercial Arbitration*, The Netherlands: Kluwer Law International, 2021, p. 1068, note 228.

[⑤] See Bernhard BerGer and Franz Kellerhals, *International and Domestic Arbitration in Switzerland*, Switzerland: Stämpfli Publications Ltd., 2015, p. 74.

[⑥] See Murphy v. Amway Canada Corp., [2014] 3 FCR 478 (Canadian Fed. Ct. App.), cited in Gary B. Born, *International Commercial Arbitration*, The Netherlands: Kluwer Law International, 2021, p. 1068, note 228.

[⑦] See Rolf Trittmann and Inka Hanefeld, "Part II: Commentary on the German Arbitration Law (10th Book of the German Code of Civil Procedure), Chapter II: Arbitration Agreement, § 1030-Arbitrability", in Patricia Nacimiento, Stefan M. Kroll, et al. eds., *Arbitration in Germany: The Model Law in Practice*, The Netherlands: Kluwer Law International, 2015, p. 102.

[⑧] See Emmanuel Gaillard and John Savage eds., *Fouchard, Gaillard, Goldman on International Commercial Arbitration*, The Netherlands: Kluwer Law International, 1999, p. 343.

有极少数有记录的判决是判定反垄断争议不具有可仲裁性的。①

五 小结

反垄断法的产生旨在保证自由竞争，在其颁布的早期，凡是涉反垄断法的争议在世界各个国家均以违反公共政策为由被认定为不具有可仲裁性。从20世纪80年代开始，以美国、欧盟为代表，各个国家几乎在同时转变了对反垄断争议可仲裁性问题的态度，各个国家都在其判例中承认反垄断争议具有可仲裁性。当然，在承认反垄断争议具有可仲裁性的同时，美国、欧盟同时创立了"再审查"原则，一国法院保留了对仲裁裁决再审查的权力，但是，就审查的标准及严格程度而言，仍然存在差异。

第三节　破产争议的可仲裁性问题

仲裁程序和破产程序被认为是极为不同的两种法律程序，甚至被认为是完全冲突对立的。② 然而，仲裁程序中有时会出现一方当事人向法院提出破产申请进而出现仲裁程序与破产程序平行的情况，③ 事实上，仲裁程序与破产程序同时出现的概率呈不断上升的趋势。④ 此

---

① See Gary B. Born, *International Commercial Arbitration*, The Netherlands: Kluwer Law International, 2021, p. 1068.

② See e. g., Fotochrome, Inc. v. Copal Co., Ltd., 517 F. 2d 512 (2d Cir. 1975); In re United States Lines, 197 F. 3d 631 (2d Cir. 1999) (stating that arbitration and insolvency law presents a conflict of near polar extremes).

③ See e. g., Elektrim SA (Syska) v. Vivendi Universal SA et al. (2008) EWHC 2155 (Comm)，该案中波兰公司Elektrim和法国公司Vivendi签订了投资合同，约定因投资合同而产生的纠纷提交伦敦国际仲裁院通过仲裁解决。后双方发生争议，Vivendi向伦敦国际仲裁院提交了仲裁申请，在仲裁程序中，Elektrim向波兰法院提出了破产申请。

④ 国际商会仲裁院在1968年到2002年的34年间管理的案件中，仅有17起同时涉及破产程序，但是在2002年到2006年4年间，其管理的案子中就有16起同时涉及破产程序。See Sara Nadeau-Séguin, "When Bankruptch and Arbitration Meet: A Look at Recent ICC Practice", *Dispute Resolution International*, Vol. 5, No. 1, May 2011, p. 79.

时，由于破产程序和仲裁程序存在的冲突与对立，当事人破产后的相关争议是否具有可仲裁性便成为了问题。本部分将针对破产争议的可仲裁性问题进行分析探讨。

一 破产争议的可仲裁性问题概述

破产程序是在债务人面临资金困难时，为保障所有债权人的利益而对债务人的财产进行财产收集和分配或者是对债务人的企业进行重组的程序。① 其目的是平等对待同一顺位的债权人并尽可能实现各方面利益的最大化。② 为了实现这一目的，一般会对债权人和债务人的契约自由进行限制。首先，债务人的财产由破产管理人或者法院统一代为管理，债务人对其财产不再享有权利，也不再就其财产享有诉与被诉的权利；其次，所有债权人的诉求都统一集中在一个法院处理，③ 已经在进行的其他程序可能会被要求中止或者转移到处理破产程序的法院；再次，破产管理人被赋予追求财产价值最大化的权利，可以挑战破产程序前的与财产相关的交易。④ 破产程序体现出一种集中性，与鼓励将纠纷分散解决的仲裁程序不同。破产程序更关注公共和集体利益，仲裁程序则更注重当事人的意思自治和保密性。⑤ 正是由于破产程序与仲裁程序极为不同，破产程

---

① See Christoph Liebscher, "Insolvency and Arbitrability", in Loukas A. Mistelis and Stavros L. Brekoulakis eds., *Arbitrability: International and Comparative Perspectives*, The Netherlands: Kluwer Law International, 2009, p. 165.

② See Stefan M. Kroll, "Arbitration and Insolvency Proceedings", in Loukas A. Mistelis and Julian D. M. Lew eds., *Pervasive Problems in International Arbitration*, The Netherlands: Kluwer Law International, 2006, p. 359.

③ 许多国家都设有专门的法庭来处理破产问题。

④ See Stefan M. Kroll, "Arbitration and Insolvency Proceedings", in Loukas A. Mistelis and Julian D. M. Lew eds., *Pervasive Problems in International Arbitration*, The Netherlands: Kluwer Law International, 2006, pp. 359 - 360.

⑤ See Simon Vorburger, *International Arbitration and Cross-border Insovency: Comparative Perspectives*, The Netherlands: Kluwer Law International, 2014, pp. 8 - 9.

序又常常被烙上公共政策的印记，在破产程序与仲裁程序出现平行时，相关争议事项的可仲裁性是否会受到影响，会受到什么样的影响，各个国家的规定不尽相同。

二 世界各国破产争议可仲裁性问题的立法与实践

各国就破产争议的可仲裁性的规定各不相同，有的区分纯粹与非纯粹的破产争议，有的从是否涉公共政策出发，有的从破产程序与仲裁程序的性质出发。

美国法院判定破产纠纷的可仲裁性的主要依据是《美国破产法》（*U. S. Bankruptcy Code*）。早期，美国法院认为《美国破产法》优先于《联邦仲裁法》，[1] 几乎所有的破产争议都不具有可仲裁性。[2] *Shearson/American Express Inc. v. McMahon* 案改变了这一认识。最高法院在该案中确立了联邦成文法与《联邦仲裁法》优先级的判断标准：只有在成文法的文本内容、立法过程中或者在仲裁法与某一成文法的基本目的之间的冲突中能够体现出国会希望联邦成文法优先于《联邦仲裁法》的意图时，联邦成文法才优先于《联邦仲裁法》。[3] 该标准随后在 *Hays & Co. v. Merrill Lynch, Pierce, Fenner & Smith* 案中被第一次运用到了破产争议中。第三巡回法院在该案中区分了纯粹的破产纠纷和非纯粹的破产纠纷，认为非纯粹的破产纠纷仲裁与《美国破产法》并无冲

---

[1] See Braniff Airways, Inc. v. United Air Lines, Inc. (In re Braniff Airways, Inc.), 33 B. R. 33, 34 (Bankr. N. D. Tex. 1983) (stating that with enactment of the U. S. Bankruptcy Code, Congress intended that Federal Arbitration Act would not apply to bankruptcy matters).

[2] See Simon Vorburger, *International Arbitration and Cross-border Insovency: Comparative Perspectives*, The Netherlands: Kluwer Law International, 2014, p. 62.

[3] See Shearson/American Express Inc. v. McMahon, 482 U. S. 220, 227 (1987) (stating that Federal Arbitration Act is trumped if the intent of Congress to override the Federal Arbitration Act can be recognized in another statute's text, in another statute's legislative history, or in an inherent conflict between arbitration and another statute's underlying purposes).

突，具有可仲裁性。① 第五巡回法院在 In re Nat'l Gypsum Co. 案中认为允许通过仲裁解决非纯粹的破产争议具有重要意义。② 较之于第三和第五巡回法院，第二巡回法院更进一步，认为在判断可仲裁性问题时需要仔细考虑通过仲裁解决相关争议是否会违反《美国破产法》的本质目的，③ 在 MBNA American Bank v. Hill 案中，第二巡回法院指出，即使是仲裁纯粹的破产争议，也不会严重地危害《美国破产法》的目的。④ 但是，第四巡回法院的态度却不同于第二巡回法院。在 In re White Mountain Mining Co. 案中，在判断涉及纯粹破产争议，并约定在伦敦仲裁的仲裁协议的效力时，第四巡回法院认为伦敦仲裁与《美国破产法》的目的相违背，纯粹的破产争议不具有可仲裁性。⑤ 可见，美国在司法实践中判断破产争议的可仲裁性主要考量通过仲裁解决相关争议事项是否会违背《美国破产法》的本质目的，纯粹的破产争议因涉及《美国破产法》的本质目的而不具有可仲裁性，非纯粹的破产争议则具有可仲裁性。⑥

德国允许涉经济利益以及不涉经济利益但是有处分性的争议事项

---

① See Hays & Co. v. Merrill Lynch, Pierce, Fenner & Smith, 885 F. 2d 1149, 1156 – 1157 (3d Cir. 1989) (finding that it is clear that in 1984 Congress did not envision all bankruptcy related matters being adjudicated in a single bankruptcy court, and Bankruptcy Code does not give district court discretion to deny enforcement of arbitration clause in noncore adversary proceeding.).

② See In re Nat'l Gypsum Co., 118 F. 3d 1056, 1066 (5th Cir. 1997) (agreeing with the Third Circuit's opinion in Hays & Co. v. Merrill Lynch, Pierce, Fenner& Smith, which recognizes the arbitrability of non-core matters and saying it makes eminent sense.).

③ See In re U. S. Lines, Inc., 197 F. 3d 631, 640 (2d. Cir. 1999) (stating that in exercising its discretion over whether, in core proceedings, arbitration provisions ought to be denied effect, the bankruptcy court must still carefully determine whether any underlying purpose of the Bankruptcy Code would be adversely affected by enforcing an arbitration clause).

④ See MBNA American Bank v. Hill, 436 F. 3d 104, 109 (2d Cir. 2006) (though the 2nd Circuit Court agrees that the disputed claim is a core proceeding, it holds that arbitration of the claim would not seriously jeopardize the objectives of the Bankruptcy Code.).

⑤ See In re White Mountain Mining Co., 403 F. 3d 164, 170 (4th Cir. 2005).

⑥ 值得注意的是，美国各个巡回法院之间就何为纯粹的破产纠纷、何为非纯粹的破产纠纷并没有达成统一，破产程序争议的可仲裁性在美国需要根据具体案情具体分析。

通过仲裁解决（参见第三章），法院对某类争议事项是否享有排他管辖权并不决定该争议事项的可仲裁性。因此，破产程序在德国一般不会对仲裁程序产生影响。破产程序的开始既不会阻止仲裁程序的开始，也不会终止已经开始的仲裁程序。① 在德国，几乎所有破产相关的争议都具有可仲裁性，比如，有担保的债券、优先债权、破产财产的分配等。② 但是，产生于破产法且基于破产管理人能力的破产管理人的权利不具有可仲裁性。③

《法国民法典》第 2060 条明确规定涉公共政策争议事项不具有可仲裁性，涉破产程序的争议由于往往会涉及第三人，且考虑到破产程序旨在鼓励企业的重组等宗旨，有些学者认为法院对破产争议享有专属管辖权。④ 但是，也有学者指出，法院享有排他管辖权并不能证明破产争议不具有可仲裁性。⑤ 判断破产争议是否具有可仲裁性主要是

---

① See Christoph Liebscher, "Insolvency and Arbitrability", in Loukas A. Mistelis and Stavros L. Brekoulakis eds., *Arbitrability: International and Comparative Perspectives*, The Netherlands: Kluwer Law International, 2009, pp. 174–175.

② See Simon Vorburger, *International Arbitration and Cross-border Insovency: Comparative Perspectives*, The Netherlands: Kluwer Law International, 2014, p. 67; See also, Christoph Liebscher, "Insolvency and Arbitrability", in Loukas A. Mistelis and Stavros L. Brekoulakis eds., *Arbitrability: International and Comparative Perspectives*, The Netherlands: Kluwer Law International, 2009, p. 176.

③ See BGH 30.06.2011, cited in Rolf Trittmann and Inka Hanefeld, "Part II: Commentary on the German Arbitration Law (10th Book of the German Code of Civil Procedure), Chapter II: Arbitration Agreement, §1030-Arbitrability", in Patricia Nacimiento, Stefan M. Kroll, et al. eds., *Arbitration in Germany: The Model Law in Practice*, The Netherlands: Kluwer Law International, 2015, p. 102.

④ See Jean Rouche, Gerald H. Pointon, et al., *French Arbitration Law and Practice: A Dynamic Civil Law Approach to International Arbitration*, The Netherlands: Kluwer Law International, 2009, p. 46.

⑤ See Christoph Liebscher, "Insolvency and Arbitrability", in Loukas A. Mistelis and Stavros L. Brekoulakis eds., *Arbitrability: International and Comparative Perspectives*, The Netherlands: Kluwer Law International, 2009, p. 173. See also, E. Emmanuel Gaillard and John Savage eds., *Fouchard, Gaillard, Goldman on International Commercial Arbitration*, The Netherlands: Kluwer Law International, 1999, p. 344.

依据是否涉公共政策,① 在破产争议问题上,程序的中止、个别清偿的排除、平等对待债权人原则等都构成可以影响破产争议可仲裁性的国内和国际公共政策。② 因此,破产争议的可仲裁性在法国受到较多的限制。

瑞士以经济利益为判断争议事项可仲裁性的标准(参见第三章),因此,法院的排他管辖权、法律的强制规定等公共政策并不能排除破产争议的可仲裁性。③ 尽管破产争议必然具有经济利益,瑞士法对破产争议的可仲裁性仍然作出了一定的限制。根据瑞士法,破产争议的可仲裁性主要是判断当事人是否可以就该程序在仲裁庭前进行争辩。④ 由于仲裁是在私人的仲裁庭前解决民商事争议,因此,仲裁程序只可以替换一般的司法程序而非执行程序。⑤ 就破产争议而言,凡是旨在执行债务的关涉执行程序的法律行为都被认为不具有可仲裁性,除此以外的破产争议具有可仲裁性。⑥

三 小结

破产程序与仲裁程序就如同磁铁的两极,其追求与代表的利益和价值完全不同,但是二者同时出现的情况越来越多,引发了破产程序争议的可仲裁性问题。美国区分纯粹与非纯粹破产争议,纯粹

---

① See Emmanuel Gaillard and John Savage eds., *Fouchard, Gaillard, Goldman on International Commercial Arbitration*, The Netherlands: Kluwer Law International, 1999, p. 345.

② See Simon Vorburger, *International Arbitration and Cross-border Insovency: Comparative Perspectives*, The Netherlands: Kluwer Law International, 2014, p. 68.

③ See Simon Vorburger, *International Arbitration and Cross-border Insovency: Comparative Perspectives*, The Netherlands: Kluwer Law International, 2014, p. 72.

④ See Bernhard BerGer and Franz Kellerhals, *International and Domestic Arbitration in Switzerland*, Switzerland: Stämpfli Publications Ltd., 2015, p. 78.

⑤ See Bernhard BerGer and Franz Kellerhals, *International and Domestic Arbitration in Switzerland*, Switzerland: Stämpfli Publications Ltd., 2015, p. 78.

⑥ See Bernhard BerGer and Franz Kellerhals, *International and Domestic Arbitration in Switzerland*, Switzerland: Stämpfli Publications Ltd., 2015, p. 78.

的破产争议因涉及《美国破产法》的本质目的而不具有可仲裁性，非纯粹的破产争议则具有可仲裁性，但是，各个巡回法院区分纯粹与非纯粹破产争议的标准不一，需要具体情况具体分析；在以财产利益为可仲裁性判断标准的德国，几乎所有的破产争议都具有可仲裁性；法国则会考虑公共政策，对破产争议的可仲裁性限制较多；瑞士将旨在执行债务的涉执行程序的法律行为排除在外，其余均具有可仲裁性。

第四节　公司法争议的可仲裁性问题

伴随着仲裁制度的发展，越来越多的公司倾向于选择仲裁解决其内部争议，然而，公司法争议是否具有可仲裁性存有争议，本部分以公司法争议为切入点，探讨其可仲裁性。

一　公司法争议的可仲裁性问题概述

公司法争议，是指因公司法律关系而产生的争议。公司法争议的可仲裁性问题大多集中在公司内部争议（intra-corporate dispute）或公司治理争议（corporate governance dispute）的可仲裁性问题上，即，发生在股东之间或者公司与其高级管理人员之间的争议是否可以通过仲裁解决。一般来讲，公司章程如何解释的争议、限制股份转让的争议、撤销公司董事的争议、董事的民事责任争议、投票权争议、收益分配的争议以及股份价值的争议都具有可仲裁性。[1] 其他类型的公司法争议是否具有可仲裁性则存在一定争议。认为公司

---

[1] See Pilar Perales Viscasillas, "Arbitrability of (Intra-) Corporate Disputes", in Loukas A. Mistelis and Stavros L. Brekoulakis eds., *Arbitrability: International and Comparative Perspectives*, The Netherlands: Kluwer Law International, 2009, p. 284.

法争议不具有可仲裁性主要是出于以下几点原因：第一，公司法争议涉及大量法律强制规定，当事人对其并不享有完全的处分权，因此不具有可仲裁性。[1] 第二，公司法争议往往会影响第三人，该第三人可能是其他股东或债权人，因此，第三人权利会受到影响的公司法争议不具有可仲裁性。[2] 第三，仲裁具有私密性和缺乏问责的特点，不利于相关法律制度的不断完善，采用仲裁的方式解决公司法争议会削弱国家对公司的监管。[3] 然而，亦有观点认为以上原因并不能否定公司法争议的可仲裁性：第一，现代仲裁实践认为争议事项涉法律强制规定并不等同于该争议事项不具有可仲裁性。[4] 第二，仲裁裁决仅对仲裁当事人有效，并不具有对世效力。一国可以选择赋予仲裁裁决对世效力，并在程序上设置相关制度以避免可能存在的问题。[5] 第三，认为通过仲裁解决公司法争议不利于相关法律制度的完善的观点很大程度上建立在对仲裁制度的不信任上，此种观点认为"仲裁的本质就是无法律的（lawless）"。[6] 尽管仲裁制度的发展趋势是以有利于仲裁为原则，具有可仲裁性的争议事项的范围不断扩大，但是在公司法争议领域，公司解散纠纷、股东会决

---

[1] See Wendy Kennett, "Arbitration of intra-corporate disputes", *International Journal of Law and Management*, Vol. 55, No. 5, 2013, p. 343.

[2] See Pilar Perales Viscasillas, "Arbitrability of (Intra-) Corporate Disputes", in Loukas A. Mistelis and Stavros L. Brekoulakis eds., *Arbitrability: International and Comparative Perspectives*, The Netherlands: Kluwer Law International, 2009, p. 289.

[3] See G. Richard Shell, "Arbitration and Corporate Governance", *North Carolina Law Review*, Vol. 67, No. 3, March 1989, pp. 561 – 562.

[4] See Pilar Perales Viscasillas, "Arbitrability of (Intra-) Corporate Disputes", in Loukas A. Mistelis and Stavros L. Brekoulakis eds., *Arbitrability: International and Comparative Perspectives*, The Netherlands: Kluwer Law International, 2009, p. 285.

[5] See Pilar Perales Viscasillas, "Arbitrability of (Intra-) Corporate Disputes", in Loukas A. Mistelis and Stavros L. Brekoulakis eds., *Arbitrability: International and Comparative Perspectives*, The Netherlands: Kluwer Law International, 2009, pp. 289 – 290.

[6] See Wendy Kennett, "Arbitration of intra-corporate disputes", *International Journal of Law and Management*, Vol. 55, No. 5, 2013, p. 347.

议的有效性的争议等争议事项是否具有可仲裁性仍存有争议。①

二 世界各国公司法争议可仲裁性问题的立法与实践

公司法争议的可仲裁性问题在世界各国规定不尽相同,有的国家认可其可仲裁性,有的国家在承认其可仲裁性的基础上附加一定的限制,有的国家则存在一定的争议。

德国以争议事项是否涉经济利益或是否具有可处分性为可仲裁性问题的判断标准,公司法争议由于大多会涉及经济利益,因此公司法争议具有可仲裁性并无太大争议。② 但是,就股东会决议有效性的争议是否具有可仲裁性存在较大的分歧,该分歧存在的主要原因在于仲裁裁决会影响第三人(多指未参与仲裁的其他股东)的权利。起初,德国最高法院认为股东会决议有效性的争议不具有可仲裁性,因为无论所有股东是否参加了仲裁,仲裁裁决都会对所有股东产生效力。③ 2009年,德国最高法院在另一个案件中改变了其就股东会决议有效性争议可仲裁性问题的态度,只要仲裁程序保证所有股东都参与到其中,股东会决议有效性争议即具有可仲裁性。④ 德国最高法院再次认

---

① See Pilar Perales Viscasillas, "Arbitrability of (Intra-) Corporate Disputes", in Loukas A. Mistelis and Stavros L. Brekoulakis eds., *Arbitrability*: *International and Comparative Perspectives*, The Netherlands: Kluwer Law International, 2009, p. 291.

② See Patricia Nacimiento, Stefan M. Kroll, et al. eds., *Arbitration in Germany*: *The Model Law in Practice*, The Netherlands: Kluwer Law International, 2015, p. 101.

③ See German Federal Supreme Court, decision, case no. II ZR 124/95 dated 29 March 1996, discussed in Tilmann Hertel and Alessandro Covi, "Arbitrability of Shareholder Disputes in Germany", Kluwer Arbitration Blog, (February 7, 2018), http://arbitrationblog.kluwerarbitration.com/2018/02/07/arbitrability-shareholder-disputes-germany/.

④ See German Federal Supreme Court, decision, case no. II ZR 255/08 dated 6 April 2009, discussed in Tilmann Hertel and Alessandro Covi, "Arbitrability of Shareholder Disputes in Germany", Kluwer Arbitration Blog, (February 7, 2018), http://arbitrationblog.kluwerarbitration.com/2018/02/07/arbitrability-shareholder-disputes-germany/.

可了股东会决议有效性争议的可仲裁性。① 股东会决议争议本身涉经济利益,因此从可仲裁性问题的判断标准来说,应认可其可仲裁性,此类争议的真正问题并不是其是否具有可仲裁性,而是如何在仲裁协议的起草及仲裁程序的设置中保障第三人的权利。② 针对这一问题,德国仲裁院(German Institution of Arbitration)已于2009年制定了专门适用于公司法的补充规则,并专门为公司法争议提供了示范仲裁条款。③

公司法争议,特别是股东会决议有效性争议的可仲裁性在波兰曾经备受争议,其主要原因在于波兰法中就可仲裁性问题的规定存有歧义,导致在适用其解释公司法争议的可仲裁性时存有争议。④ 2019年,波兰对其民事诉讼法进行了修订,特别就可仲裁性问题的相关规定做了修订。根据2019年《波兰民事诉讼法》的规定,除了支付赡养费、抚养费、扶养费的相关争议,财产性相关争议具有可仲裁性。⑤ 除此之外,2019年《波兰民事诉讼法》还特别明确了

---

① See German Federal Supreme Court, resolution, case no. I ZB 23/16 dated 6 April 2017, discussed in Tilmann Hertel and Alessandro Covi, "Arbitrability of Shareholder Disputes in Germany", Kluwer Arbitration Blog, (February 7, 2018), http://arbitrationblog.kluwerarbitration.com/2018/02/07/arbitrability-shareholder-disputes-germany/.

② See Patricia Nacimiento, Stefan M. Kroll, et al. eds., *Arbitration in Germany: The Model Law in Practice*, The Netherlands: Kluwer Law International, 2015, p. 102.

③ See DIS Supplementary Rules for Corporate Law Disputes 09 and Model Clause for Articles of Incorporation for Arbitration Pursuant to the Supplementary Rules for Corporate Disputes 2018, available at https://www.disarb.org/en/.

④ See Andrzej Szumanski, "Corporate Arbitration in Poland", *Romanian Arbitration Journal*, Vol. 9, No. 3, July-September 2015, p. 25.

⑤ See Part V of the Polish Code of Civil Procedure, article 1157, discussed in Marcin Olechowski and Anna Tujakowska, "Latest Changes in Polish Civil Procedure: An Opportunity for Arbitration?", Kluwer Arbitration Blog (December 19, 2019), http://arbitrationblog.kluwerarbitration.com/2019/12/19/latest-changes-in-polish-civil-procedure-an-opportunity-for-arbitration/.

股东会决议争议的可仲裁性,并专门设置了一套解决此类争议的机制。①

瑞士就可仲裁性问题的规定区分国际仲裁与国内仲裁。在国际仲裁中,判断争议事项可仲裁性的标准争议事项是否涉经济利益,公司法争议由于均涉经济利益,因此并不存在可仲裁性问题。② 在国内仲裁中,判断争议事项的可仲裁性标准为当事人对其是否具有处分权,公司法争议,特别是股东会决议争议是否具有可仲裁性,存在争议。由于股东会决议争议会影响所有股东,有学者认为争议当事人对其并不具有处分权,因此,此类争议不具有可仲裁性。但是,瑞士议会于2020年批准了关于公司法争议仲裁的新的法律框架。该框架专门设置了一系列程序以保障所有股东均能参与到仲裁程序中以及其信息权。有学者认为这一框架的确立说明瑞士认可了股东会决议争议在国内仲裁中的可仲裁性。③

---

① 此套机制包括:(1)扩大公司章程中仲裁协议的属人管辖范围;(2)强制合并仲裁程序,即最先确定的仲裁庭对涉及同一股东决议的所有请求享有管辖权;(3)设置了在公司章程中加入仲裁条款的一系列先决条件,旨在确保所有股东均能参与到仲裁程序中。See Part V of the Polish Code of Civil Procedure, article 1163, discussed in Marcin Olechowski and Anna Tujakowska, "A New Framework for Arbitration of Corporate Disputes in Poland", Kluwer Arbitration Blog (December 22, 2019), http://arbitrationblog.kluwerarbitration.com/2019/12/22/a-new-framework-for-arbitration-of-corporate-disputes-in-poland/. See also, Marcin Olechowski and Anna Tujakowska, "Latest Changes in Polish Civil Procedure: An Opportunity for Arbitration?", Kluwer Arbitration Blog (December 19, 2019), http://arbitrationblog.kluwerarbitration.com/2019/12/19/latest-changes-in-polish-civil-procedure-an-opportunity-for-arbitration/.

② See Richard G. Allemann, "Setting the Ground for Corporate Arbitration in Switzerland: Swiss Parliament Approves New Rules for Arbitration of Corporate Law Disputes", Kluwer Arbitration Blog (August 17, 2020), http://arbitrationblog.kluwerarbitration.com/2020/08/17/setting-the-ground-for-corporate-arbitration-in-switzerland-swiss-parliament-approves-new-rules-for-arbitration-of-corporate-law-disputes/.

③ See Richard G. Allemann, "Setting the Ground for Corporate Arbitration in Switzerland: Swiss Parliament Approves New Rules for Arbitration of Corporate Law Disputes", Kluwer Arbitration Blog (August 17, 2020), http://arbitrationblog.kluwerarbitration.com/2020/08/17/setting-the-ground-for-corporate-arbitration-in-switzerland-swiss-parliament-approves-new-rules-for-arbitration-of-corporate-law-disputes/.

俄罗斯于 2015 年批准了两项联邦立法草案：《俄罗斯联邦仲裁法》（Law on Arbitration in the Russian Federation）和《俄罗斯联邦商事诉讼法修正案》（Law on Amendments to the RF State Commercial Procedure Code）。这两项立法草案明确将公司法争议分为 3 种：当然不可仲裁、附条件可仲裁和可仲裁且同时豁免适用共同签署仲裁协议和特别规则。① 俄罗斯规定的当然不可仲裁的公司争议主要是从公共政策角度出发，包括：（1）有限责任公司的股份交易的公证活动；（2）政府否定决定的异议，比如拒绝公司注册；（3）涉机场或领头大众媒体等具有战略意义公司的争议，特别是对其收购等有法定的先决条件的公司；（4）召开股东大会；（5）非上市股份公司回购股份；（6）将股东逐出公司；（7）上市公司的收购等其他争议。② 附条件可仲裁公司争议要求满足 4 个条件：（1）仲裁地在俄罗斯；（2）由仲裁机构进行仲裁；（3）仲裁协议由全体股东和公司共同签署；（4）管理仲裁案件的仲裁机构有专门针对公司争议的特殊规则。相应地，俄罗斯工商总会国际商事仲裁院（ICAC）于 2017 年颁布了专门适用于公司争议的仲裁规则。③

公司法争议早期在美国多被认为是公司内部事务而不适合法律解

---

① See Rustem Karimullin, "The Reform of the Russian Arbitration Law: The Arbitrability of Corporate Disputes", Kluwer Arbitration Blog（October 21, 2015）, http://arbitrationblog.kluwerarbitration.com/2015/10/21/the-reform-of-the-russian-arbitration-law-the-arbitrability-of-corporate-disputes/.

② See Rustem Karimullin, "The Reform of the Russian Arbitration Law: The Arbitrability of Corporate Disputes", Kluwer Arbitration Blog（October 21, 2015）, http://arbitrationblog.kluwerarbitration.com/2015/10/21/the-reform-of-the-russian-arbitration-law-the-arbitrability-of-corporate-disputes/.

③ 该套规则针对仲裁裁决的既判力以及多方当事人仲裁做了专门规定，比如仲裁裁决对所有股东有效的规则以及仲裁程序合并的规则等。See Rustem Karimullin, "The 2017 ICAC Corporate Dispute Arbitration Rules: Collective Redress in Action", Kluwer Arbitration Blog（February 27, 2017）, http://arbitrationblog.kluwerarbitration.com/2017/02/27/2017-icac-corporate-dispute-arbitration-rules-collective-redress-action/.

决或者不属于争议,也就不具有可仲裁性。① 《联邦仲裁法》的颁布扩大了可仲裁性争议事项的范围,大量涉及公司内部事务的公司法争议也被纳入《联邦仲裁法》规制的范围,具有可仲裁性。② 英国一直承认公司法争议的可仲裁性,1996 年《英国仲裁法》和 2006 年《英国公司法》均没有规定排除通过仲裁解决公司法争议。法院在 Fulham Football Club (1987) Ltd v. Richards 案中也对此类争议事项的可仲裁性给予了肯定(参见第三章)。③ 加拿大、新加坡、奥地利等国也都承认公司法争议的可仲裁性。④

三 小结

世界上大多数国家及地区均认可大部分类型的公司法争议具有可仲裁性,但是,公司解散、股东会决议等涉及法律强制规定或会对第三人产生影响的公司法争议类型是否具有可仲裁性,世界各国有不同的规定。在大部分重视仲裁制度发展,以支持仲裁发展为政策的国家,极少会限制公司法争议的可仲裁性,大多从仲裁程序或仲裁裁决的既判力角度做特殊规定,以维护第三者的合法权益。总体来说,仲

---

① See Application of Burkin, 1 N. Y. 2d 570, 136 N. E. 2d 862 (1956) (The court of appeals of New York held that the removal of a director of a corporation for misconduct is not the subject of an action, and therefore is not arbitrable). See also Gary B. Born, *International Commercial Arbitration*, The Netherlands: Kluwer Law International, 2021, pp. 1120 – 1121.

② See Application of Herrero, 168 A. D. 2d 343, 562 N. Y. S. 2d 665 (1990) (The court held that arbitration clause in shareholders' agreement, requiring arbitration of "any and all controversies in connection with or arising out of" agreement, was sufficiently broad to include dispute arising when shareholders voted to remove plaintiff from office and attempted to purchase his shares at valuation allegedly set forth in shareholder agreement). See also Gary B. Born, *International Commercial Arbitration*, The Netherlands: Kluwer Law International, 2021, pp. 1120 – 1121.

③ See Fulham Football Club (1987) Ltd v. Richards [2011] EWCA Civ 855 (English Ct. App.).

④ See Gary B. Born, *International Commercial Arbitration*, The Netherlands: Kluwer Law International, 2021, p. 1122.

裁制度的发展趋势是承认公司法争议的可仲裁性，并从仲裁规则、仲裁程序等方面加以完善该类仲裁制度。①

第五节　其他争议的可仲裁性问题

随着仲裁的不断发展扩大，越来越多的领域开始引入仲裁作为一种替代争议解决方式，是否具有可仲裁性往往是此类争议在仲裁中遇到的第一个问题，本部分选取了除上文论述以外的几类在我国或在国际上就可仲裁性问题上存在较大分歧的争议事项，就其可仲裁性问题进行简单的论述。

一　医疗纠纷的可仲裁性问题

医疗纠纷的可仲裁性在世界各国并没有受到多少质疑，医疗纠纷仲裁甚至是各国为缓解紧张的医患关系和减少大量医疗纠纷的重要手段。

美国医疗纠纷仲裁制度是其医疗纠纷解决机制的重要组成部分，20世纪70年代，美国发生了第一次医疗行业危机，医疗纠纷仲裁应运而生。② 医疗纠纷仲裁在美国得到了从联邦到各州的支持。42个州通过立法或者判例明确确认了医疗纠纷仲裁，其中有19个州颁布了

---

① 有学者指出当下就公司法争议仲裁的争论已从是否具有可仲裁性转移到该类争议事项仲裁程序的规制上了。See Cem Veziroglu & Abdurrahman Kayiklik, "Arbitration of Corporate Law Disputes in Turkey: Is the Tide Turning?", Kluwer Arbitration Blog (February 4, 2022), http://arbitrationblog.kluwerarbitration.com/2022/02/04/arbitration-of-corporate-law-disputes-in-turkey-is-the-tide-turning/.

② 美国分别在20世纪70年代、80年代以及21世纪初遭受了三次严重的医疗行业危机。每一次行业危机都诞生了新的医疗纠纷仲裁特别立法。

第四章 可仲裁性问题判断标准的具体应用

医疗纠纷仲裁特别法,[①] 9 个州立法明确允许通过仲裁解决医疗纠纷,[②] 14 个州在判例法中支持了医疗纠纷仲裁。[③] 尽管有 7 个州既无明确立法,也无判例法,属于灰色地带,是否允许通过仲裁解决医疗纠纷有待进一步明确,[④] 但考虑到美国宽松的可仲裁性认定标准以及《联邦仲裁法》的优先适用,[⑤] 这 7 个州认定医疗纠纷不具有可仲裁性的可能几乎没有。值得注意的是,美国确有 2 个州禁止医疗纠纷仲裁,[⑥] 但是,《联邦仲裁法》的优先适用限制了这 2 个州规定的适用。[⑦]

德国、法国、韩国、墨西哥等国家也都认可医疗纠纷的可仲裁

[①] 这 19 个州是:亚拉巴马州、加利福尼亚州、路易斯安那州、密歇根州、俄亥俄州、佛蒙特州、阿拉斯加州、伊利诺伊州、南达科他州、弗吉尼亚州、马里兰州、乔治亚州、佛罗里达州、犹他州、纽约州、科罗拉多州、德克萨斯州、华盛顿州和北卡罗来纳州。See Ala. Code 1975 §6-5-485, West's Ann. Cal. C. C. P. §1295, LSA-R. S. 9-4230 et seq., See M. C. L. A. 600. 2912b, M. C. L. A. 600. 2912g, R. C. § 2711. 21 et seq., 12 V. S. A. § 7001 et seq., AS §09. 55. 535, AS §09. 55. 536., 710 ILCS 15/1 et seq., S D C L § 21-25B-1 et seq., VA Code Ann. § 8. 01-581. 2, VA Code Ann. § 8. 01-581. 12, MD Code, Courts and Judicial Proceedings, §3-2A-01 et seq., Ga. Code Ann §9-9-60 et seq., West's F. S. A. §766. 107, West's F. S. A. §766. 207 et seq., U. C. A. 1953 § 78B-3-420., McKinney's CPLR § 7550 et seq., McKinney's CPLR § 3045, McKinney's Public Health Law § 4406-a, C. R. S. A. §13-64-403, V. T. C. A., Civil Practice & Remedies Code § 74. 451, West's RCWA 7. 70A. 010 et seq., N. C. G. S. A. § 90-21. 60 et seq.

[②] 这 9 个州是:康涅狄克州、特拉华州、夏威夷州、明尼苏达州、蒙大拿州、新泽西州、北达科他州、俄勒冈州和南卡罗来纳州。

[③] 该 14 个州是:亚利桑那州、阿肯色州、哥伦比亚特区、印第安纳州、爱荷华州、肯塔基州、马萨诸塞州、密西西比州、密苏里州、内布拉斯加州、新墨西哥州、宾夕法尼亚州、田纳西州和威斯康星州。

[④] 这 7 个州是:内华达州、爱达荷州、缅因州、新罕布什尔州、罗得岛州、西弗吉尼亚州和怀俄明州。

[⑤] 当各州的法律规定不利于医疗纠纷仲裁时,最高法院在一系列案例中明确要求优先适用《联邦仲裁法》。See Moses H. Cone Memorial Hospital v. Mercury Construction Corporation, 460 U. S. 1, 24 (1983), Southland Corp. v. Keating, 465 U. S. 1, 18 (1984), AT&T Mobility v. Concepcion, 563 U. S. 333, 341 (2011).

[⑥] 这 2 个州是俄克拉荷马州和堪萨斯州。俄克拉荷马州在其《疗养院法》(*Nursing Home Care Act*) 中规定,任何要求疗养院居民或其法定代表人放弃诉讼权利的条款是无效的。值得注意的是,该规定并没有否定医疗纠纷的可仲裁性。See 63 Okl. St. Ann. § 1-1939. 堪萨斯州在其一般仲裁法中排除了人身伤害和侵权纠纷的可仲裁性。医疗纠纷属于侵权纠纷,一般也涉及人身伤害。See K. S. A. 5-401.

[⑦] See Marmet Health Care Center, Inc. v. Brown, 565 U. S. 530 (2012). 最高法院判定西弗吉尼亚州禁止纠纷前就人身伤害、过失致死签订仲裁协议的规定不适用,应适用《联邦仲裁法》。

性，并将其运用于本国的医疗纠纷解决机制中。1975年12月，德国巴伐利亚州医师协会首先成立"解决医师损害赔偿责任的医师会仲裁所"，开始了医疗纠纷仲裁的实践。随后，德国各州的医师协会纷纷成立仲裁所解决医疗纠纷。[①] 法国于2002年依据《关于患者的权利及保险卫生制度之质量的法律》在各地成立了地方"医疗事故损害仲裁委员会"，允许通过仲裁解决医疗纠纷。[②] 韩国国会在2011年通过《关于医疗事故损害救助及医疗纠纷调解等的法律》，旨在规定医疗纠纷的调解及仲裁等相关事项。2012年，韩国设立了"医疗纠纷调解仲裁院"，鼓励通过调解、仲裁等方式解决医疗纠纷。[③] 墨西哥于1996年在卫生部下设立"医疗仲裁国家委员会"，将医疗纠纷仲裁囊括在其医疗纠纷解决机制中。[④]

二 体育争议的可仲裁性问题

体育运动的商业化和社会化的不断加强，导致体育纠纷不断增多。[⑤] 体育事项的即时性与诉讼的耗时性和对抗性在本质上的不相容又使得诉讼无法很好地解决体育争议，[⑥] 体育仲裁随之而生。1984年，国际奥林匹克委员会在瑞士设立体育仲裁院（the Court of Arbitration for

---

[①] 参见陶建国《德国、法国医疗纠纷诉讼外解决机制及启示》，《中国卫生法制》2010年第4期。See also Anne-Maree Farell, "The Law of Medical Negligence in England and Germany", 17 *Med. L. Rev.* 497, 2009, p. 501.

[②] 参见陶建国《德国、法国医疗纠纷诉讼外解决机制及启示》，《中国卫生法制》2010年第4期。

[③] 参见刘兰秋《韩国医疗调解纠纷立法及对我国的启示》，《证据科学》2014年第4期。

[④] See Carlos Tena-Tamayo and Julio Sotelo, "Malpractice in Mexico: arbitration not litigation", *The BMJ*, Vol. 331, 2005, pp. 448 – 449.

[⑤] See Anthony T. Polvino, "Arbitration as Preventative Medicine for Olympic Ailments: The International Olympic Committee's Court of Arbitration for Sport and the Future for the Settlement of International Sporting Disputes", *Emory International Law Review*, Vol. 8, No. 1, Spring 1994, p. 348.

[⑥] See Darren Kane, "Twenty Years on: An Evaluation of Court of Arbitration for Sport", *Melbourne Journal of International Law*, Vol. 4, No. 2, October 2003, p. 612.

Sport，以下简称"CAS"），其主要职能之一即为用仲裁程序来解决体育争议。① 截至2020年，CAS已受理了7869件包括违纪惩罚在内的仲裁案件。②

体育争议不仅仅包括运动员与体育行业组织之间因违纪惩罚而产生的争议，也包括因运动员转会产生的或者发生在运动员与赞助商之间的商事性质的争议。③ 一般来讲，商事性质的体育争议不存在可仲裁性问题，但是，违纪惩罚审查由于在功能上与刑法类似，④ 其可仲裁性常常因为公共政策而存有争议。⑤

世界上大多数国家承认包括违纪惩罚在内的体育争议的可仲裁性。尽管瑞士就是否认可违纪惩罚争议的可仲裁性存在争议，⑥ 瑞士最高法院在其判决中直接肯定了体育争议的可仲裁性，判定任何涉专业运动员的争议都是具有经济利益的，因此，包括因违纪惩罚在内的所有体育争议都具有可仲裁性。⑦ 美国也承认体育争议的可仲裁性，美国国家奥委会（United States Olympic Committee，以下简称"USOC"）在其章程中规定由美国仲裁协会（American Arbitration Association，以下

---

① See Richard W. Pound, "Sports Arbitration: How it Works and Why it Works", *McGill Journal of Dispute Resolution*, Vol. 1, No. 2, 2015, p. 79.

② See Court of Arbitration for Sport, "Statistics 1986 – 2020", https://www.tas-cas.org/fileadmin/user_upload/CAS_statistics_2020.pdf.

③ See Jan Paulsson, "Arbitration of International Sports Disputes", *Entertainment and Sports Lawyer*, Vol. 11, No. 4, Winter 1994, p. 12.

④ See Antonio Rigozzi, "Challenging Awards of the Court of Arbitration for Sport", *Journal of International Dispute Settlement*, Vol. 1, No. 1, February 2010, p. 243, stating that disciplinary proceedings are functionally similar to criminal law.

⑤ See Rosmarjin van Kleef, "Reviewing Disciplinary Sanctions in Sports", *Cambridge Journal of International and Comparative Law*, Vol. 4, No. 1, 2015, p. 18.

⑥ See Rosmarjin van Kleef, "Reviewing Disciplinary Sanctions in Sports", *Cambridge Journal of International and Comparative Law*, Vol. 4, No. 1, 2015, p. 18.

⑦ See Decision 4P. 230/2000 of February 2001 at 1, ASA Bull (2001) 523, at 526, cited in Antonio Rigozzi, "Challenging Awards of the Court of Arbitration for Sport", *Journal of International Dispute Settlement*, Vol. 1, No. 1, February 2010, p. 243.

简称"AAA")通过仲裁解决体育争议。① 英国在 *Stretford v. The Football Association Ltd. & Another*(*CA*)案中再次强调了涉公共政策并不影响争议的可仲裁性,承认体育争议具有可仲裁性。② 体育争议的可仲裁性在德国也得到了承认。③ 但是,体育争议,特别是涉违纪惩罚的体育争议在荷兰是否具有可仲裁性并不明确。荷兰最高法院亦曾明确判定撤销法人决定的申请不具有可仲裁性,这里所指的法人明确包括体育协会。④

三 自然资源争议的可仲裁性问题

涉自然资源争议的可仲裁性问题常见于一些自然资源开发、利用项目的合同争议中,由于自然资源与一国主权有密切联系,此类争议事项是否具有可仲裁性存在一定的争议。

仲裁庭在裁定此类争议时,一般会区分主权问题本身和一国行使主权所做商业决定。如果是商业决定,则承认其具有可仲裁性;如果是主权问题本身,则不具有可仲裁性。⑤ 世界上的主要发达国家一般

---

① See 36 U. S. C. A. § 220529, A party aggrieved by a determination of the corporation under section 220527 [amateur sports organization or person that belongs to or is eligible to belong to a national governing body] or 220528 [amateur sports organization] of this title may obtain review by any regional office of the American Arbitration Association.

② See Stretford v. Football Association Ltd. &Another (CA) [2007] EWCA Civ. 238, cited in Rosmarjin van Kleef, "Reviewing Disciplinary Sanctions in Sports", *Cambridge Journal of International and Comparative Law*, Vol. 4, No. 1, 2015, p. 18.

③ See Rosmarjin van Kleef, "Reviewing Disciplinary Sanctions in Sports", *Cambridge Journal of International and Comparative Law*, Vol. 4, No. 1, 2015, p. 18.

④ See Rosmarjin van Kleef, "Reviewing Disciplinary Sanctions in Sports", *Cambridge Journal of International and Comparative Law*, Vol. 4, No. 1, 2015, pp. 18 – 19.

⑤ See Nigel Blackaby, Constantine Partasides, et al., *Redfern and Hunter on International Arbitration*, New York: Oxford University Press, 2015, p. 123. See also, Award of 1982, Company Z and ors (Republic of Xandu) v. State Organisation ABC (Republic of Utopian) (1993) VIII YBCA 93, at 123 – 124,(仲裁庭在该案中区分了国家所做的停止利用自然资源的决定和该决定引起的经济损失,前者是主权问题本身,不具有可仲裁性,后者是与争议合同相关的,具有可仲裁性。), discussed in Nigel Blackaby, Constantine Partasides, et al., *Redfern and Hunter on International Arbitration*, New York: Oxford University Press, 2015, pp. 123 – 124.

都承认此类争议的可仲裁性。美国的《外国主权豁免法》（Foreign Sovereign Immunities Act）专门规定了包括自然资源在内的针对他国的争议的仲裁裁决的承认与执行。《欧洲国家豁免公约》（European Convention on State Immunity）[①]以及欧洲一些国家的立法也都承认针对他国所作出的仲裁裁决，其中也包括涉自然资源的争议。[②]巴西一直认可自然资源争议的可仲裁性。2017 年，巴西高等司法法院（Brazilian Superior Court of Justice）在 *Petroleo Brasileiro S. A. v. Tribunal Regional Federal da 2 Região* 案中再次确认涉自然资源的争议具有可仲裁性。该案中，巴西石油公司（Petrobras）与 ANP 公司签订了开采石油及天然气的特许经营合同（concession agreement），双方因油田的位置及划分产生争议，巴西石油公司提起仲裁。ANP 公司则以油田的划分涉联邦政府的监管权，争议事项不具有可仲裁性为由向法院申请终止仲裁程序。法院最终认定争议事项具有可仲裁性。[③]

在大多数发展中国家，仲裁曾被认为是被西方国家主导的，是一种资本输出，仲裁员则是代表西方国家的，并不了解发展中国家的需求和公共政策，因此，发展中国家对仲裁这种争议解决方式持怀疑态度，[④]对于涉自然资源这种与主权利益密切相连的争议，一般认定其

[①] See European Convention on State Immunity, Art. 12（1）, Where a Contracting State has agreed in writing to submit to arbitration a dispute which has arisen or may arise out of a civil or commercial matter, that State may not claim immunity from the jurisdiction of a court of another Contracting State on the territory or according to the law of which the arbitration has taken or will take place in respect of any proceedings relating to: (a) the validity or interpretation of the arbitration agreement; (b) the arbitration procedure; (c) the setting aside of the award, unless the arbitration agreement otherwise provides.

[②] See Gary B. Born, *International Commercial Arbitration*, The Netherlands: Kluwer Law International, 2021, p. 1118.

[③] See Gloria Maria Alvarez, Melanie Riofrio Piche, et al. eds., *International Arbitration in Latin America: Energy and Natural Resources Disputes*, The Netherlands: Kluwer Law International, 2021, pp. 272 – 273.

[④] See M. Sornarajah, "The UNCITRAL Model Law: A Third World Viewpoint", *Journal of International Arbitration*, Vol. 6, No. 4, 1989, p. 16.

不具有可仲裁性。① 近年来，这种观点发生了改变，许多发展中国家也开始认可涉自然资源争议的可仲裁性。②

四 婚姻、家庭、继承争议的可仲裁性问题

世界各国就婚姻、家庭、继承争议的可仲裁性基本持统一态度，即不具有可仲裁性。这是因为，此类纠纷的共同点在于其均涉及对当事人身份的认定，此种身份的认定或者基于血缘关系，比如，抚养、监护、继承，或者基于当事人长期相处而发展出的紧密联系，比如，婚姻和收养，当事人对其没有处分权。但是，许多国家承认此类争议中所涉及的经济利益相关争议的可仲裁性。根据瑞士法，夫妻共同财产的分割、赡养费争议等均具有可仲裁性。③ 美国在此类争议的可仲裁性问题上，再次体现了其支持仲裁发展的态度。辛辛那提市已经允许通过仲裁解决婚姻解除争议，但是子女抚养、探视、监护权等争议不能通过仲裁解决。④

---

① See Gary B. Born, *International Commercial Arbitration*, The Netherlands: Kluwer Law International, 2021, pp. 1117 – 1118.

② See Gary B. Born, *International Commercial Arbitration*, The Netherlands: Kluwer Law International, 2021, pp. 1118 – 1119.

③ See Bernhard BerGer and Franz Kellerhals, *International and Domestic Arbitration in Switzerland*, Switzerland: Stämpfli Publications Ltd., 2015, p. 73. 尽管瑞士法承认婚姻、家庭、继承等争议中涉经济利益部分争议的可仲裁性，但是瑞士法在此区别可仲裁性问题和执行问题，只有在此类争议中关于身份认定部分的争议生效后，涉经济利益部分争议的仲裁结果才可以执行。

④ See C. G. S. A. §52 – 408..., or an agreement in writing between two or more persons to submit to arbitration any controversy existing between them at the time of the agreement to submit, or an agreement in writing between the parties to a marriage to submit to arbitration any controversy between them with respect to the dissolution of their marriage, except issues related to child support, visitation and custody, shall be valid, irrevocable and enforceable, except when there exists sufficient cause at law or in equity for the avoidance of written contracts generally.

第六节 本章小结

本章选取了长久以来在理论界和实务界就可仲裁性问题存在较大争议的典型纠纷，结合可仲裁性问题的不同判断标准，就其在国内仲裁以及国际仲裁中的可仲裁性进行分析，得出以下结论性认识：

第一，某些争议事项之所以在可仲裁性问题上存疑，主要是由于：（1）争议的解决有一国公权力的参与。比如，知识产权争议和破产程序争议，大多数国家都规定有专门的行政机关或者法院来处理此类争议。（2）争议的结果可能会对第三人有影响，甚至产生一种对世效力。知识产权有效性争议仲裁被认为会影响当事人以外的第三人就该知识产权有效性的认定；公司法争议被认为会影响其他未参加仲裁的股东的权利。（3）争议本身过于复杂且有公共政策的烙印。反垄断争议、破产程序争议本身非常复杂，而且关涉着一国公共利益，往往被认为过于重要而不能交由私人属性的仲裁庭解决。可见，各国之所以对某类争议事项的可仲裁性存疑，并非是考虑该争议事项是否是商事类争议、是否涉经济利益、当事人是否对其具有可处分性，而是考虑一国公共政策，公共政策在可仲裁性问题的判断中起决定性作用。

第二，当争议事项是由于有专门的国家公权力机关参与而在可仲裁性问题上存疑时，公权力机关的参与本身并不构成否定其可仲裁性的理由。知识产权有效性争议和破产程序争议中公权力机关的参与并不是导致其可仲裁性存疑的直接理由。知识产权有效性争议可仲裁性存疑更多的是由于其裁决结果可能带来的对世效力；破产程序则更多的是由于其与仲裁程序本身所存在的冲突。

第三，在争议事项的仲裁裁决结果可能会对第三人产生影响而被质疑可仲裁性时，有的国家采取了一些弥补手段以保证此类争议事项的可仲裁性。就知识产权有效性争议而言，美国、德国等在专门立法中严格限制了其裁决的效力，将其限制在仲裁当事人之间；瑞士则直接在立法中赋予了其对世效力。[①] 就公司法争议而言，德国、波兰、瑞士等国并未限制其可仲裁性，而是在仲裁程序和仲裁规则的制定中针对公司法争议的特殊性设置特殊规定以避免公司法争议仲裁可能导致的问题。[②]

第四，当争议事项是由于公共政策的色彩过于浓厚而被怀疑其可仲裁性时，随着一国公共政策的变化，此类争议事项的可仲裁性也会发生变化。反垄断争议就是典型代表。起初，世界各国均不承认反垄断争议的可仲裁性，但是随着各国公共政策的变化，其可仲裁性也在各国得到了认可。

总而言之，在可仲裁性问题中一国公共政策是导致某一争议事项可仲裁性存疑的主要因素。然而，单从可仲裁性判断标准的其他因素（商事性、经济利益、可处分性）来看，如果某一争议事项符合这些判断因素的标准，公共政策的担忧事实上可以通过其他方式来弥补，并不一定就直接导致该争议事项不具有可仲裁性。公共政策的不断变化也使得以公共政策为可仲裁性问题的主要判断标准缺乏准确性、稳定性和可预测性。伴随着全球化、国际贸易的发展，国际上对仲裁制度整体呈支持的态度，可仲裁性的限制逐渐缩小，越来越多的争议事项可以通过仲裁解决。可仲裁性问题的判断还是应该回归到争议事项的商事性、经济利益或者可处分性上。

---

① 笔者以为，从仲裁本身的性质来看，其裁决仅对双方当事人有约束力，并不会对当事人以外的第三人产生影响。知识产权有效性的仲裁之所以会有影响第三人的担忧，主要是由于知识产权这种权利本身有一种对世效力，就算是不在立法中明确规定知识产权有效性争议的仲裁裁决仅对双方当事人有约束力，仲裁本身的性质也会限制其影响范围。

② 笔者赞同此种做法，与其在此类争议事项的可仲裁性上做限制，不如设计一个中立、高效专门针对此类争议事项的仲裁程序及仲裁规则，以避免此类争议事项仲裁可能产生的问题。

第五章 我国可仲裁性问题研究

可仲裁性问题在整个仲裁制度中有重要作用,其代表的是一个国家对仲裁这种私人的争议解决方式的态度。我国早期的仲裁制度仅适用于个别领域的纠纷,也没有可仲裁性问题的系统的规定。直到 1995 年《仲裁法》的实施,才第一次有了关于可仲裁性问题的系统规定。但是该法反映的是当时的国情与时代特征,对可仲裁性判断标准的规定偏严格,其解释和适用也并不明确。现在据《仲裁法》的颁布已经过去 27 年,当时的规定俨然已经不再适用。2021 年 7 月 30 日,《中华人民共和国仲裁法(修订)(征求意见稿)》[以下简称"《仲裁法(征求意见稿)》"]发布,对可仲裁性问题的规定亦做了修改。本部分将在前述研究的基础上,从我国仲裁的立法体制出发,系统地研究我国可仲裁性问题,指出现行规定中存在的问题,并给出完善建议。

第一节 我国可仲裁性问题的立法现状

可仲裁性问题关系着整个仲裁制度,因此,研究可仲裁性问题有必要从头谈起。本部分从我国仲裁的类型及立法体制出发,研究我国可仲裁性问题的现行规定及具体适用。

一　我国仲裁的类型

一般来讲，我国仲裁有三种类型：国内仲裁、涉外仲裁和外国仲裁，① 其中涉外仲裁和外国仲裁构成了国际上通说的国际仲裁。② 国内仲裁是指包括当事人、争议的法律事实、标的物所在地的所有因素都在中国境内，且仲裁程序在中国国内进行的仲裁。③ 涉外仲裁是指在中国境内进行的具有"涉外因素"④的仲裁。何为外国仲裁，在我国存有争议，大体有三种确定标准。第一，仲裁机构所在地标准。有学者认为根据《中华人民共和国民事诉讼法（2021年修订）》（以下简称《民事诉讼法》）第二百九十条，《民事诉讼法》中所指的外国仲裁是由外国仲裁机构作出的。⑤ 最高人民法院在《最高人民法院关于不予执行国际商会仲裁院10334/AMW/BWD/TE最终裁决一案的请示的复函》中所作解释亦表明最高人民法院也采《民事诉讼法》的说法，将外国仲裁定义为由外国仲裁机构作出的仲裁。⑥ 该复函中指出国际商会国际仲裁院在香港就山西天利实业有限公司与伟贸国际

---

① See Lu Song, "National Report for China (2020 through 2021)", in Lise Bosman ed., *ICCA International Handbook on Commercial Arbitration*, The Netherlands: Kluwer Law International, 2021, pp. 1-2.
② 参见肖建国主编《仲裁法学》，高等教育出版社2021年版，第16页。文中指出"涉外仲裁属于国际仲裁，除此之外，国际仲裁还包括外国仲裁"。
③ 参见樊堃《仲裁在中国：法律与文化分析》，法律出版社2017年版，第24页。
④ 根据《最高人民法院关于适用〈中华人民共和国涉外民事关系法律适用法〉若干问题的解释（一）》第一条规定："民事关系具有下列情形之一的，人民法院可以认定为涉外民事关系：（一）当事人一方或双方是外国公民、外国法人或者其他组织、无国籍人；（二）当事人一方或双方的经常居所地在中华人民共和国领域外；（三）标的物在中华人民共和国领域外；（四）产生、变更或者消灭民事关系的法律事实发生在中华人民共和国领域外；（五）可以认定为涉外民事关系的其他情形。"
⑤ 参见《民事诉讼法》（2021年修订）第二百九十条，国外仲裁机构的裁决，需要中华人民共和国人民法院承认和执行地，应当由当事人直接向被执行人住所地或者其财产所在地的中级人民法院申请，人民法院应当依照中华人民共和国缔结或者参加的国际条约，或者按照互惠原则办理。
⑥ 樊堃：《仲裁在中国：法律与文化分析》，法律出版社2017年版，第24—25页。

（香港）有限公司之间争议所作的裁决，由于国际商会国际仲裁院是在法国设立的仲裁机构，因此其所作裁决的承认与执行应按照外国裁决适用《纽约公约》。① 最高人民法院发布的《关于人民法院处理与涉外仲裁及外国仲裁事项有关问题的通知（2008年修订）》的规定中亦是以仲裁机构来确定外国仲裁。② 第二，裁决作出地标准。全国人民代表大会常务委员会（以下简称"全国人大"）《关于我国加入〈承认及执行外国仲裁裁决公约〉的决定》中，明确声明我国只在互惠的基础上对在另一缔约国领土内作出的仲裁裁决的承认和执行适用该公约。③ 可见，全国人大就加入《纽约公约》所作的决定中确定的判定标准是地域标准，即仲裁裁决的作出地。第三，仲裁地标准。我国学者则大多以仲裁地作为判定标准，认为外国仲裁是仲裁地在外国的仲裁。④

外国仲裁机构在中国作出的仲裁应如何定性是争议最为突出的。我国早期的司法实践中大多以仲裁机构所在地作为确定标准。有学者认为法院之所以将此类仲裁裁决认定为外国仲裁裁决，而非涉外仲裁裁决，是因为若认定为涉外仲裁裁决，就变相认同了外国仲裁机构在中国管理仲裁的行为，而这是与我国的政策相反的。⑤ 2009年，宁波

---

① 参见万鄂湘主编《涉外商事海事审判指导》（第9辑），人民法院出版社2005年版，第59—60页。
② 参见《关于人民法院处理与涉外仲裁及外国仲裁事项有关问题的通知（2008年修订）》第二条。该条文将仲裁裁决区分为我国涉外仲裁机构作出的和外国仲裁机构作出的。
③ 参见全国人大《关于我国加入〈承认及执行外国仲裁裁决公约〉的决定》，中华人民共和国加入《承认及执行外国仲裁裁决公约》，并同时声明：（一）中华人民共和国只在互惠的基础上对在另一缔约国领土内作出的仲裁裁决的承认和执行适用该公约。
④ See Lu Song, "National Report for China（2020 through 2021）", in Lise Bosman ed., *ICCA International Handbook on Commercial Arbitration*, The Netherlands：Kluwer Law International, 2021, p. 2. 又见高晓力《中国法院承认和执行外国仲裁裁决的积极实践》，《法律适用》2018年第5期。
⑤ See Lu Song, "National Report for China（2020 through 2021）", in Lise Bosman ed., *ICCA International Handbook on Commercial Arbitration*, The Netherlands：Kluwer Law International, 2021, p. 2.

市中级人民法院在 DUFERCOS. A（德高钢铁公司）申请承认与执行 ICC 第 14006/MS/JB/JEM 号仲裁裁决案（以下简称"德高钢铁公司案"）中，认定国际商会仲裁院在北京作出的裁决为非内国仲裁裁决。① 但若从仲裁地来看，该仲裁应属于中国涉外仲裁。笔者以为，之所以会出现这样的冲突，主要原因在于我国现行《仲裁法》等相关法律中并未明确仲裁地这一概念。随着我国近年来对仲裁地制度的逐步认可，司法实践中对外国仲裁的认定亦发生了变化。2020 年，在布兰特伍德工业有限公司 [Brentwood Industries, Inc. (U.S.A.)]、广东阀安龙机械成套设备工程有限公司申请承认与执行法院判决、仲裁裁决案（以下简称"布兰特伍德案"）中，涉案仲裁裁决为国际商会国际仲裁院在广州作出的裁决。广东省广州市中级人民法院认为该仲裁裁决属外国仲裁机构在中国内地作出的，可以视为中国涉外仲裁裁决。② 可见，我国法院对外国仲裁的认定标准已发生了变化，不再单纯以作出裁决的仲裁机构所在地为判断标准，而是开始考量涉案仲裁的仲裁地。③

二　我国仲裁的立法体制

我国的仲裁制度始建于 20 世纪初，1912 年颁布的《商事公断处

---

① 宁波市中级人民法院在该案中并未就案涉仲裁到底属于国内仲裁、涉外仲裁还是外国仲裁作出认定，仅根据《纽约公约》第 1 条，将其认定为"非内国仲裁裁决"。参见 DUFERCOS. A（德高钢铁公司）申请承认与执行 ICC 第 14006/MS/JB/JEM 号仲裁裁决案，(2008) 甬仲监字第 4 号。

② 参见布兰特伍德工业有限公司 [Brentwood Industries, Inc. (U.S.A.)]、广东阀安龙机械成套设备工程有限公司申请承认与执行法院判决、仲裁裁决案，(2015) 穗中法民四初字第 62 号。

③ 2021 年 7 月司法部发布的《仲裁法（征求意见稿）》中新增了"仲裁地"的规定，得到多数学者的认可，认为引入"仲裁地"可以弥补现有立法的不足，缓解司法实践中的困难，同时对提升我国仲裁制度的国际化，增强我国仲裁制度的吸引力有重要作用。参见毛晓飞《法律实证研究视角下的仲裁法修订：共识与差异》，《国际法研究》2021 年第 6 期；刘晓红、冯硕《对〈仲裁法〉修订的"三点"思考——以〈仲裁法（修订）（征求意见稿）〉为参照》，《社会科学文摘》2021 年第 11 期。

第五章 我国可仲裁性问题研究

章程》被认为是我国第一个关于仲裁的专门规定。[①] 在革命根据地时期和解放区时期，我国也有有关仲裁的法律制度。[②] 新中国成立后，国内仲裁主要被用于解决经济合同纠纷，[③] 由依附于政府行政机构的国内仲裁机构管理，[④] 1982 年颁布的《中华人民共和国经济合同法》（以下简称《经济合同法》）是当时我国国内仲裁制度的法律基础；[⑤] 涉外仲裁是为了实现我国 1950 年同苏联签订的《由中华人民共和国向苏维埃社会主义共和国联盟和由苏维埃社会主义共和国联盟向中华人民共和国交货共同条件》（以下简称《共同条件》）的安排而产生的，[⑥] 主要用于解决对外贸易合同中的纠纷和海事纠纷，由对外贸易仲裁委员会（现名为中国国际经济贸易仲裁委员会，以下简称"CIETAC"）和海事仲裁委员会管理。[⑦] 伴随着经济合同纠纷仲裁的发展，从 20 世纪 80 年代开始，我国确立了许多新的商事交易形式，相

---

① 参见乔欣《仲裁法学》，清华大学出版社 2020 年版，第 3 页。
② 比如，1933 年颁布的《中华苏维埃共和国劳动法》确立了劳动仲裁的法律制度，1943 年晋察冀边区行政委员会公布的《晋察冀边区租佃债息条例》中也有关于仲裁的规定。参见乔欣《仲裁法学》，清华大学出版社 2020 年版，第 3 页。
③ 我国在 20 世纪五六十年代初出台了许多规定，要求经济合同纠纷强制适用仲裁，比如，1952 年国家经济委员会发布的《国家经济委员会关于各级经济委员会对由国有工业企业间拖欠支付贷款产生的争议进行仲裁的意见（草案）》，1961 年 9 月国务院公布的《国营工业企业工作条例（草案）》，1962 年国务院发布的《关于严格执行基本建设程序，严格执行经济合同的通知》。参见樊堃《仲裁在中国：法律与文化分析》，法律出版社 2017 年版，第 19 页。
④ 1983 年，《中华人民共和国经济合同仲裁条例》颁布，规定由国家工商行政管理局和地方各级工商行政管理局设立的经济合同仲裁委员会管理经济合同仲裁。参见樊堃《仲裁在中国：法律与文化分析》，法律出版社 2017 年版，第 19 页。
⑤ 参见樊堃《仲裁在中国：法律与文化分析》，法律出版社 2017 年版，第 19 页。
⑥ 该《共同条件》规定："与合同或合同有关的一切争执，如果双方通过谈判或信函未能解决，不应由一般法庭管辖，而应通过仲裁解决，办法如下：如果被诉方是中华人民共和国的外贸企业和组织，则由设在北京的中国国际贸易促进委员会中国国际经济贸易仲裁委员会根据该委员会的规则进行仲裁；如果被诉方是苏维埃社会主义共和国联盟的企业和组织，则由设在莫斯科的苏联工商会仲裁庭根据该庭的条例进行仲裁。"参见樊堃《仲裁在中国：法律与文化分析》，法律出版社 2017 年版，第 20 页。
⑦ 参见樊堃《仲裁在中国：法律与文化分析》，法律出版社 2017 年版，第 20 页；乔欣《仲裁法学》，清华大学出版社 2020 年版，第 3—4 页。

继出现了许多新的仲裁类型。①

此时的仲裁制度，国内仲裁行政色彩浓厚。仲裁机构依附于行政机关，没有独立性，仲裁申请非当事人自愿达成，而是来自行政法规的规定；② 仲裁裁决也不具有终局性，当事人可以向法院提起上诉。③ 涉外仲裁相较于国内仲裁，较好地体现出了仲裁的本质和基本原则。1954 年通过的《关于在中国国际贸易促进委员会内设立对外贸易仲裁委员会的决定》（以下简称"设 CIETAC 决定"）中规定涉外仲裁应根据当事人之间的仲裁协议进行，当事人有权选择仲裁员，仲裁裁决具有终局性。④

1995 年《仲裁法》的实施，确立了我国当今国内仲裁制度的基本原则和规定。第一，根据《仲裁法》规定，仲裁庭受理仲裁案件是建立在当事人合意达成的仲裁协议的基础上的。⑤ 若存在当事人合意达成的仲裁协议，无论该协议是在争议发生前还是在争议发生后达成，当事人都必须将争议提交仲裁解决，即便一方当事人向人民法院起诉，人民法院也不予受理，但仲裁协议无效的除外。⑥ 第二，仲裁

---

① 比如，技术合同纠纷仲裁、劳动争议仲裁、著作权纠纷仲裁、房地产纠纷仲裁和消费者纠纷仲裁等。参见乔欣《仲裁法学》，清华大学出版社 2020 年版，第 5 页。
② 参见樊堃《仲裁在中国：法律与文化分析》，法律出版社 2017 年版，第 20 页。
③ See Tao Jingzhou, *Arbitration Law and Practice in China*, The Netherlands: Kluwer Law International, 2012, p. 4.
④ 参见《设 CIETAC 决定》第二条，仲裁委员会根据双方当事人间签订的有关合同、协议等受理对外贸易之争议案件。第五条，双方当事人于申请仲裁争议案件时，各就仲裁委员会委员中选定一人为仲裁员，并由双方选定之仲裁委员就仲裁委员会委员中共同推选一人为首席仲裁员，共同审理；双方当事人亦得就仲裁委员会委员中共同选定一人为仲裁员，单独审理。第 10 条，仲裁委员会之裁决为终局裁决，双方当事人均不得向法院或其他机关提出变更之要求。
⑤ 参见《仲裁法》第四条，当事人采用仲裁方式解决纠纷，应当双方自愿，达成仲裁协议。没有仲裁协议，一方申请仲裁的，仲裁委员会不予受理。
⑥ 参见《仲裁法》第五条，当事人达成仲裁协议，一方向人民法院起诉的，人民法院不予受理，但仲裁协议无效的除外。

裁决一旦作出即具有终局效力。① 第三，《仲裁法》对于消除行政权力对国内仲裁的干涉也起到了重要作用，过去隶属于行政机关的国内仲裁机构被要求进行重组，新的仲裁委员会独立于行政机关。② 第四，《仲裁法》采取了"二元体例"的立法模式，区分国内仲裁与涉外仲裁，在《仲裁法》中设专章规定涉外仲裁。③

三 我国可仲裁性问题的相关规定

在《仲裁法》颁布和实施之前，我国在加入《纽约公约》时所做的商事保留可以被认为是对可仲裁性问题的间接规定。根据全国人大就加入《纽约公约》所做的决定，我国只对属于契约性和非契约性商事法律关系所引起的争议适用《纽约公约》。④ 1987年最高人民法院《关于执行我国加入的〈承认及执行外国仲裁裁决公约〉的通知》中对"契约性和非契约性商事法律关系"做了进一步规定：所谓"契约性和非契约性商事法律关系"，具体是指由于合同、侵权或者根据有关法律规定而产生的经济上的权利义务关系，例如货物买卖、财产租赁、工程承包、加工承揽、技术转让、合资经营、合作经营、勘探开发自然资源、保险、信贷、劳务、代理、咨询服务和海上、民用航空、铁路、公路的客货运输以及产品责任、环境污染、海上事故和

---

① 参见《仲裁法》第九条，仲裁实行一裁终局的制度。裁决作出后，当事人就同一纠纷再申请仲裁或者向人民法院起诉的，仲裁委员会或者人民法院不予受理。

② 参见《仲裁法》第十四条，仲裁委员会独立于行政机关，与行政机关没有隶属关系。仲裁委员会之间也没有隶属关系。

③ 《仲裁法》第七章就涉外仲裁的范围，涉外仲裁委员会的设立，涉外仲裁委员会仲裁员的聘任，涉外仲裁规则，仲裁裁决的撤销、承认与执行等作出了专门规定。参见《仲裁法》第七章。

④ 参见《决定》，中华人民共和国加入《承认及执行外国仲裁裁决公约》，并同时声明：……（二）中华人民共和国只对根据中华人民共和国法律认定为属于契约性和非契约性商事法律关系所引起的争议适用该公约。

所有权争议等，但不包括外国投资者与东道国政府之间的争端。① 由此，只要是属于商事法律关系，不考虑其是依据合同、侵权，还是其他法律规定产生的，都具有可仲裁性。

1995年《仲裁法》中就可仲裁性问题作出了原则性的规定。第一条首先指出该法的立法目的是"保证公正、及时地仲裁经济纠纷"。② 该法第二、三条随后给出了该法的适用范围和例外，即"平等主体的公民、法人和其他组织之间发生的合同纠纷和其他财产权益纠纷，可以仲裁"，但是，"婚姻、收养、监护、抚养、继承纠纷和依法应当由行政机关处理的行政争议"不可以仲裁。③ 单从《仲裁法》第一、二、三条的条文规定来看，除婚姻、收养、监护、扶养、继承纠纷以及行政争议以外，平等主体间的合同纠纷和其他财产权益纠纷都是可以仲裁的。

除此之外，《中华人民共和国民法典》（以下简称"《民法典》"）第一百四十七条至一百五十一条中规定基于重大误解、一方欺诈、第三人欺诈、一方或第三人胁迫、一方乘人之危而实施的民事法律行为，当事人可以申请仲裁机构予以撤销。第二百三十三条明确物权受到侵害，可以通过仲裁解决。第五百三十三条明确合同成立后因情势变更而申请变更或解除合同可以通过仲裁解决。第五百六十五条明确确认合同解除效力争议可以通过仲裁解决。第五百八十条明确因合同目的无法实现而申请终止合同权利义务的争议可以通过仲裁解决。第五百八十五条明确调整违约金的争议可以通过仲裁解决。第九百四十四条明确物业服务合同争议可以通过仲裁解决。《中华人民共和国著

---

① 最高人民法院《关于执行我国加入的〈承认及执行外国仲裁裁决公约〉的通知》第二条。

② 参见《仲裁法》第一条，为保证公正、及时地仲裁经济纠纷，保护当事人的合法权益，保障社会主义市场经济健康发展、制定本法。

③ 参见《仲裁法》第二条，平等主体的公民、法人和其他组织之间发生的合同纠纷和其他财产权益纠纷，可以仲裁。第三条，下列纠纷不能仲裁：（一）婚姻、收养、监护、扶养、继承纠纷；（二）依法应当由行政机关处理的行政争议。

作权法（2020年修订）》（以下简称"《著作权法》"）规定著作权纠纷可以仲裁。①《中华人民共和国消费者权益保护法（2013年修订）》（以下简称"《消费者权益保护法》"）规定消费者权益争议可以仲裁。②《中华人民共和国旅游法（2018年修订）》（以下简称"《旅游法》"）规定旅游者与旅游经营者之间的纠纷可以通过仲裁解决。③《中华人民共和国保险法（2015年修订）》（以下简称"《保险法》"）规定保险纠纷可以仲裁。④《中华人民共和国铁路法（2015年修订）》（以下简称"《铁路法》"）规定铁路运输合同争议可以仲裁。⑤《中华人民共和国海商法》（以下简称"《海商法》"）规定救助合同的变更和救助报酬的确定可以通过仲裁解决。⑥《中华人民共和国海上交通安全法（2021年修订）》（以下简称"《海上交通安全法》"）规定海上交通事故引发的民事纠纷可以通过仲裁解决。⑦《中华人民共和国体育法（2022年修订）》（以下简称"《体育法》"）规定竞技体育活动中

---

① 参见《著作权法》第六十条第一款，著作权纠纷可以调解，也可以根据当事人达成的书面仲裁协议或者著作权合同中的仲裁条款，向仲裁机构申请仲裁。

② 参见《消费者权益保护法》第三十九条，消费者和经营者发生消费者权益争议的，可以通过下列途径解决：……（四）根据与经营者达成的仲裁协议提请仲裁机构仲裁。

③ 参见《旅游法》第九十二条，旅游者与旅游经营者发生纠纷，可以通过下列途径解决：……（三）根据与旅游经营者达成的仲裁协议提请仲裁机构仲裁。

④ 参见《保险法》第三十条，采用保险人提供的格式条款订立的保险合同，保险人与投保人、被保险人或者受益人对合同条款有争议的，应当按照通常理解予以解释。对合同条款有两种以上解释的，人民法院或者仲裁机构应当作出有利于被保险人和受益人的解释。

⑤ 参见《铁路法》第三十二条，发生铁路运输合同争议的，铁路运输企业和托运人、收货人或者旅客可以通过调解解决；不愿意调解解决或者调解不成的，可以依据合同中的仲裁条款或者事后达成的书面仲裁协议，向国家规定的仲裁机构申请仲裁。

⑥ 参见《海商法》第一百七十六条，有下列情形之一，经一方当事人起诉或者双方当事人协议仲裁的，受理争议的法院或者仲裁机构可以判决或者裁决变更救助合同……第一百八十四条，参加同一救助作业的各救助方的救助报酬，应当根据本法第一百八十条规定的标准，由各方协商确定；协商不成的，可以提请受理争议的法院判决或者经各方协议提请仲裁机构裁决。

⑦ 参见《海上交通安全法》第一百一十五条，因海上交通事故引发民事纠纷的，当事人可以依法申请仲裁或者向人民法院提起诉讼。

141

发生的争议可以仲裁。① 《反兴奋剂条例（2018年修订）》规定运动员因违反该条例受到处理不服的，可以申请仲裁。②

我国部分仲裁机构的仲裁规则亦有对可仲裁性问题的规定。CIETAC在其仲裁规则中规定其受案范围是当事人约定的契约性或非契约性的经济贸易争议。③ 该规定与我国加入《纽约公约》时所作的商事保留相类似。深圳国际仲裁院（以下简称"深仲"）规定其受案范围是合同争议和其他财产权益争议。④ 该规定与《仲裁法》的规定相类似，但并未像《仲裁法》一样从反面进一步列明不具有可仲裁性的争议事项。中国海事仲裁委员会（以下简称"海仲"）以列举式的方式列明其受案范围包括海事、海商争议，航空、铁路、公路等交通运输争议，贸易、投资、金融、保险、建设工程争议等。⑤

由此可看出，我国可仲裁性问题的立法总体采取概括加列举式，《仲裁法》首先从正面概括地指出可仲裁性问题的判断标准，再从反面以列举的方式列明不具有可仲裁性的争议事项，并在其他法律中进一步列明了具有可仲裁性的争议事项。

四 我国可仲裁性问题判断标准的具体适用

尽管我国就可仲裁性问题的规定采概括加列举式的方式，但伴随着仲裁作为一种替代性的争议解决方式，在我国受到越来越多的关

---

① 参见《体育法》第九十二条，当事人可以根据仲裁协议、体育组织章程、体育赛事规则等，对下列纠纷申请体育仲裁：（一）对体育社会组织、运动员管理单位、体育赛事活动组织按照兴奋剂管理或者其他管理规定作出的取消参赛资格、取消比赛成绩、禁赛等处理决定不服发生的纠纷；（二）因运动员注册、交流发生的纠纷；（三）在竞技体育活动中发生的其他纠纷。
② 参见《反兴奋剂条例》第四十六条，运动员因受到前款规定的处理不服的，可以向体育仲裁机构申请仲裁。
③ 参见《中国国际经济贸易仲裁委员会仲裁规则（2015版）》第三条。
④ 参见《深圳国际仲裁院仲裁规则（2022年）》第二条。
⑤ 参见《中国海事仲裁委员会仲裁规则（2021年）》第三条。

注，其适用范围也在逐渐扩大，针对一些比较特殊的争议事项，比如，知识产权争议、反垄断争议、破产争议、公司法争议等，是否具有可仲裁性仍存有争议。

（一）知识产权争议

就知识产权领域的仲裁而言，仅有《著作权法》明确规定著作权争议可以仲裁，[①] 专利争议和商标争议是否具有可仲裁性并无明确规定。从我国当前知识产权仲裁领域的实践来看，知识产权合同纠纷以及知识产权侵权纠纷被认为属于《仲裁法》第二条规定的"其他财产权益纠纷"，具有可仲裁性，即便是涉专利或商标的合同纠纷或侵权纠纷，亦具有可仲裁性。

2015年，最高人民法院在海南康芝药业有限公司与华夏生生药业（海南）有限公司、湘北威尔曼制药股份有限公司专利合同纠纷申请再审案中明确专利合同纠纷具有可仲裁性。该案中，双方当事人签订《专利实施许可合同》，约定因合同履行产生的纠纷应通过仲裁解决，最高人民法院认为尽管康芝公司提出案涉专利可能属于无效专利，主张在缔约过程中存在重大误解，就合同效力提出异议，但"审理合同履行纠纷案件，合同效力的认定是前提和基础，在解决合同履行争议的过程中，不能把合同效力纠纷与合同履行纠纷割裂开来，康芝公司在本案中提出的诉讼请求即使涉及对合同效力的认定，也属于合同履行过程中产生的纠纷，因此，本案争议应当通过仲裁解决，法院不应行使管辖权。"[②]

[①] 前文已论述，见"第五章，第一节，三、我国可仲裁性问题的相关规定"。

[②] 《海南康芝药业有限公司与华夏生生药业（海南）有限公司、湘北威尔曼制药股份有限公司专利合同纠纷申请再审民事裁定书》，最高人民法院（2015）民申字第2517号，2015年10月24日。事实上，在最高人民法院确认专利合同纠纷具有可仲裁性之前，地方人民法院已有相关实践。2012年，广东省高级人民法院确认当事人因《技术协助基本合同》产生的专利申请权权属纠纷具有可仲裁性。2013年，广东省汕头市中级人民法院认为《仲裁法》第二、三条的规定并没有将知识产权合同的纠纷排除在可仲裁范围之外，认定案涉纠纷为专利转让合同及著作权许可使用合同纠纷，具有可仲裁性。参见《谷崧精密工业股份有限公司诉JC专利申请权权属纠纷管辖权异议上诉案》，广东省高级人民法院（2012）粤高法立民终字第264号，2012年8月28日。《吴伟昌与古礼仁合同纠纷案》，广东省汕头市中级人民法院（2012）汕中民三初字第131号，2013年1月23日。

2012年，最高人民法院在ExperExchange，Inc.（ExperVision）与汉王科技股份有限公司、天津市汉王新技术发展有限公司侵犯计算机软件著作权管辖异议案中，明确知识产权侵权案件具有可仲裁性。该案中，最高人民法院认为案涉纠纷为计算机软件著作权侵权之诉，属于《仲裁法》第二条规定的其他财产权益纠纷，可以仲裁。[①] 2021年，最高人民法院在潍坊市嘉德机械有限公司、内蒙古润海源实业有限公司确认不侵害专利权纠纷案中明确专利侵权纠纷具有可仲裁性。案涉《协议书》中包含了嘉德公司因侵害涉案专利权赔偿博龙公司等的意思表示，最高人民法院认为"侵权并不属于不能仲裁的纠纷事项，嘉德公司、润海源公司认为仲裁程序不能对专利侵权与否进行审理和裁判，于法无据。"[②]

尽管，知识产权合同纠纷及侵权纠纷的可仲裁性在我国并无争议，但是知识产权有效性争议及权属争议的可仲裁性则存在争议。目前，我国就知识产权有效性争议及权属争议并无明确法律规定，司法实践中亦缺乏相关案例。[③] 在天津唐人影视股份有限公司与群宇信息科技（上海）有限公司申请确认仲裁协议效力案中，案涉《电视剧授权合约》中约定合约相关之LOGO、游戏名称、商标等智慧财产权归属群宇公司，唐人影视公司不得另做利用，亦不得以合约相关之

---

① 《ExperExchange，Inc.（ExperVision）与汉王科技股份有限公司、天津市汉王新技术发展有限公司侵犯计算机软件著作权管辖异议再审复查民事裁定书》，最高人民法院（2012）民申字第178号，2012年5月17日。

② 《潍坊市嘉德机械有限公司、内蒙古润海源实业有限公司确认不侵害专利权纠纷二审民事判决书》，最高人民法院（2021）最高法知终3号，2021年2月5日。又见《平阳县金虎机械厂、浙江科达包装机械厂申请撤销仲裁裁决特别程序裁定书》，浙江省温州市中级人民法院（2020）浙03民特82号，2020年10月28日。该案中，法院认为无论是《专利法》第六十条（现行《专利法》第六十五条），还是《仲裁法》第二条，均没有排除当事人协议通过仲裁方式解决侵犯专利权纠纷，认定专利侵权纠纷具有可仲裁性。

③ 笔者分别以"知识产权，仲裁，可仲裁性""知识产权，仲裁，可以仲裁"和"知识产权，仲裁，仲裁范围"为关键词，在威科先行法律信息库及律商网中进行检索，并未检索到有关知识产权效力有效性争议可仲裁性问题的相关案例，仅检索到1例涉商标权归属的案例，但法院并未就其可仲裁性作出明确说明（文内详述）。

LOGO、名称等注册商标。协议中同时约定若就合约内容或其执行发生任何争议，在友好协商不成的前提下，以中国国际经济贸易仲裁委员会仲裁解决。唐人影视公司认为合约仲裁条款约定的仲裁事项并非指向商标专用权的归属，双方对条款约定事项存在争议会发生在商标申请环节，商标申请环节的争议属于应当由行政机关处理的行政争议，申请确认仲裁条款无效。群宇公司则认为商标权的归属问题具有可仲裁性。北京市第二中级人民法院认为，根据《仲裁法》第十六、十七条的规定，案涉仲裁条款满足第十六条规定的仲裁协议的有效要件，同时不存在第十七条规定的无效情形，认定仲裁条款有效。同时，就唐人影视公司提出的约定事项发生争议属于依法应当由行政机关处理的行政争议，依法不能仲裁的主张，并非人民法院在审理申请确认仲裁协议效力案件中的审理范围，并未作出审查。[1] 本案中虽然当事人就商标权归属的可仲裁性提出了异议，但是北京市第二中级人民法院并未正面回答这个问题。

我国理论界就知识产权争议的可仲裁性的分歧主要集中在知识产权有效性争议上。认为知识产权有效性争议不具有可仲裁性的学者大体从两个方面考量：第一，相关法律规定此类争议事项由专门的行政机构负责。凡是必须经国务院或其他行政机关处理的行政争议，均不具有可仲裁性；若争议仅与应当由行政机关处理的行政争议有关，而非行政争议本身，则具有可仲裁性。[2] 根据专利法，专利权有效性的争议由国务院专利行政部门决定。[3] 根据《商标法》规定，商标有效

---

[1] 《天津唐人影视股份有限公司与群宇信息科技（上海）有限公司申请确认仲裁协议效力一审民事裁定书》，北京市第二中级人民法院（2016）京02民特128号，2016年7月26日。
[2] 参见薛虹《知识产权仲裁的特殊法律问题研究》，《商事仲裁与调解》2021年第1期。
[3] 《专利法》第四十六条，国务院专利行政部门对宣告专利权无效的请求应当及时审查和作出决定，并通知请求人和专利权人。宣告专利权无效的决定，由国务院专利行政部门登记和公告。对国务院专利行政部门宣告专利权无效或者维持专利权的决定不服的，可以自收到通知之日起三个月内向人民法院起诉。人民法院应当通知无效宣告请求程序的对方当事人作为第三人参加诉讼。

性的争议由商标评审委员会裁定。① 专利有效性及商标有效性的争议属于行政争议,由专门的行政部门负责,不具有可仲裁性。② 第二,此类争议涉及一国公共政策且会影响社会公众的行为,仲裁无法作出具有公共效力的裁决。③ 另有一部分学者认为应当认可知识产权有效性争议的可仲裁性。第一,知识产权纠纷具有国际性特点,国内公共政策受国际公共政策影响,公共政策对知识产权有效性争议可仲裁性的限制逐渐弱化。④ 第二,我国现行的"专门机构裁决+人民法院行政诉讼判决"的解纷模式过于复杂,耗时亦长,不符合知识产权有效性争议的解纷需求。⑤ 第三,知识产权有效性争议本身即具有可仲裁性,知识产权由国家授予并未改变知识产权的私权属性,问题在于仅对当事人有效的仲裁裁决可能出现与国家行政机关所作裁决不符的可能。为避免出现此种矛盾,应从制度设计上做考虑,而非简单否定知识产权有效性争议的可仲裁性。⑥

就知识产权的权属争议的可仲裁性,我国理论界基本认同其不具有可仲裁性。第一,知识产权具有对世性,相较于以保密为原则的仲裁机构,以公开审判为原则的人民法院更适合解决此类争议。⑦ 第二,权属争议属行政争议,应由国家授权的机关解决。⑧

---

① 《商标法》第二条,国务院工商行政管理部门商标局主管全国商标注册和管理的工作。国务院工商行政管理部门设立商标评审委员会,负责处理商标争议事宜。
② 参见乔欣、李莉《争议可仲裁性研究(下)》,《北京仲裁》2004年第3期。
③ 参见陈健《知识产权仲裁制度研究》,《北京仲裁》2015年第4期。
④ 参见杜焕芳课题组《知识产权仲裁机构建设:理论证成、域外借鉴和制度设计》,《商事仲裁与调解》2021年第1期。
⑤ 参见杜焕芳课题组《知识产权仲裁机构建设:理论证成、域外借鉴和制度设计》,《商事仲裁与调解》2021年第1期。
⑥ 参见黄晖《知识产权可仲裁性的发展趋势论》,《仲裁研究》2013年第31辑;刘瑾《论知识产权有效性仲裁的认识误区及相关救济制度重塑》,《知识产权》2016年第11期。
⑦ 参见杜焕芳课题组《知识产权仲裁机构建设:理论证成、域外借鉴和制度设计》,《商事仲裁与调解》2021年第1期。
⑧ 参见陈健《知识产权仲裁制度研究》,《北京仲裁》2015年第4期。

总体来讲，我国知识产权仲裁的实践早已有之，知识产权合同争议及侵权争议均具有可仲裁性，但知识产权有效性争议及权属争议是否具有可仲裁性，法律规定不明，亦欠缺司法实践，暂无确切说法。

（二）反垄断争议

我国于2007年颁布《中华人民共和国反垄断法》（以下简称《反垄断法》），其中第三条把经营者达成垄断协议、经营者滥用市场支配地位和具有或者可能具有排除、限制竞争效果的经营者集中确定为垄断行为。与此相对应，反垄断争议包括主管机构与经营者之间因执法而产生的行政争议和经营者之间因垄断行为而产生的民事赔偿争议。[①] 就反垄断争议的处理模式而言，《反垄断法》延续了《中华人民共和国反不正当竞争法》（以下简称"《反不正当竞争法》"）的处理手段，更侧重于主管机构与经营者之间因执法而产生的行政争议，忽视反垄断的私人执行问题。[②] 主管机构与经营者之间因执法而产生的行政争议因属行政争议，不能通过仲裁解决，但经营者之间因垄断行为而产生的民事赔偿争议是否能通过仲裁解决，《反垄断法》并未明确规定。

总体上来看，我国目前的司法实践并不认可反垄断争议的可仲裁性。2016年江苏省高级人民法院审理的南京嵩旭科技有限公司与三星（中国）投资有限公司垄断纠纷案被认为是我国"垄断纠纷仲裁第一案"。该案中，南京嵩旭科技有限公司（以下简称"嵩旭公司"）认为三星（中国）投资有限公司（以下简称"三星公司"）利用其对三星显示器经销商的市场支配地位，实施垄断行为，损害了嵩旭公司的

[①] 参见杜新丽《从比较法的角度论我国反垄断争议的可仲裁性》，《比较法研究》2008年第5期。

[②] 整部《反不正当竞争法（2019年修订）》中，仅有第17条1个条文规定"经营者的合法权益受到不正当竞争行为损害的，可以向人民法院起诉"。参见杜新丽《从比较法的角度论我国反垄断争议的可仲裁性》，《比较法研究》2008年第5期。

合法权益，请求法院判令三星公司停止垄断行为并赔偿其相应的损失。三星公司认为其与嵩旭公司已经约定了仲裁条款，人民法院对该案无管辖权。江苏省高级人民法院认为反垄断争议并不具有可仲裁性。首先，《反垄断法》的目的是预防和制止垄断行为，保护市场公平竞争，维护消费者利益和社会公共利益，促进社会主义市场经济健康发展。从《反垄断法》规定的内容看，目前反垄断执法主要依靠行政执法机关。而最高人民法院在《关于审理因垄断行为引发的民事纠纷案件应用法律若干问题的规定》中，仅规定了民事诉讼这种私人救济，且对其管辖法院做了明确限制。其次，反垄断法具有明显的公法性质，因其具有很强的公共政策性，在各个国家长期都属于不可仲裁的纠纷。在我国，反垄断执法和司法实践较少，现阶段能否通过仲裁途径进行垄断纠纷的权利救济尚无法律明确规定，亦无垄断纠纷进行仲裁的实践。最后，案涉纠纷除涉及嵩旭公司和三星公司外，还涉及公共利益，已突破合同约定，因此不能据此约定确定本案纠纷应当仲裁解决。①

最高人民法院的相关案例亦表明反垄断争议不具有可仲裁性。在壳牌（中国）有限公司（以下简称"壳牌公司"）与呼和浩特市汇力物资有限责任公司（以下简称"汇力公司"）之间的垄断协议纠纷案中，壳牌公司上诉认为双方当事人存在仲裁约定，不属于人民法院的受理范围。汇力公司则认为仲裁协议不能作为垄断纠纷管辖的依据。最高人民法院认为反垄断法的目的在于"维护健康有序的市场竞争价值，促进社会经济的健康发展"，对是否构成垄断的认定和处理，反垄断法并未明确规定仲裁的方式。《仲裁法》第二条的规定说明"如果当事人之间发生纠纷不属于合同纠纷和其他财

---

① 《南京嵩旭科技有限公司与三星（中国）投资有限公司管辖裁定书》，江苏省高级人民法院（2015）苏知民辖终字第00072号，2016年8月29日。

产权益纠纷，或者说包含有不属于合同纠纷和其他财产权益纠纷的因素，且一方当事人已经寻求司法解决其纠纷的，人民法院通常具有管辖权"。案涉《经销商协议》虽然约定了仲裁条款，但反垄断法具有明显的公法性质，是否构成垄断的认定超出了合同相对人之间的权利义务关系，因此不具有可仲裁性。[①] 在 VISCAS 株式会社、国网上海市电力公司垄断协议纠纷案及白城市鑫牛乳液有限责任公司垄断纠纷案中，最高人民法院再次认定反垄断争议不具有可仲裁性。最高人民法院认为"在因合同签订、履行引发的垄断纠纷中，受害人与垄断行为人之间缔结的合同仅是垄断行为人实施垄断行为的载体或者工具，合同中涉及垄断的部分才是侵权行为的本源和侵害发生的根源，对垄断行为的认定与处理超出了受害人与垄断行为人之间的权利义务关系。因此，因合同的签订、履行引发的垄断纠纷所涉及的内容和审理对象，远远超出了受害人与垄断行为人之间约定的仲裁条款所涵盖的范围。"[②]

但是，最高人民法院在山西昌林实业有限公司（以下简称"昌林公司"）与壳牌公司之间的滥用市场支配地位纠纷案却认可了反垄断争议的可仲裁性。本案一审中，昌林公司请求法院确认壳牌公司滥用市场支配地位的垄断行为，并承担相应的法律责任。壳牌公司认为其与昌林公司之间存在仲裁协议，故案涉争议不属于人民法院管辖。北京知识产权法院认为尽管壳牌公司与昌林公司之间虽然就履行《经销商协议》约定了仲裁条款，但是案涉争议属滥用市场

[①]《上诉人壳牌（中国）有限公司与被上诉人呼和浩特市汇力物资有限责任公司横向垄断协议纠纷民事裁定书》，最高人民法院（2019）最高法知民辖终 46 号，2019 年 8 月 21 日。

[②]《VISCAS 株式会社、国网上海市电力公司垄断协议纠纷二审民事裁定书》，最高人民法院（2019）最高法知民辖终 356 号，2019 年 12 月 1 日。《白城市鑫牛乳液有限责任公司垄断纠纷二审民事裁定书》，最高人民法院（2021）最高法知民终 924 号，2022 年 2 月 9 日。

支配地位纠纷，与其之间履行《经销商协议》无关，因此，不适用约定的仲裁条款。① 壳牌公司上诉至北京市高级人民法院，北京市高级人民法院认为案涉仲裁条款采取的是概括性约定仲裁事项的方式，基于该《经销商协议》权利义务关系产生、与权利行使或义务履行有关的争议均属于仲裁事项。昌林公司要求确认壳牌公司实施了垄断行为，并要求其停止滥用行为，仍与《经销商协议》约定的特许销售权利义务密不可分，实质仍属于履行《经销商协议》而产生的争议，仍应适用约定的仲裁条款。② 昌林公司随后向最高人民法院申请再审，认为北京市高级人民法院裁定案涉垄断纠纷应通过仲裁解决，属于适用法律错误。最高人民法院认为不存在适用法律错误的情形，驳回了昌林公司的再审申请。③ 尽管最高人民法院在该案中认可了反垄断争议的可仲裁性，但在其后来所作裁定中又否定了反垄断争议的可仲裁性（参见前文论述"VISCAS 株式会社、国网上海市电力公司垄断协议纠纷案"及"白城市鑫牛乳液有限责任公司垄断纠纷案"）。

与司法实践不同的是，我国理论界基本认为反垄断争议具有可仲裁性，主要依据如下：第一，我国相关法律法规的规定并未明确否定反垄断争议的可仲裁性。首先，仲裁作为一种争议解决方式已被《仲裁法》和《民事诉讼法》所确认，任何一部单行法没有必要再单独列明仲裁作为其争议解决方式。④ 其次，《反垄断法》第五十条明确规定经营者需为其实施垄断行为而给他人造成的损失承担民事责任，

---

① 《山西昌林实业有限公司与壳牌（中国）有限公司滥用市场支配地位纠纷一审民事裁定书》，北京知识产权法院（2018）京73民初124号，2018年8月3日。
② 《壳牌（中国）有限公司与山西昌林实业有限公司滥用市场支配地位纠纷管辖异议上诉裁定书》，北京市高级人民法院（2019）京民辖终44号，2019年6月28日。
③ 《山西昌林实业有限公司与壳牌（中国）有限公司滥用市场支配地位纠纷审判监督民事再审审查裁定书》，最高人民法院（2019）最高法民申6242号，2020年6月10日。
④ 参见吴佩乘《论作为私人实施方式的反垄断民事纠纷仲裁》，《北京仲裁》2020年第4辑。

但并未将其限定在民事诉讼这一种解决方式中。① 最后,《反不正当竞争法》中明确规定经营者合法权益受到不正当竞争行为损害的,可以向人民法院提起诉讼。《反垄断法》并没有沿用《反不正当竞争法》的规定,仅规定需承担民事责任,说明立法者不再限定该类争议的解纷方式。② 第二,公共政策对争议事项可仲裁性的影响逐渐减弱。首先,"私法的公法化"是现代民法的基本特征,不带任何公共因素的私人实施方式是不存在的,若以此为依据否定争议事项的可仲裁性是不合理的。③ 其次,反垄断争议固然涉及社会公共利益,但无论何种方式解决反垄断争议,均是为了通过制裁垄断行为来维护社会经济秩序。④ 第三,《反垄断法》的贯彻实施,应在公共执行模式的基础上,引进民间执行机制,方可更有效地执行《反垄断法》。⑤ 第四,世界各国大多认可反垄断争议的可仲裁性,承认反垄断争议的可仲裁性是我国履行《纽约公约》义务的要求,亦能更好地保护我国竞争者的合法权益。⑥ 第五,反垄断争议中的很多问题涉及的依然是平等主体间市场竞争者的商业纠纷问题,不完全属于国家公权力调整的范畴。⑦

---

① 参见孙晋《论反垄断纠纷可仲裁性的司法考量——兼评某垄断纠纷管辖权异议案》,《法律适用》2017 年第 7 期;吴佩乘《论作为私人实施方式的反垄断民事纠纷仲裁》,《北京仲裁》2020 年第 4 辑。
② 参见曹志勋《论可仲裁性的司法审查标准——基于美国反垄断仲裁经验的考察》,《华东政法大学学报》2012 年第 4 期。
③ 参见吴佩乘《论作为私人实施方式的反垄断民事纠纷仲裁》,《北京仲裁》2020 年第 4 辑;马骁潇《反垄断争议的可仲裁性探究及立法思考》,《北京仲裁》2015 年第 2 期。
④ 参见杜新丽《从比较法的角度论我国反垄断争议的可仲裁性》,《比较法研究》2008 年第 5 期。
⑤ 参见杜新丽《从比较法的角度论我国反垄断争议的可仲裁性》,《比较法研究》2008 年第 5 期。
⑥ 参见杜新丽《从比较法的角度论我国反垄断争议的可仲裁性》,《比较法研究》2008 年第 5 期。
⑦ 参见杜新丽《从比较法的角度论我国反垄断争议的可仲裁性》,《比较法研究》2008 年第 5 期;马骁潇《反垄断争议的可仲裁性探究及立法思考》,《北京仲裁》2015 年第 2 期;张艾青《反垄断争议的可仲裁性研究——兼论欧美国家的立法与司法实践及其对我国的启示》,《法商研究》2006 年第 4 期。

总而言之，我国法律法规并未就反垄断争议的可仲裁性作出明确规定，尽管理论界长期以来认为反垄断争议具有可仲裁性，建议完善相关立法确认反垄断争议仲裁，但近几年的司法实践却恰恰相反，并不认可反垄断争议的可仲裁性。

（三）破产争议

我国对破产争议的可仲裁性持积极的态度。《中华人民共和国企业破产法》（以下简称"《企业破产法》"）第二十条规定，破产程序开始后，已经开始的仲裁程序可以在管理人接管债务人的财产后继续进行。可见，仲裁程序开始后一方当事人破产的，并不会导致仲裁程序的必然终止。然而，就破产程序中当事人依破产程序开始前签订的仲裁协议申请仲裁时，此时所涉仲裁协议的效力以及仲裁程序的启动，由于相关法律法规并未明确规定，结合《企业破产法》第二十一条规定破产程序启动后的民事诉讼只能向受理破产申请的人民法院提起，第二十一条是否同样适用于仲裁程序，曾经在我国存有一定的争议。有学者认为破产程序后启动的仲裁程序要让位于破产法的集中管辖，因为此时仲裁程序还未启动，并不会影响当事人的个人利益，仅仅是对当事人自由选择纠纷解决方式的权利有影响，相较于当事人自由选择纠纷解决方式的权利，更重要的是保护债权人的利益。[①] 还有学者认为考虑到法院对仲裁的监督仅限于程序错误，若仲裁存在实体错误，在破产程序中会影响到其他债权人的利益，因此，应对破产程序后依破产程序开始前签订的仲裁协议申请的仲裁加以一定的抑制。[②] 但是，从我国的司法实践来看，多数判例认为《企业破产法》第二十一条仅仅针对民事诉讼，仲裁协议的效力及仲裁程序的启动并不受破

---

① 参见李叶丹《国际商事仲裁中当事人破产对仲裁庭管辖权的影响》，《仲裁研究》2009年第3期。

② 参见刘经涛《刍议跨国破产程序与国际商事仲裁程序的冲突》，《中国海商法研究》2017年第2期。

产程序的影响。①

2020年颁布的《最高人民法院关于适用〈中华人民共和国企业破产法〉若干问题的规定（三）（2020年修订）》[以下简称"《企业破产法司法解释（三）》"]认可了我国的司法实践，第八条规定债务人、债权人对债权表记载有异议的，在经管理人解释或调整后仍有异议的，若当事人之间在破产程序前签订仲裁条款或仲裁协议的，应当向选定的仲裁机构申请确认债权债务关系。该条规定明确了破产程序启动后，当事人依破产程序开始前签订的仲裁协议以仲裁的方式解决相关破产争议的优先性，进一步表明了我国就破产争议可仲裁性的积极态度。

然而，是否要针对破产争议的不同类型在适用《企业破产法司法解释（三）》第八条时做限制，暂无明确规定。有学者指出适用《企业破产法司法解释（三）》第八条不宜绝对化，应当合理界定乃至限缩其范围，针对破产撤销权、禁止抵销等破产法所固有的事项，考虑到其由破产管理人独立行使，债务人企业对其不具有处分权，不应认

---

① 参见《浙江宏利纺织有限公司与Mehmet Faik Yilmazipek Tekstil Pazarlama Ticaret Vesanyi Anonim Sirketi买卖合同纠纷二审民事裁定书》，浙江省绍兴市中级人民法院（2013）浙绍商外终字第11号，2013年8月7日。又见《中国洛阳浮法玻璃集团矿产有限公司与洛阳龙新玻璃有限公司返还原物纠纷二审民事裁定书》，河南省洛阳市中级人民法院（2015）洛民立终字第37号，2015年1月22日。《江苏昌盛钢业科技有限公司、江苏恒世春装饰有限公司等申请撤销仲裁裁决民事裁定书》，江苏省宿迁市中级人民法院（2016）宿13民特1号，2016年2月14日。《373镇江市盛迪铸造有限公司与克诺尔车辆设备（苏州）有限公司买卖合同纠纷一审民事裁定书》，江苏省镇江市中级人民法院（2016）苏11民初373号，2017年3月24日。《贵州航天红光机械制造有限公司、东风柳州汽车有限公司买卖合同纠纷二审民事裁定书》，贵州省遵义市中级人民法院（2017）黔03民终1313号，2017年3月31日。《沈阳杜瑞轮毂有限公司、悦耀国际有限公司对外追收债权纠纷一案一审民事裁定书》，辽宁省沈阳市中级人民法院（2016）辽01民初273号，2017年6月20日。《江苏国安建筑安装工程有限公司与中国寰球工程有限公司管辖裁定书》，江苏省盐城市中级人民法院（2017）苏09民辖终248号，2017年9月8日。《上诉人中油新兴能源产业集团有限公司因与被上诉人甘肃建新实业集团有限公司、原审被告中国国储能源化工集团股份有限公司、原审第三人内蒙古蓝海矿泉水有限责任公司股权转让纠纷一案的民事裁定书》，甘肃省高级人民法院（2017）甘民辖终69号，2017年11月8日。

153

可其的可仲裁性。①

（四）公司法争议

尽管我国证券监管早在20世纪90年代就有要求境内公司如到香港上市，公司法争议只能通过仲裁解决，②但我国法律至今并未明确就公司法争议的可仲裁性作出规定，司法实践及理论界对该问题也暂未形成统一认识。

以公司解散争议为例，最高人民法院在巨化集团公司、浙江巨化集团进出口有限公司与浙江巨化锦洋化工有限责任公司公司解散纠纷申请再审案及中海石油化学股份有限公司与山西华鹿阳坡泉煤矿有限公司、山西华鹿热电有限公司公司解散纠纷申请再审案中，认定公司解散纠纷不具有可仲裁性。③最高人民法院认为，第一，股东之间纠纷导致合营合同终止而解散公司属于公司组织法上的诉讼，不具有可仲裁性。④第二，《最高人民法院关于适用〈中华人民共和国公司法〉若干问题的规定（二）》中并未规定仲裁机构有权受理公司解散争议。在《最高人民法院关于撤销中国国际经济贸易仲裁委员会（2009）CIETACBJ裁决（0335）号裁决案的请示的复函》中亦明确答复仲裁机构裁决解散公司没有法律依据，属于无权仲裁的情形。第

---

① 参见金春《"一带一路"背景下国际商事仲裁与破产法的协调——兼议〈企业破产法司法解释（三）〉》，《人民司法》2019年第13期。

② 张子学：《公司法纠纷可仲裁性初步研究》，《中国政法大学学报》2019年第4期。

③ 其他地方人民法院均认定在公司出现僵局，公司自治无法实现的情况下，符合条件的股东可以请求人民法院解散公司，但是现行法律并未赋予仲裁机构强制解散公司的裁决权，公司解散争议不具有可仲裁性，比如上海市高级人民法院、河南省高级人民法院等。参见《上海台扬电子工业有限公司与上海兴煌实业有限公司公司解散纠纷管辖民事裁定书》，上海市高级人民法院（2021）沪民辖终11号，2021年2月8日。《安阳新里程医院管理有限公司、安阳钢铁集团有限责任公司公司解散纠纷二审民事裁定书》，河南省高级人民法院（2020）豫民辖终115号，2020年12月24日。

④ 《巨化集团公司、浙江巨化集团进出口有限公司与浙江巨化锦洋化工有限责任公司公司解散纠纷申请再审民事裁定书》，最高人民法院（2015）民提字第89号，2015年11月30日。

三，股东申请解散公司，涉及公司主体资格的消灭，具有一定的身份性和公共性，不属于仲裁事项范围。①

尽管司法实践普遍认为公司解散争议不具有可仲裁性，理论界存有不同看法。有学者认为，第一，公司解散争议本质上是股东之间的纠纷；第二，公司解散争议是对公司利益的争夺，属于财产权益纠纷；第三，公司解散纠纷是公司内部争议，不会损害公共利益，因此，仲裁机构对公司解散纠纷应当享有管辖权。②亦有学者认为仲裁作为私人性质的争议解决方式，以当事人意思自治为核心，恰好与公司运行遵从公司自治的理论相契合，应肯定公司解散争议的可仲裁性。③

值得注意的是，最高人民法院在答复《湖北省高级人民法院关于申请人 FSG 汽车工业控股公司与被申请人武汉泛洲机械制造有限公司申请承认和执行奥地利联邦经济会仲裁中心 SCH-5239 号仲裁裁决一案的请示》时，案涉裁决第 9 项判令被申请人同意合资公司董事会有关解散和清算的合资公司的董事会决议，并向有关部门提交解散和清算合资公司所需的文件，被申请人认为该项裁决超裁且公司解散不具有可仲裁性，最高人民法院同意湖北省高级人民法院的审查意见，仅认可第 9 项超裁，并未正面回答公司解散是否具有可仲裁性。④

总体上来讲，公司法争议由于涉及多方主体，具有一定的身份性

---

① 《中海石油化学股份有限公司与山西华鹿阳坡泉煤矿有限公司、山西华鹿热电有限公司公司解散纠纷申请再审民事裁定书》，最高人民法院（2016）最高法民再202号，2016年5月5日。

② 参见王利香《公司解散纠纷的可仲裁性研究——以中外合资经营企业解散纠纷为中心》，《北京仲裁》2019年第4期。

③ 参见宋春龙《公司解散纠纷可仲裁性问题研究》，《仲裁与法律》（第135辑），法律出版社2017年版，第154页。

④ 最高人民法院《关于湖北省高级人民法院关于申请人 FSG 汽车工业控股公司与被申请人武汉泛洲机械制造有限公司申请承认和执行奥地利联邦经济会仲裁中心 SCH-5239 号仲裁裁决一案的请示的复函》，最高人民法院（2015）民四他字第46号，2015年12月24日。

和公共性，在我国是否具有可仲裁性存有一定争议。

（五）医疗纠纷

医疗纠纷的可仲裁性在我国长期存在争议，尽管深圳于 2010 年 10 月 12 日在深圳仲裁委员会中成立医患纠纷仲裁院，理论界及实务界仍然存在对医疗纠纷可仲裁性的质疑。我国针对可仲裁性问题的相关法律法规没有明确医疗纠纷的可仲裁性。学界对医疗纠纷的可仲裁性存在肯定说、否定说和部分肯定说三种学说。有学者认为医疗纠纷包括医疗服务合同纠纷和医疗侵权纠纷，两者都包括财产损害赔偿，属于《仲裁法》中规定的"其他财产权益纠纷"，具有可仲裁性。[①] 有学者则认为不能简单地将医疗服务合同违约和医疗损害侵权责任的赔偿认定为具有财产性，因为其本质上仍是对患者人格权的侵害，医疗纠纷不具有可仲裁性。[②] 还有部分学者认为医疗服务合同纠纷以及医疗侵权纠纷中涉及损害赔偿的部分具有可仲裁性；[③] 或者认为营利性医疗机构与患者发生的纠纷具有可仲裁性，非营利性医疗机构与患者发生的纠纷则不具有可仲裁性。[④] 医疗纠纷可仲裁性的不确定导致我国医疗纠纷仲裁发展缓慢。

（六）体育争议

我国法律早期并未明确体育争议是否具有可仲裁性，尽管《体育法（2016 年修订）》第三十二条规定设立体育仲裁机构，解决竞技体育活动中发生的纠纷，体现了我国对体育争议可仲裁性的积极态度，

---

① 参见申卫星《医患关系的重塑与我国〈医疗法〉的制定》，《法学》2015 年第 12 期；郭升选、孙华迎《医疗纠纷仲裁制度探索》，《河南教育学院学报》（哲学社会科学版）2016 年 3 月；马占军《我国医疗纠纷仲裁解决机制构建研究》，《河北法学》2011 年第 8 期。
② 参见王北京《医疗纠纷可仲裁性之法律思考》，《中国卫生法制》2012 年第 1 期。
③ 参见郭玉军、杜立《医疗事故损害赔偿仲裁若干问题研究》，《法学评论》2012 年第 2 期。
④ 参见王北京《医疗纠纷可仲裁性之法律思考》，《中国卫生法制》2012 年第 1 期。

但是，我国并未设立该条中所指的"体育仲裁机构"，①也并未明确该条中"竞技体育活动中发生的纠纷"是否包含所有体育争议，违纪处罚类的体育争议是否也具有可仲裁性。

2018年，辽宁省大连市中级人民法院在胡安、阿尔方索与大连一方足球俱乐部有限公司申请承认和执行CAS2014/O/3791号仲裁裁决案中，对CAS所作2014/O/3791号仲裁裁决予以承认和执行。该案中，申请人胡安和阿尔方索与被申请人大连一方足球俱乐部有限公司于2012年签订《法律服务合同》，约定由申请人代理被申请人解决被申请人与其曾聘球员之间的争议，同时约定了仲裁条款。申请人履行了《法律服务合同》，被申请人未能按约支付相应费用，申请人随后向CAS申请仲裁。2015年，CAS作出仲裁裁决，支持了申请人的请求。由于被申请人未执行仲裁裁决，申请人于2017年向大连市中级人民法院申请承认并执行CAS2014/O/3791号仲裁裁决。②该案被认为是我国法院依据《纽约公约》承认执行体育仲裁裁决第一案，表明了我国对体育争议可仲裁性的积极态度。

值得注意的是，大连市中级人民法院对CAS2014/O/3791号仲裁裁决的承认，并不意味着我国认可所有体育争议的可仲裁性。CAS2014/O/3791号仲裁裁决是有关体育案件律师费的争议，属于我国在加入《纽约公约》时所作的"商事保留"的范畴，对该裁决的承认并不代表我国认可违纪处罚类体育争议的可仲裁性。③ 2022年6

---

① 事实上，由于我国并未设立体育仲裁机构，体育争议的解决产生了一系列问题，最为典型的是足球球员或教练向俱乐部讨薪，却遭到法院、中国足协仲委会和劳动仲裁委三方均不受理的困境。鉴于该问题不是本书的主要研究内容，此处不作深入分析。

② 《胡安、阿尔方索与大连一方足球俱乐部有限公司一审民事裁定书》，辽宁省大连市中级人民法院（2017）辽02民初583号。

③ 参见蔡果、Jeffrey Benz《中国体育争议解决年度观察（2020）》，载北京仲裁委员会/北京国际仲裁中心编《中国商事争议解决年度观察（2020）》，中国法制出版社2020年版，第267—269页。

月24日，《体育法（2022年修订）》发布，设专章规定体育仲裁。其在第九十二条首先明确列明可以申请仲裁的争议事项包括：（1）对相关组织依兴奋剂管理规定作出的取消参赛资格、取消比赛成绩或禁赛处理决定不服的；（2）因运动员注册、交流发生的纠纷；（3）其他发生在竞技体育活动中的纠纷。其次，从反面将《仲裁法》规是的可仲裁纠纷和劳动争议排除在外。可以看出，《体育法（2022年修订）》认可了违纪处罚类体育争议的可仲裁性，充分表明我国对体育争议可仲裁性的积极态度以及支持体育仲裁发展的原则。

（七）自然资源争议

我国承认自然资源争议的可仲裁性，各仲裁委员会均有受理自然资源类争议的仲裁案件。以CIETAC和北京仲裁委员会/北京国际仲裁中心（以下简称"北仲"）为例，CIETAC2018年、2019年和2020年分别受理自然资源、矿产资源纠纷84件[1]、157件[2]和224件[3]，北仲2018年、2019年和2020年分别受理能源领域案件451件[4]、639件[5]和548件[6]，总体呈上升趋势。值得注意的是，根据最高人民法院在2019年通过的《最高人民法院关于审理行政协议案件若干问题的规定》（以下简称"《行政协议规定》"）的规定，政府特许经营协议属

---

[1] 参见中国国际经济贸易仲裁委员会主编《中国国际商事仲裁年度报告（2018—2019）》，法律出版社2019年版，第13页。

[2] 参见中国国际经济贸易仲裁委员会主编《中国国际商事仲裁年度报告（2019—2020）》，法律出版社2020年版，第11页。

[3] 参见中国国际经济贸易仲裁委员会主编《中国国际商事仲裁年度报告（2020—2021）》，法律出版社2021年版，第12页。

[4] 参见张伟华《中国能源争议解决年度观察（2019）》，载北京仲裁委员会/北京国际仲裁中心编《中国商事争议解决年度观察（2019）》，中国法制出版社2019年版，第112页。

[5] 参见齐晓东、崔轶凡、付国敏《中国能源争议解决年度观察（2020）》，载北京仲裁委员会/北京国际仲裁中心编《中国商事争议解决年度观察（2020）》，中国法制出版社2020年版，第116页。

[6] 参见齐晓东、崔轶凡、付国敏《中国能源争议解决年度观察（2021）》，载北京仲裁委员会/北京国际仲裁中心编《中国商事争议解决年度观察（2021）》，中国法制出版社2021年版，第126页。

行政协议,行政协议不能通过仲裁解决其争议,① 若涉自然资源的争议属于政府特许经营协议引起的争议,此类争议则不具有可仲裁性。

(八) PPP 合同争议

我国目前并没有针对 PPP 模式的专门立法,其他法律亦未就 PPP 合同争议的可仲裁性做明确规定,伴随着 PPP 模式近年来在我国的飞速发展,PPP 合同争议的可仲裁性问题在司法实践及理论界产生了争议。

PPP 是 Public-Private Partnership 的简称,即政府与社会资本合作模式。该种模式"是由社会资本承担设计、建设、运营、维护基础设施的大部分工作,并通过'使用者付费'及必要的'政府付费'获得合理投资回报;政府部门负责基础设施及公共服务价格和质量监督,以保证公共利益最大化。"② PPP 合同是指"政府方(政府或政府授权机构)与社会资本方(社会资本或项目公司)依法就 PPP 项目合作所订立的合同",具体包括"PPP 项目合同、股东协议、履约合同(包括工程承包合同、运营服务合同、原料供应合同、产品或服务购买合同等)、融资合同和保险合同等"。③

就 PPP 合同争议的解决方式,国家发展和改革委员会在其 2014 年制定的《政府和社会资本合作项目通用合同指南》中明确把仲裁列为争议解决方式之一。④ 财政部在其 2014 年制定的《项目合同指南(试行)》中也明确规定 PPP 项目合同的争议解决方式包括仲裁。⑤ 然而,2014 年修订的《中华人民共和国行政诉讼法》(以下简称"《行

---

① 参见《行政协议规定》第二条、第二十六条。
② 财政部:《关于推广运用政府和社会资本模式有关问题的通知》,财金〔2014〕76 号。
③ 财政部:《PPP 项目合同指南(试行)》,《关于推进政府和社会资本合作合同管理工作的通知》,财金〔2014〕156 号。
④ 参见《政府和社会资本合作项目通用合同指南》第七十三条。
⑤ 参见《PPP 项目合同指南(试行)》,第 93—96 页。

政诉讼法》")在第十二条第一款第十一项中规定政府特许经营协议属行政协议,由此产生的争议属于行政争议。2019年最高人民法院通过的《行政协议规定》第二十六条进一步明确行政协议约定的仲裁条款无效,同时在第二条中列举的行政协议中明确包括PPP协议。PPP合同是否属于行政协议进而导致其争议不具有可仲裁性成为争议的热点。

我国当下主流观点认为不能一概而论地否定PPP合同争议可仲裁性。首先,《行政协议规定》第二条中将"政府特许经营协议"和PPP协议单列规定,某种程度上说明PPP协议虽然在客观范围上与"政府特许经营协议"存在重叠,但不能将实践中所有PPP协议都等同于"政府特许经营协议"。① 事实上,《行政协议规定》第二条所列举的PPP协议明确加上了限定词"符合本规定第一条规定",也就意味着并非所有的PPP协议都当然地属于行政协议。② 其次,同行政协议纠纷允许在例外情况下适用调解一样,行政协议并不是当然地排斥仲裁这种解纷方式。③ 再次,行政协议本身亦属合同,我国的一些关于行政协议的规范性文件中均允许对行政协议适用合同法。考虑到《行政诉讼法》不允许行政主体提起诉讼或反诉,尽可能地将PPP协议认定为民事合同,也可以为政府一方提供平等的救济机会。④ 最后,根据《仲裁法》的规定,判定某类争议事项是否具有可仲裁性应以争议的属性为准,而非引起争议的协议的性质。⑤

(九)婚姻、家庭、继承争议

我国在《仲裁法》中明确规定婚姻、家庭、继承纠纷不具有可仲

---

① 参见王乐《公私法融合视角下的PPP协议争议解决》,《北方法学》2022年第1期。
② 参见车丕照《PPP协议中仲裁条款的效力问题》,《商事仲裁与调解》2020年第1期。
③ 参见谭红、王锦鹏《论行政协议中仲裁条款的效力问题》,《法律适用》2020年第14期。
④ 参见车丕照《PPP协议中仲裁条款的效力问题》,《商事仲裁与调解》2020年第1期。
⑤ 参见车丕照《PPP协议中仲裁条款的效力问题》,《商事仲裁与调解》2020年第1期。

裁性。① 最高人民法院在最高人民法院《关于不予承认及执行蒙古国家仲裁庭仲裁裁决的请示的复函》中认为，尽管涉案合同中的仲裁条款是向蒙古国仲裁庭主张其合同权利而产生的，但由于涉案仲裁裁决主要是确认申请人的法定继承人地位以及因该地位而应获得的投资财产权，属就继承事项作出的裁决。我国《仲裁法》中明确规定继承事项不具有可仲裁性。同意山东省高级人民法院拒绝承认与执行的意见。②

五 小结

我国仲裁包括国内仲裁、涉外仲裁和外国仲裁三种类型。1995年实施的《仲裁法》，确立了我国当今国内仲裁制度的基本原则和规定。我国就可仲裁性问题的立法总体采取概括加列举式，《仲裁法》第一条明确《仲裁法》的立法目的是"保证公正、及时地仲裁经济纠纷"；第二条从正面确定平等主体之间发生的合同纠纷和其他财产权益纠纷可以仲裁；第三条从反面列举婚姻、收养、监护、抚养、继承纠纷和行政争议不具有可仲裁性。《民法典》《著作权法》《消费者权益保护法》《旅游法》《保险法》《铁路法》《海商法》《海上交通安全法》《体育法》《反兴奋剂条例》中亦专门明确了著作权纠纷、消费者权益争议、旅游纠纷、保险纠纷、体育争议等特殊争议事项的可仲裁性。早在《仲裁法》的颁布和实施之前，我国在加入《纽约公约》时所做的商事保留亦是对可仲裁性问题的规定。

尽管我国通过相关法律法规对争议事项的可仲裁性作出了规定，

---

① 笔者认为在此类争议事项中是否应区别人身类争议事项和财产性争议事项，进而赋予财产性争议事项可仲裁性值得进一步深入研究。从当前仲裁制度的发展来看，国际上存在作此区别的趋势。
② 最高人民法院《关于不予承认及执行蒙古国家仲裁庭仲裁裁决的请示的复函》，最高人民法院（2009）民四他字第33号，2009年9月2日。

但是就一些特定类型的纠纷，比如，知识产权争议、反垄断争议、破产争议、公司法争议、医疗纠纷、PPP合同争议等，其可仲裁性问题仍存有一定争议。对此类特定争议事项可仲裁性存有质疑的原因主要集中在以下几点：第一，暂无明确法律规定或法律法规的规定及司法实践存有分歧。第二，相关争议事项或因其由专门行政机关管辖或因产生纠纷的协议性质被认为属于行政争议。第三，相关争议被认为会对社会公众或公共利益产生影响。反过来，认可此类特定争议事项可仲裁性的原因主要集中在：第一，欠缺相关法律法规的明确规定并不等于其不具有可仲裁性。第二，由专门行政机关管辖或产生纠纷的协议的性质不应作为判断争议事项本省是否具有可仲裁性的标准。第三，从仲裁制度在整个国际社会的发展来看，公共政策对可仲裁性问题的影响逐渐减弱。第四，相关争议事项可能对社会公众或公共利益产生的影响实则可以通过仲裁程序及仲裁规则的特殊规定加以避免。第五，仲裁制度本身的优势，有利于此类特定争议的解决。

第二节　我国可仲裁性问题现行立法的缺陷与完善

我国《仲裁法》自1995年实施以来，一直没有就可仲裁性问题的规定进行修改。从其颁布实施至今的实践可以看出，《仲裁法》就可仲裁性问题的规定存在一定的缺陷，本部分在分析我国可仲裁性问题现行立法缺陷的基础上，提出相应的完善建议。

一　我国可仲裁性问题现行立法的缺陷

从我国可仲裁性问题现行的相关规定及具体适用中可以看出，我国就可仲裁性问题的规定存在以下缺陷：

第五章　我国可仲裁性问题研究

第一，可仲裁性问题的相关规定不统一。根据我国在加入《纽约公约》时所做的商事保留，我国就可仲裁性问题的规定似乎类似于美国，凡属契约性和非契约性商事法律关系所引起的争议，均具有可仲裁性。根据最高人民法院就"契约性和非契约性商事法律关系"所作解释，具有可仲裁性争议事项的范围非常广。《仲裁法》的规定则采取了类似法国的概括加列举的立法模式，首先概括地规定"平等主体之间的合同纠纷和其他财产权益纠纷"可以仲裁，接着明确列举婚姻、收养、监护、扶养、继承纠纷以及行政争议不可以仲裁。根据《仲裁法》的立法目的，凡是经济纠纷，均可以适用仲裁这种争议解决方式。

对比"契约性和非契约性商事法律关系""合同纠纷和其他财产权益纠纷"以及"经济纠纷"，三者所指并不相同。"经济纠纷"一般指"平等主体的自然人、法人和非法人组织之间因人身和财产权益发生的权利冲突"[①]，而"合同纠纷和其他财产权益纠纷"并不包含人身纠纷。"契约性和非契约性商事法律关系"中亦同时包括财产性商事法律关系和非财产性商事法律关系，而"合同纠纷和其他财产权益纠纷"则不包括非财产性纠纷。可仲裁性问题规定的不统一给确定争议事项可仲裁性的判断标准及确定具体争议事项是否具有可仲裁性造成了一定困难。

第二，可仲裁性问题的判断标准模糊不清。根据我国相关法律法规就可仲裁性问题的规定，我国理论界就可仲裁性问题的判断标准大体可以概括为三种。有学者认为判断争议事项具有可仲裁性需要考察三点：一是争议内容具有财产性，即纠纷必须为合同纠纷和其他财产权益纠纷；二是仲裁主体具有平等性，即当事人的地位应当平等；三

---

① 肖中华、朱晓艳：《经济纠纷背景下的刑事诈骗案件认定》，《法学杂志》2021年第6期。

是仲裁事项具有可处分性，即仲裁事项必须是当事人有权处分的民事实体权利。① 另有学者认为判断某类争议事项是否具有可仲裁性应考察：（一）该争议事项是否具有可诉性，（二）该争议事项是否具有可补偿性，（三）该争议事项是否具有可和解性。② 还有学者认为可仲裁性问题的判断应关注争议事项所追求的经济目的，不以争议事项属于司法领域还是公法领域为标准，注重争议事项涉及的财产权益，争议事项的可争讼性和可处分性。③ 判断标准规定得模糊不清，导致实践中难以根据现有规定就特定争议事项的可仲裁性作出判断。

第三，认定特定争议事项的可仲裁性时，无论是司法实践中还是理论界，并未完全按照《仲裁法》的规定作出认定与分析。司法实践及理论界常见的判断争议事项可仲裁性的因素有：其一，相关法律法规是否规定由专门机关负责特定争议事项的纠纷解决。有专门的行政机关处理专利和商标的效力及权属争议便是其常被认为不具有可仲裁性的原因之一。反垄断争议不具有可仲裁性的原因之一亦是考虑到《反垄断法》明确其执法主要依靠行政执法机关。其二，通过仲裁解决特定争议事项，是否会影响其他人或我国公共政策。在认定知识产权有效性争议、反垄断争议、公司法争议的可仲裁性时，否定其可仲裁性的原因之一便是此类争议事项的结果往往会对第三人或社会公众产生影响，仅对当事人有效的仲裁无法作出具有公共效力的裁决。其三，相关法律法规是否明确将仲裁作为特定争议事项的解纷方式。最

---

① 参见黄进、马德才《国际商事争议可仲裁范围的扩展趋势之探析——兼评我国有关规定》，《法学评论》2007 年第 3 期；黄进、宋连斌《仲裁法学》，中国政法大学出版社 2002 年修订版，第 24 页；马占军《我国医疗纠纷仲裁解决机制构建研究》，《河北法学》2011 年第 8 期；李济楚《医疗纠纷仲裁法律问题研究》，《仲裁研究》2011 年第 3 期；郭玉军、杜立《医疗事故损害赔偿仲裁若干问题研究》，《法学评论》2010 年第 2 期。

② 参见杜新丽《从比较法的角度论我国反垄断争议的可仲裁性》，《比较法研究》2008 年第 5 期；郭海瑞《破产案件的可仲裁性分析》，《研究生法学》2008 年第 5 期。

③ 参见乔欣、李莉《争议可仲裁性研究（上）》，《北京仲裁》2004 年第 2 期。

高人民法院在认定反垄断争议和公司解散争议不具有可仲裁性时,均指出相关法律法规并未明确规定仲裁作为解纷方式。可见,司法实践及理论界在认定特定争议事项的可仲裁性问题时,并没有完全从"契约性和非契约性商事法律关系""合同纠纷和其他财产权益纠纷"或"经济纠纷"这几个角度出发。当然,这与其指代不同进而导致判断标准模糊不清有直接关系。

第四,可仲裁性问题的判断标准是否包括其他法律法规就争议事项解纷方式的规定不明确。除全国人大就加入《纽约公约》所作的决定和《仲裁法》以外,《民法典》《著作权法》《消费者权益保护法》等均明确规定所涉争议事项具有可仲裁性。司法实践中亦存在根据相关法律法规是否明确规定仲裁为解纷方式,或是否明确规定民事诉讼为解纷方式进而排除仲裁来判断特定争议事项可仲裁性的实践。这是否意味着,若其他法律法规未规定仲裁作为解纷方式,或规定有关纠纷由法院管辖,就当然排除了该类争议事项的可仲裁性?

第五,可仲裁性问题的判断是否区分国内仲裁、涉外仲裁以及外国仲裁并不明确。根据我国在加入《纽约公约》时所做的商事保留,凡属契约性和非契约性商事法律关系所引起的争议,均具有可仲裁性。"契约性和非契约性商事法律关系"所指大于我国《仲裁法》中所规定的"合同纠纷和其他财产权益纠纷"。这样的规定似乎说明我国可仲裁性问题的判断标准至少在外国仲裁中是较为宽松的。[①] 就涉外仲裁而言,《仲裁法》第六十五条明确涉外仲裁中可仲裁性问题适用国内仲裁的相关规定。由此,在判定争议事项的可仲裁性时,我国

[①] 有学者指出这样的规定并不自洽。因为理论上同类纠纷的仲裁裁决本应基于相同的价值考量,但这样的规定使得外国仲裁的非财产性和非契约性纠纷能在我国得到承认和执行,但在国内仲裁中却不具有可仲裁性。参见曹志勋《论可仲裁性的司法审查标准——基于美国反垄断仲裁经验的考察》,《华东政法大学学报》2012年第4期。

仅区分了外国仲裁，这与大部分国家区分国际仲裁和国内仲裁的规定不同。

二 我国可仲裁性问题现行立法的完善

我国《仲裁法》自 1995 年实施以来，虽然分别在 2009 年和 2017 年就部分内容进行了修改，但就可仲裁性问题的规定并未进行修改。全国人大常委会在 2018 年公布的立法规划中将《仲裁法》的修改列在第二类"需要抓紧工作、条件成熟时提请审议的法律草案"中。2021 年 7 月 30 日，司法部发布了《仲裁法（征求意见稿）》，就可仲裁性问题的规定做了修改。根据中国社会科学院国际法研究所、北京市法学会立法学研究会与中国仲裁法学研究会共同推出的《仲裁专家意见调查问卷》结果，对于《仲裁法》的修订是否可以修改现行《仲裁法》第二条的规定，尽管存有较大分歧，仍有 53.92% 的受访专家认为应该修改，其中相较于受访仲裁律师，受访国际仲裁专家及教学科研人员更倾向于对其进行修改，扩大可仲裁性范围。[①]

笔者认为仲裁已经成为国际上解决争议的主要手段，世界各国对仲裁持扩大化、友好化的态度；可仲裁性的判断标准呈从严到松、范围不断扩大的趋势。我国仲裁制度多年的发展表明，仲裁可以很好地提高我国纠纷解决机制的能力和水平。新时代中国特色社会主义要求坚持全面深化改革，要吸收人类文明有益成果。我国当下以"一带一路"建设为重点，坚持"引进来"和"走出去"并重。可仲裁性问题是决定仲裁适用范围的决定因素，扩大仲裁的适用范围，在缓解我国不同社会矛盾的同时，还可以促进我国仲裁事业的发展，提升我国纠纷解决机制在世界上的竞争力及影响力。针对我国现行规定存在的

---

① 参见毛晓飞《法律实证研究视角下的仲裁法修订：共识与差异》，《国际法研究》2021 年第 6 期。

缺陷，笔者认为《仲裁法》的修改应对可仲裁性问题作出如下修改：

第一，确立我国可仲裁性问题修改的基本原则。可仲裁性问题的修改应首先确立修改的基本原则。笔者认为在修改可仲裁性问题时，应遵循三大原则：（1）以维护国家公共利益为前提。尽管仲裁是一种私人争议解决方式，但恰恰因为仲裁是一种私人的争议解决方式却有着公共结果，争议事项的可仲裁性的认定，应结合我国国情，以维护国家公共利益为前提，违反国家公共利益或对国家公权力造成危害的事宜不具有可仲裁性。然而，对公共利益和国家公权力的解释和适用应严格限制，不可把任何对国家公共利益有影响的事宜统归为不具有可仲裁性。（2）以尊重当事人意思自治为核心。仲裁是一种私人争议解决方式，理论上讲只要双方当事人达成合意选择仲裁作为纠纷解决方式，任何纠纷都可以通过仲裁解决。因此，可仲裁性问题的修改，不应背离仲裁的本质，需以尊重当事人意思自治为核心。（3）以增强我国仲裁制度的国际竞争力为目标。2019年，中共中央办公厅、国务院办公厅印发了《关于完善仲裁制度提高仲裁公信力的若干意见》，其中提出仲裁要服务国家全面开放和发展战略。可仲裁性问题的修改应以增强我国仲裁制度的国际竞争力为目标。

第二，统一可仲裁性问题的相关规定，尤其是要明确我国在加入《纽约公约》时所做的商事保留中就"契约性与非契约性的商事法律关系"和《仲裁法》中的"经济纠纷""合同纠纷和其他财产权益纠纷"之间的关系。笔者以为我国当下《仲裁法》中就可仲裁性问题的规定类似于法国模式，这种较为严苛的概括加列举式的立法模式，即便是在法国国内，也已遭到批判，在国际仲裁中则直接适用其他规定。

我国在加入《纽约公约》时所做的商事保留以及《仲裁法》立法目的中所确立的"经济纠纷"表明"经济利益"在我国可仲裁性

问题的判断中占有重要地位。《仲裁法》第二条所用"合同纠纷和其他财产权益纠纷"所指范围既小于"契约性与非契约性的商事法律关系",又小于"经济纠纷"。笔者建议应统一以我国在加入《纽约公约》时所做的商事保留的规定为准。

第三,明确可仲裁性问题的判断标准。笔者认为我国现行实践中判断争议事项可仲裁性所考量的因素并不完全合适。

首先,法律法规中规定专门的机关解决某类争议事项,并不代表就是解决此类争议事项的最优解或唯一解。以专利有效性争议为例,美国、欧盟曾经明确限定法院对专利有效性争议享有专属管辖权,但是均在相关法律的修订中做了修改。德国尽管规定联邦专利法院和最高法院对专利有效性争议享有专属管辖权,仍然认可专利有效性的可仲裁性。笔者认为以此为由限定争议事项的可仲裁性,实则仍是对仲裁制度是否能够解决特定争议事项的纠纷持怀疑态度。

其次,法律法规中没有明确规定仲裁作为争议事项的解纷方式,并不能说明法律法规认定此类争议事项不具有可仲裁性,反而恰恰说明法律法规允许通过仲裁解决此类争议事项。最高人民法院亦曾明确指出"只要不属于我国仲裁法第三条规定的不能仲裁的争议,我国法院不会以可仲裁性的理由否定该仲裁裁决。"[①] 世界上其他国家也是多以立法明确排除仲裁为否定争议事项可仲裁性的标准。

如若以此作为否定争议事项可仲裁性的判断标准之一,则会大大限缩具有可仲裁性争议事项的范围。此次《仲裁法(征求意见稿)》将现行《仲裁法》第三条第二款"依法应当由行政机关处理的行政争议"改为"法律规定应当由行政机关处理的行政争议",同时增加"其他法律有特别规定的,从其规定",受到了多数学者的肯定,认为

---

① 罗东川、高晓力:《实现涉外仲裁有效支持促进国际仲裁事业发展》,《法制日报》2013年6月28日第5版。

其明确了"只有全国人大制定的法律才可否定特定类型纠纷的可仲裁性",① 笔者认同此种观点,争议事项的可仲裁性不能仅仅因为法律法规中没有明确规定仲裁作为争议事项的解纷方式而被否定。②

再次,各国可仲裁性问题的规定虽然受一国公共政策的影响,但公共政策并不等于可仲裁性(参见第一章第四节),争议事项的可仲裁性应以各国法律法规的规定为准,而非是否违反公共政策。公共政策不宜作为判断争议事项可仲裁性的标准之一。《纽约公约》和我国《民事诉讼法》都明确将违反公共政策和争议事项不具有可仲裁性作为独立的两个拒绝承认与执行的事由。③ 至于仲裁所作裁决是否会影响第三人或社会公众,可以通过有条件的赋予仲裁裁决对世效力或制定专门的仲裁规则或仲裁条款来加以规避。以公司法争议为例,德国、波兰、瑞士均设置了专门仲裁程序、仲裁规则、仲裁机构来避免公司法争议仲裁可能给第三人或社会公众带来的影响,而非以此否定了公司法争议的可仲裁性。尽管仍有国家把公共政策作为认定争议事项可仲裁性的判断标准之一,但从总体发展趋势来看。公共政策的影响在逐渐减弱。

笔者以为,我国可仲裁性问题的判断标准应在以我国加入《纽约公约》所做的商事保留为准的基础上,明确争议事项的财产性和可处分性为判断标准。就何为"财产性",笔者以为可借鉴瑞士和德国的规定,只要是具有"经济利益"或"金钱价值",与财产相关就可以视为满足争议事项内容的财产性。当然,具有"经济利益"或"金

---

① 参见毛晓飞《法律实证研究视角下的仲裁法修订:共识与差异》,《国际法研究》2021年第6期。
② 《仲裁法(征求意见稿)》中将现行《仲裁法》第二条中的"平等主体的公民、法人和其他组织"修改为"自然人、法人和其他组织",同样旨在扩大可仲裁性的范围,笔者以为此更多是从主观可仲裁性角度出发,鉴于本书主要论述客观可仲裁性,不作更多评论。
③ 参见《民事诉讼法》第281条第1款第4项和第2款。

钱价值"、有财产性并不等于通过其获取经济利益。

争议事项的可处分性是判断可仲裁性的重要标准，笔者认为不能完全将其排除在外。从仲裁的契约属性来看，尽管当事人可以自由决定契约内容，但是当事人只能就其可处分的事项进行约定。争议事项的可处分性不可否认的是判断争议事项可仲裁性的标准之一。这也是世界各国普遍不认同关于婚姻、收养、监护、抚养、继承等家庭争议的可仲裁性的原因。此类纠纷的共同点在于其均涉及对当事人身份的认定，此种身份的认定或者基于血缘关系，比如，抚养、监护、继承，或者基于当事人长期相处而发展出的紧密联系，比如，婚姻和收养，当事人对其没有处分权。我国《仲裁法》第三条反面列举的婚姻、收养、监护、抚养、继承纠纷以及行政争议，实则也是从争议的可处分性出发的。但是，笔者认为应限制争议事项可处分性的解释，不宜将其扩大到超出婚姻、收养、监护、抚养、继承纠纷等身份认定的范围。

至于某些难以通过财产性和可处分性来判断的争议事项的可仲裁性问题，可以通过部门法的特别规定就其可仲裁性问题作出单独规定，未明确规定不具有可仲裁性的即视为法律允许通过仲裁解决相应的争议。

第四，明确可仲裁性问题的判断标准是否区分国内仲裁、涉外仲裁和外国仲裁。纵观世界上仲裁制度发展较为完善的国家，美国可仲裁性争议范围的扩大，首先从国际仲裁中开始，逐渐过渡到国内仲裁；法国和瑞士针对国际仲裁和国内仲裁分别适用不同的可仲裁性判断标准。笔者以为，国内仲裁和国际仲裁的性质不同，国内仲裁可仲裁性问题的确定应同时考虑仲裁的契约本质以及司法对仲裁制度的影响；国际仲裁可仲裁性问题的确定，则应更多地考虑仲裁作为一种争议解决制度的目的和功能。我国可以借鉴法国、瑞士、新加坡等国的做法，区分国内仲裁、涉外仲裁和外国仲裁中可仲裁性问题的判断标准。在国内仲裁中可以根据我国的国情及公共政策适用较为严格的规定；在涉外仲裁和外国仲裁中则可以适用更为宽松的、与国际接轨的规定，以保证我国仲裁制度在全球范围内的竞争力。

因此，笔者建议我国可仲裁性问题的规定应以我国在加入《纽约公约》时所做的商事保留的规定为准，在立法模式上建议借鉴瑞士、德国的概括式的立法模式，以争议事项的财产性和可处分性为判断标准，区别国内仲裁和外国仲裁及涉外仲裁，外国仲裁和涉外仲裁可以适用较为宽松的判断标准。

第三节 本章小结

我国可仲裁性问题的规定最早见于我国在加入《纽约公约》时所做的商事保留中，据其可以得出凡是由于合同、侵权或者根据有关法律规定而产生的经济上的权利义务关系都具有可仲裁性。但是，此规定并不是直接针对可仲裁性问题的，仅仅是从侧面对其进行了规定。1995年实施的《仲裁法》直接对可仲裁性问题作出了规定。《仲裁法》就可仲裁性问题的规定采取了概括加列举的模式，首先从正面规定平等主体的公民、法人和其他组织之间发生的合同纠纷和其他财产权益纠纷可以仲裁；紧随其后，又从反面列举了不具有可仲裁性的争议，包括婚姻、收养、监护、抚养、继承纠纷和行政争议。虽然《民法典》《著作权法》《消费者权益保护法》等明确了特定争议事项的可仲裁性，但是就知识产权争议、反垄断争议、破产争议、公司法争议、医疗纠纷、PPP合同争议等争议事项的可仲裁性，理论及司法实践仍存有一定争议，与我国可仲裁性问题现行的立法存在一定缺陷有直接关系。

我国可仲裁性问题的规定存在规定不统一，判断标准模糊不清的问题，导致司法实践中并未完全按照《仲裁法》的规定认定争议事项的可仲裁性。国内仲裁、涉外仲裁以及外国仲裁是否适用同一标准也不明确。由于不具有可仲裁性可以影响仲裁协议的效力、仲裁庭的管辖权，也是拒绝承认执行仲裁裁决的理由之一，争议事项可仲裁性规定的不明将直接影响当事人仲裁地、仲裁机构等的选择，进而影响我国仲裁制度在世界上的竞争力和影响力。我国仲裁制度多年的发展表明，仲裁可以很好地提高我国纠纷解决机制的能力和水平。扩大仲裁的适用范围，在缓解我国不同社会矛盾的同时，还可以促进我国仲裁事业的发展，提升我国纠纷解决机制在世界上的竞争力及影响力。我国可仲裁性问题的立法完善，应以维护国家公共利益为前提，以尊重当事人意思自治为核心，以增强我国仲裁制度的国际竞争力为目标。统一可仲裁性问题的相关规定，明确可仲裁性问题的判断标准，根据国内仲裁与国际仲裁的不同性质，在争议事项可仲裁性的判断标准中区分国内仲裁、涉外仲裁、外国仲裁，可以在涉外仲裁和外国仲裁中采取较为宽松的规定。我国可仲裁性问题的规定应以我国在加入《纽约公约》时所做的商事保留的规定为准，在立法模式上建议借鉴瑞士、德国的概括式的立法模式，以争议事项的财产性和可处分性为判断标准，区别国内仲裁和外国仲裁及涉外仲裁，外国仲裁和涉外仲裁可以适用较为宽松的判断标准。

结　　论

"可仲裁性"一般指的是客观可仲裁性，即某类争议事项是否可以仲裁。本书通过对可仲裁性问题的研究，得出以下结论性认识：

1. 研究可仲裁性问题对整个仲裁制度的研究有重要意义，可仲裁性问题的影响贯穿整个仲裁程序，从仲裁的基石仲裁协议的效力到仲裁的决定者仲裁庭的管辖范围再到仲裁最终的结果仲裁裁决的承认与执行，可仲裁性问题都占据着一席之位。

2. 仲裁的性质和公共政策是研究可仲裁性问题的理论依据。仲裁的性质决定着可仲裁性问题的研究方向，公共政策的不同及变化导致可仲裁性问题规定的不同和变化。仲裁的性质应区分国内仲裁和国际仲裁。仲裁混合说兼顾了仲裁契约说和仲裁司法说，更好地反映了国内仲裁的性质。国际仲裁是在国际贸易发展中产生的，其发展与完善主要基于商人的实践，并非专门创设的法律制度，仲裁自治说更准确地反映了其性质。

3. 可仲裁性问题与仲裁管辖权、仲裁协议效力和公共政策是完全不同的概念。可仲裁性与仲裁管辖权是两个独立的概念，争议事项不具有可仲裁性，仲裁庭对该争议事项无管辖权。争议事项不具有可仲裁性是仲裁协议效力的实质要件之一，但是仲裁协议的无效并不必然意味着协议下的争议事项不具有可仲裁性。同样地，一国的公共政策会影响某类争议事项在该国的可仲裁性，但是仅仅因为某类争议事项涉公共政策并不能据此认定此类争议事项没有可仲裁性。

4. 国际仲裁中，可仲裁性问题的法律适用因提起可仲裁性问题的阶段不同而不同。在仲裁程序开始时，当事人可以争议不具有可仲裁性为由就仲裁庭的管辖权向仲裁庭提出异议。此时，仲裁庭可以依据仲裁协议效力的适用法、仲裁地法、或依据有效原则来解决可仲裁性问题，在与仲裁程序平行的诉讼程序中，当事人还可以争议不具有可仲裁性，仲裁庭没有管辖权为由，向法院提起诉讼。此时，通说认为法院应适用法院地法来解决可仲裁性问题，但是，也有学者认为应适用仲裁协议效力的适用法或仲裁地法。在仲裁裁决作出后，当事人可以以争议事项不具有可仲裁性为由向法院申请撤销该裁决。此时，法院一般会直接适用法院地法就可仲裁性问题作出判决。在仲裁裁决的承认与执行阶段，当事人也可以以争议事项不具有可仲裁性为由申请法院拒绝承认与执行仲裁裁决，通说认为应以《纽约公约》的明确规定为准，适用法院地法。笔者以为，当当事人在仲裁庭前以争议事项不具有可仲裁性为由向仲裁庭提出管辖权异议时，仲裁庭在确定争议事项的可仲裁性问题时应结合支持仲裁的大环境，适用有效原则，尊重并满足当事人希望争议通过仲裁解决的意愿。当当事人在法院前以可仲裁性问题为由要求法院就仲裁庭是否有管辖权作出决定时，或在仲裁庭作出裁决后，当事人在法院前以争议事项不具有可仲裁性，仲裁庭没有管辖权为由要求法院撤销仲裁裁决时，法院仅应在法院与仲裁庭存在管辖权冲突时，即争议事项与法院所在地有密切联系时，争议本应由该国法院解决时，适用法院地法。

5. 可仲裁性问题的判定不存在一个统一的国际标准。在国际立法层面，以《纽约公约》为代表的国际公约和《示范法》等软法均没有给出明确的规定，各个国家的规定也多以本国的政治、社会、经济

结　论

政策为依据，具体判断标准因国家不同而不同。

6. 可仲裁性问题的立法模式可基本概括为美国模式、法国模式和瑞士、德国模式。可仲裁性问题的立法形式主要包括概括式、列举式和概括加列举式，规定方法有正面规定、反面排除或者二者结合三种模式，具体判断因素集中在"商事性""可处分性""经济利益"和"公共政策"四个因素上。其中，美国模式采取的是正面规定的概括式，考虑因素主要是"商事性"和"公共政策"，且"商事性"被不断扩大解释，"公共政策"的作用被逐渐削弱，除非立法明确规定不允许仲裁，其他符合"商事性"要求的争议事项均具有可仲裁性。加拿大的规定与其类似。法国采取的是从正反两方面规定的概括加列举式，具体的考虑因素为"可处分性"和"公共政策"。日本、阿根廷都与其类似。瑞士和德国都是简单的概括式，从正面规定，且注重"经济利益"这个考量因素。与美国、法国的规定截然不同。就这三种模式而言，美国模式极为灵活和宽松，其可仲裁性争议的范围也相对宽于另外两种模式。法国模式较为严格，可仲裁性争议的范围也就相对窄于美国模式和瑞士、德国模式。但是，如此严苛的模式已与当今国际仲裁的发展格格不入，其本国的法院在国际仲裁中也已经拒绝适用其规定。

7. 公共政策曾经是导致某一争议事项在可仲裁性问题上存疑的主要原因。其具体表现为：（1）争议的解决有一国公权力的参与；（2）争议的结果会对第三人有影响，甚至产生一种对世效力；（3）争议本身过于复杂且有公共政策的烙印。但是，公权力机关的参与本身并不构成否定该争议事项可仲裁性的理由。尽管仅对当事人有效的仲裁裁决可能会影响第三人或公共利益，但与其否定该类争议事项的可仲裁性，可在制定相关规则时通过专门规定弥补仲裁裁决对第三人的影响，亦可设计专门的仲裁程序和仲裁规则来避免。当争议事项是由于公共政策的色彩过于浓厚而被怀疑其可仲裁性时，随着一国公共政策的变化，此类争议事项的可仲裁性也会发生变化。

8. 具有可仲裁性的争议事项的范围呈不断扩大的趋势，越来越多的争议事项可以通过仲裁来解决。这种扩大趋势首先体现在国际仲裁中。国际仲裁中就可仲裁性问题的规定解释普遍宽松于国内仲裁中的规定。这种趋势逐渐对国内仲裁产生影响，扩大着国内仲裁中具有可仲裁性的争议事项的范围。

结合以上结论性认识，本书对我国可仲裁性问题进行了研究，指出我国可仲裁性问题现行立法存在的缺陷并给出了立法完善建议：

1. 可仲裁性问题的相关规定不统一。我国在加入《纽约公约》时所做的商事保留中规定的"契约性和非契约性的商事法律关系"和《仲裁法》中的"经济纠纷""合同纠纷"和"其他财产权益纠纷"的规定不统一。笔者建议我国可仲裁性问题的规定以我国在加入《纽约公约》时所做的商事保留的规定为准。

2. 可仲裁性问题的判断标准模糊不清，导致司法实践中并未完全按照《仲裁法》的规定分析认定争议事项的可仲裁性。笔者认为，我国可仲裁性问题的规定应以我国在加入《纽约公约》时所做的商事保留的规定为准，在立法模式上建议借鉴瑞士、德国的概括式的立法模式，以争议事项的财产性和可处分性为判断标准。就某些难以通过财产性和可处分性来判断的争议事项的可仲裁性问题，可以通过部门法的特别规定就其可仲裁性问题作出单独规定，未明确规定不具有可仲裁性的即视为法律允许通过仲裁解决相应的争议。

3. 可仲裁性问题的判断是否区分国内仲裁、涉外仲裁以及外国仲裁并不明确。笔者认为国内仲裁和国际仲裁的性质不同，国内仲裁可仲裁性问题的确定应同时考虑仲裁的契约本质以及司法对仲裁制度的影响；国际仲裁可仲裁性问题的确定，则应更多地考虑仲裁作为一种争议解决制度的目的和功能。我国可以借鉴法国、瑞士等国的做法，区分国内仲裁、涉外仲裁和外国仲裁中可仲裁性问题的判断标准。在国内仲裁中可以根据我国的国情适用较为严格的规定；在涉外仲裁和外国仲裁中则可以适用更为宽松的规定，以保证我国仲裁制度在全球范围内的竞争力。

制定于 20 多年前的我国《仲裁法》反映了那个时代的特征与需要，20 多年过去了，我国和全球的政治、经济、文化都已发生了天翻地覆的变化。笔者希望通过本书就可仲裁性问题的研究，为我国仲裁制度的发展以及提升我国纠纷解决机制在全球的竞争力和影响力提供一己之力。

参考文献

一 中文类（包括译著）

（一）著作类（包括译著）

樊堃：《仲裁在中国：法律与文化分析》，法律出版社2017年版。

顾培东：《社会冲突与诉讼机制》，法律出版社2016年版。

韩健：《现代国际商事仲裁法的理论与实践》，法律出版社2000年版。

胡荻：《国际商事仲裁权研究》，法律出版社2015年版。

黄进、宋连斌、徐前权：《仲裁法学》，中国政法大学出版社2008年版。

欧明生：《民商事纠纷可仲裁性问题研究》，浙江大学出版社2013年版。

乔欣：《仲裁法学》，清华大学出版社2020年版。

乔欣主编：《和谐文化理念视角下的中国仲裁制度研究》，厦门大学出版社2011年版。

沈伟、陈治东：《商事仲裁法——国际视野和中国实践》，上海交通大学出版社2020年版。

宋连斌：《仲裁法》，武汉大学出版社2010年版。

谭兵主编：《中国仲裁制度的改革与完善》，人民出版社2005年版。

谭兵主编：《中国仲裁制度研究》，法律出版社1995年版。

万鄂湘主编：《涉外商事海事审判指导》（第9辑），人民法院出版社2004年版。

肖建国主编：《仲裁法学》，高等教育出版社2021年版。

晏玲菊：《国际商事仲裁制度的经济学分析》，上海三联书店2016年版。

杨良宜：《国际商务仲裁》，中国政法大学出版社1997年版。

杨良宜、莫世杰、杨大明：《仲裁法，从1996年英国仲裁法到国际商务仲裁》，法律出版社2006年版。

杨秀清：《仲裁司法审查裁判规则理论与实务》，法律出版社2021年版。

章尚锦、杜焕芳：《国际私法》，中国人民大学出版社2014年版。

赵汉根：《商事仲裁法律实务》，中国法制出版社2020年版。

中国国际仲裁30人编著：《1958年〈承认与执行外国仲裁裁决公约〉（〈纽约公约〉）理论与适用》，法律出版社2020年版。

［法］伊曼纽尔·盖拉德：《国际仲裁的法理思考和实践指导》，黄洁译，北京大学出版社2010年版。

（二）论文类

蔡果、Jeffrey Benz：《中国体育争议解决年度观察（2020）》，载北京仲裁委员会/北京国际仲裁中心编《中国商事争议解决年度观察（2020）》，中国法制出版社2020年版。

曹志勋：《论可仲裁性的司法审查标准——基于美国反垄断仲裁经验的考察》，《华东政法大学学报》2012年第4期。

车丕照：《PPP协议中仲裁条款的效力问题》，《商事仲裁与调解》2020年第1期。

陈健：《知识产权仲裁制度研究》，《北京仲裁》2015年第4期。

杜焕芳课题组：《知识产权仲裁机构建设：理论证成、域外借鉴和制度设计》,《商事仲裁与调解》2021年第1期。

杜新丽:《从比较法的角度论我国反垄断争议的可仲裁性》,《比较法研究》2008年第5期。

高晓力:《中国法院承认和执行外国仲裁裁决的积极实践》,《法律适用》2018年第5期。

郭海瑞:《破产案件的可仲裁性分析》,《研究生法学》2008年第5期。

郭升选、孙华迎:《医疗纠纷仲裁制度探索》,《河南教育学院学报》(哲学社会科学版)2016年第2期。

郭玉军、杜立:《医疗事故损害赔偿仲裁若干问题研究》,《法学评论》2012年第2期。

黄晖:《知识产权可仲裁性的发展趋势论》,《仲裁研究》2013年第1期。

黄进、马德才:《国际商事争议可仲裁范围的扩展趋势之探析——兼评我国有关规定》,《法学评论》2007年第3期。

金春:《"一带一路"背景下国际商事仲裁与破产法的协调——兼议〈企业破产法司法解释(三)〉》,《人民司法》2019年第13期。

李济楚:《医疗纠纷仲裁法律问题研究》,《仲裁研究》2011年第3期。

李叶丹:《国际商事仲裁中当事人破产对仲裁庭管辖权的影响》,《仲裁研究》2009年第3期。

李永申、金汝善:《中韩国际商事仲裁中的可仲裁性问题比较研究》,《北京仲裁》2012年第3期。

刘瑾:《论知识产权有效性仲裁的认识误区及相关救济制度重塑》,《知识产权》2016年第11期。

刘经涛:《刍议跨国破产程序与国际商事仲裁程序的冲突》,《中国海商法研究》2017 年第 2 期。

刘兰秋：《韩国医疗调解纠纷立法及对我国的启示》，《证据科学》2014 年第 4 期。

刘晓红、冯硕：《对〈仲裁法〉修订的"三点"思考——以〈仲裁法（修订）（征求意见稿）〉为参照》，《社会科学文摘》2021 年第 11 期。

罗东川、高晓力：《实现涉外仲裁有效支持促进国际仲裁事业发展》，《法制日报》2013 年 6 月 28 日第 5 版。

马骁潇：《反垄断争议的可仲裁性探究及立法思考》，《北京仲裁》2015 年第 2 期。

马占军：《我国医疗纠纷仲裁解决机制构建研究》，《河北法学》2011 年第 8 期。

毛晓飞：《法律实证研究视角下的仲裁法修订：共识与差异》，《国际法研究》2021 年第 6 期。

齐晓东、崔轶凡、付国敏：《中国能源争议解决年度观察（2020）》，载北京仲裁委员会/北京国际仲裁中心编《中国商事争议解决年度观察（2020）》，中国法制出版社 2020 年版。

齐晓东、崔轶凡、付国敏：《中国能源争议解决年度观察（2021）》，载北京仲裁委员会/北京国际仲裁中心编《中国商事争议解决年度观察（2021）》，中国法制出版社 2021 年版。

乔欣、李莉：《争议可仲裁性研究（上）》，《北京仲裁》2004 年第 2 期。

乔欣、李莉：《争议可仲裁性研究（下）》，《北京仲裁》2004 年第 3 期。

申卫星：《医患关系的重塑与我国〈医疗法〉的制定》，《法学》2015 年第 12 期。

宋春龙：《公司解散纠纷可仲裁性问题研究》，载《仲裁与法律》（第135辑），法律出版社2017年版。

孙晋：《论反垄断纠纷可仲裁性的司法考量——兼评某垄断纠纷管辖权异议案》，《法律适用》2017年第7期。

谭红、王锦鹏：《论行政协议中仲裁条款的效力问题》，《法律适用》2020年第14期。

陶建国：《德国、法国医疗纠纷诉讼外解决机制及启示》，《中国卫生法制》2010年第4期。

王北京：《医疗纠纷可仲裁性之法律思考》，《中国卫生法制》2012年第1期。

王乐：《公私法融合视角下的PPP协议争议解决》，《北方法学》2022年第1期。

王利香：《公司解散纠纷的可仲裁性研究——以中外合资经营企业解散纠纷为中心》，《北京仲裁》2019年第110辑。

吴佩乘：《论作为私人实施方式的反垄断民事纠纷仲裁》，《北京仲裁》2020年第4辑。

肖中华、朱晓艳：《经济纠纷背景下的刑事诈骗案件认定》，《法学杂志》2021年第6期。

薛虹：《知识产权仲裁的特殊法律问题研究》，《商事仲裁与调解》2021年第1期。

洋溢：《国际商事仲裁中可仲裁性的重新审查》，《知与行》2017年第3期。

张艾青：《反垄断争议的可仲裁性研究——兼论欧美国家的立法与司法实践及其对我国的启示》，《法商研究》2006年第4期。

张伟华：《中国能源争议解决年度观察（2019）》，载北京仲裁委员会/北京国际仲裁中心编《中国商事争议解决年度观察（2019）》，中国法制出版社 2019 年版。

张子学：《公司法纠纷可仲裁性初步研究》，《中国政法大学学报》2019 年第 4 期。

赵秀文：《论国际商事仲裁中的可仲裁事项》，《时代法学》2005 年第 2 期。

钟皓珺：《国际商事仲裁中争议事项的可仲裁性之研究》，《法制博览》2017 年第 28 期。

三　外文类

（一）著作类

Albert Jan van den Berg, *Yearbook Commercial Arbitration*, The Netherlands: Kluwer Law International, 2003.

Bernhard BerGer and Franz Kellerhals, *International and Domestic Arbitration in Switzerland*, Switzerland: Stämpfli Publications Ltd., 2015.

Derek Roebuck and Bruno de Loynes de Fumichon, *Roman Arbitration*, Oxford: Holo Books, 2004.

Emmanuel Gaillard and Domenico Di Pietro eds., *Enforcement of Arbitration Agreements and International Arbitral Awards: The New York Convention in Practice*, London: Cameron May, 2008.

Emmanuel Gaillard and John Savage eds., *Fouchard, Gaillard, Goldman on International Commercial Arbitration*, The Netherlands: Kluwer Law International, 1999.

Gary B. Born, *International Arbitration: Law and Practice*, The Netherlands: Kluwer Law International, 2012.

Gary B. Born, *International Commercial Arbitration*, The Netherlands: Kluwer Law International, 2021.

Gloria Maria Alvarez, Melanie Riofrio Piche, et al. eds., *International Arbitration in Latin America: Energy and Natural Resources Disputes*, The Netherlands: Kluwer Law International, 2021.

Jean Rouche, Gerald H. Pointon, et al., *French Arbitration Law and Practice: A Dynamic Civil Law Approach to International Arbitration*, The Netherlands: Kluwer Law International, 2009.

Julian D. M. Lew, Loukas Mistelis, et al., *Comparative International Commercial Arbitration*, The Netherlands: Kluwer Law International, 2003.

Lise Bosman ed., *ICCA International Handbook on Commercial Arbitration*, The Netherlands: Kluwer Law International, 2021.

Loukas A. Mistelis and Julian D. M. Lew eds., *Pervasive Problems in International Arbitration*, The Netherlands: Kluwer Law International, 2006.

Loukas A. Mistelis and Stavros L. Brekoulakis eds., *Arbitrability: International and Comparative Perspectives*, The Netherlands: Kluwer Law International, 2009.

Marc Blessing ed., *Objective Arbitrability-Antitrust Disputes-Intellectual Property Disputes*, Basel: Swiss Arbitration Association, 1994.

Nigel Blackaby, Constantine Partasides, et al., *Redfern and Hunter on International Arbitration*, New York: Oxford University Press, 2015.

Patricia Nacimiento, Stefan M. Kroll, et al. eds., *Arbitration in Germany: The Model Law in Practice*, The Netherlands: Kluwer Law International, 2015.

Pieter Sanders ed., *ICCA's Guide to the Interpretation of the 1958 New York Convention*, The Hague: International Council for Commercial Arbitration, 2012.

Simon Vorburger, *International Arbitration and Cross-border Insovency: Com-*

parative Perspectives, The Netherlands: Kluwer Law International, 2014.

Tao Jingzhou, *Arbitration Law and Practice in China*, The Netherlands: Kluwer Law International, 2012.

Thomas E. Caronneau, *Cases and Materials on Arbitration Law and Practice*, Minnesota: West Academic Publishing, 2012.

Trevor Cook and Alejandro I. Garcia, *International Intellectual Property Arbitration*, The Netherlands: Kluwer Law International, 2010.

(二) 论文类

Adam Samuel, "Separability of Arbitration Clauses-Some Awkward Questions About the Law on Contracts, Conflict of Laws and the Administration of Justice" (April 2021), https://adamsamuel.com/wp-content/uploads/2021/04/separabi-1.pdf.

Andrzej Szumanski, "Corporate Arbitration in Poland", *Romanian Arbitration Journal*, Vol. 9, No. 3, July-September 2015.

Anna P. Mantakou, "Arbitrability and Intellectual Property Disputes", in Loukas A. Mistelis and Stavros L. Brekoulakis eds., *Arbitrability: International and Comparative Perspectives*, The Netherlands: Kluwer Law International, 2009.

Anne-Maree Farell, "The Law of Medical Negligence in England and Germany", 17 *Med. L. Rev.* 497, 2009.

Anthony T. Polvino, "Arbitration as Preventative Medicine for Olympic Ailments: The International Olympic Committee's Court of Arbitration for Sport and the Future for the Settlement of International Sporting Disputes", *Emory International Law Review*, Vol. 8, No. 1, Spring 1994.

Antonio Rigozzi, "Challenging Awards of the Court of Arbitration for Sport", *Journal of International Dispute Settlement*, Vol. 1, No. 1, February 2010.

ArthadKulekar, "A False Start-Uncertainty in the Determination of Arbitrability in India", Kluwer Arbitration Blog, (June 2016).

Ayushi Singhal, "Arbitrability of Fraud in India-Anomaly that is Ayyasamy", Kluwer Arbitration Blog, (September 2017).

Bernard Hanotiau, "The Law Applicable to Arbitrability", *Singapore Academy of Law Journal*, Vol. 26, No. Special, 2014.

Bernard Hanotiau, "What Law Governs the Issue of Arbitrability?", *Arbitration International*, Vol. 12, No. 4, 1996.

Binsy Susan and Himanshu Malhotra, "Arbitrability of Lease Deed Disputes in India-The Apex Court Answers", Kluwer Arbitration Blog, (February 2018).

Carlos Tena-Tamayo and Julio Sotelo, "Malpractice in Mexico: arbitration not litigation", *The BMJ*, Vol. 331, 2005.

Cem Veziroglu & Abdurrahman Kayiklik, "Arbitration of Corporate Law Disputes in Turkey: Is the Tide Turning?", Kluwer Arbitration Blog (February 4, 2022).

Christopher John Aeschlimann, "The Arbitrability of Patent Controversies", *Journal of the Patent Office Society*, Vol. 44, No. 10, October 1962.

Christoph Liebscher, "Insolvency and Arbitrability", in Loukas A. Mistelis and Stavros L. Brekoulakis eds., *Arbitrability: International and Comparative Perspectives*, The Netherlands: Kluwer Law International, 2009.

Darren Kane, "Twenty Years on: An Evaluation of Court of Arbitration for Sport", *Melbourne Journal of International Law*, Vol. 4, No, 2, October 2003.

Domenico di Pietro, "General Remarks on Arbitrability Under the New York Convention", in Loukas A. Mistelis and Stavros L. Brekoulakis eds., *Arbitrability: International and Comparative Perspectives*, The Netherlands: Kluwer Law International, 2009.

F. Chet Taylor, "The Arbitrability of Federal Securities Claims: Wilko's Swan Song", *University of Miami Law Review*, Vol. 42, No. 1, September 1987.

Francis Gurry, "Specific Aspects of Intellectual Property Disputes", in Marc Blessing ed., *Objective Arbitrability-Antitrust Disputes-Intellectual Property Disputes*, Basel: Swiss Arbitration Association, 1994.

Francis M. Burdick, "What is the Law Merchant?" *Columbia Law Review*, Vol. 2, No. 7, 1902.

Gabrielle Kaufmann-Kohler, "Globalization of Arbitral Procedures", *Vanderbilt Journal of Transnational Law*, Vol. 36, No. 4, October 2003.

G. Richard Shell, "Arbitration and Corporate Governance", *North Carolina Law Review*, Vol. 67, No. 3, March 1989.

Gyooho Lee, Keon-Hyung Ahn, Jacques de Werra, "Euro-Korean Perspectives on the Use of Arbitration and ADR Mechanisms for Solving Intellectual Property Disputes", *Arbitration International*, Vol. 30, No. 1, 2014.

Homayoon Arfazadeh, "Arbitrability Under the New York Convention: the Lex Fori Revisited", Arbitration International, Vol. 17, No. 1, 2001.

James A. Curley, "Arbitration of Patent-Antitrust Disputes: Business Expediency vs. Public Interest", *IDEA: The PTC Journal of Research and Education*, Vol. 18, No. 4, 1976.

Jan Paulsson, "Arbitration of International Sports Disputes", *Entertainment and Sports Lawyer*, Vol. 11, No. 4, Winter 1994.

Jochen Pagenberg, "The Arbitrability of Intellectual Property Disputes in Germany", Worldwide Forum on the Arbitration of Intellectual Property

Disputes, (March 1994).

Joseph T. McLaughlin, "Arbitrability: Current Trends in the United States", *Arbitration International*, Vol. 12, No. 2, June, 1996.

Karim Abou Youssef, "The Death of Inarbitrability", in Loukas A. Mistelis and Stavros L. Brekoulakis eds., *Arbitrability: International and Comparative Perspectives*, The Netherlands: Kluwer Law International, 2009.

Karl-Heinz Bockstiegel, "Public Policy and Arbitrability", in Pieter Sanders ed., *Comparative Arbitration Practice and Public Policy in Arbitration*, *ICCA Congress Series Volume* 3, ICCA & Kluwer Law International, 1987.

Klaus Peter Berger, "The New German Arbitration Law in International Perspective", in *Forum Internationale No.* 26, The Netherlands: Kluwer Law Arbitration, 2000.

Laurence Kiffer, "National Report for France (2020 through 2021)", in Lise Bosman ed., *ICCA International Handbook on Commercial Arbitration Supplement*, The Netherlands: Kluwer Law International, 2021.

Laurence Shore, "The United States' Perspective on 'Arbitrability'", in Loukas A. Mistelis and Stavros L. Brekoulakis eds., *Arbitrability: International and Comparative Perspectives*, The Netherlands: Kluwer Law International, 2009.

Leon Trackman, "'Legal Traditions' and International Commercial Arbitration", *American Review of International Arbitration*, Vol. 17, 2006.

Loukas A. Mistelis, "Arbitrability-International and Comparative Perspectives", in Loukas A. Mistelis and Stavros L. Brekoulakis eds., *Arbitrability: International and Comparative Perspectives*, The Netherlands: Kluwer Law International, 2009.

Lu Song, "National Report for China (2020 through 2021)", in Lise Bosman ed., *ICCA International Handbook on Commercial Arbitration*, The Netherlands: Kluwer Law International, 2021.

Marc. Blessing, "Arbitrability of Intellectual Property Disputes", *Arbitration International*, Vol. 12, No. 2, June, 1996.

Marcin Olechowski and Anna Tujakowska, "A New Framework for Arbitration of Corporate Disputes in Poland", Kluwer Arbitration Blog (December 22, 2019).

Marcin Olechowski and Anna Tujakowska, "Latest Changes in Polish Civil Procedure: An Opportunity for Arbitration?", Kluwer Arbitration Blog (December 19, 2019).

Marc Lalonde and Lev Alexeev, "National Report for Canada (2018 through 2021", in Lise Bosman ed., *ICCA International Handbook on Commercial Arbitration*, The Netherlands: Kluwer Law International, 2021.

Marianela López-Galdos, "Arbitration and Competition Law: Integrating Europe Through Arbitration", *Journal of European Competition Law & Practice*, Vol. 7, No. 6, June 2016.

M. A. Smith, et al., "Arbitration of Patent Infringement and Validity Issues Worldwide", *Harvard Journal of Law & Technology*, Vol. 19, 2005-2006.

Matthew R. Reed, et al., "Arbitrability of IP Disputes", IAM, March 2021.

Michael Hwang, Lawrence Boo, and Yewon Han, "National Report for Singapore (2018 through 2021)", in Lise Bosman ed., *ICCA International Handbook on Commercial Arbitration*, The Netherlands: Kluwer Law International, 2021.

M. Sornarajah, "The UNCITRAL Model Law: A Third World Viewpoint", *Journal of International Arbitration*, Vol. 6, No. 4, 1989.

Paolo Michele Patocchi, "National Report for Switzerland (2018 through 2021)", in Lise Bosman ed., *ICCA International Handbook on Commercial Arbitration Supplement*, The Netherlands: Kluwer Law International, 2021.

Partick M. Baron and Stefan Liniger, "A Second Look at Arbitrability: Approaches to Arbitration in the United States, Switzerland and Germany", *Arbitration International*, Vol. 19, No. 1, March 2003.

Paul M. Janicke, "Maybe We Shouldn't Arbitrate: Some Aspects of the Risk/Benefit Calculus of Agreeing To Binding Arbitration of Patent Disputes", *Houston Law Review*, Vol. 39, No. 3, Symposium 2002.

Piero Bernardini, "The Problem of Arbitrability in General", in Emmanuel Gaillard and Domenico Di Pietro eds., *Enforcement of Arbitration Agreements and International Arbitral Awards: The New York Convention in Practice*, London: Cameron May, 2008.

Pilar Perales Viscasillas, "Arbitrability of (Intra-) Corporate Disputes", Loukas A. Mistelis and Stavros L. Brekoulakis eds., *Arbitrability: International and Comparative Perspectives*, The Netherlands: Kluwer Law International, 2009.

Richard G. Allemann, "Setting the Ground for Corporate Arbitration in Switzerland: Swiss Parliament Approves New Rules for Arbitration of Corporate Law Disputes", Kluwer Arbitration Blog (August 17, 2020).

Richard W. Pound, "Sports Arbitration: How it Works and Why it Works", *McGill Journal of Dispute Resolution*, Vol. 1, No. 2, 2015.

Robert Briner, "The Arbitrability of Intellectual Property Disputes with Particular Emphasis on the Situation in Switzerland", Worldwide Forum on the Arbitration of Intellectual Property Disputes, (March 1994).

Robert B. von Mehren, "The Eco-Swiss Case and International Arbitration", *Arbitration International*, Vol. 19, No. 4, December 2003.

Rosmarjin van Kleef, "Reviewing Disciplinary Sanctions in Sports", *Cambridge Journal of International and Comparative Law*, Vol. 4, No. 1, 2015.

Rustem Karimullin, "The 2017 ICAC Corporate Dispute Arbitration Rules: Collective Redress in Action", Kluwer Arbitration Blog (February 27, 2017).

Rustem Karimullin, "The Reform of the Russian Arbitration Law: The Arbitrability of Corporate Disputes", Kluwer Arbitration Blog (October 21, 2015).

Sara Nadeau-Séguin, "When Bankruptch and Arbitration Meet: A Look at Recent ICC Practice", *Dispute Resolution International*, Vol. 5, No. 1, May 2011.

Sebastiano Nessi, "New Law Maintains Switzerland at the Forefront of International Arbitration", Kluwer Arbitration Blog (August 2020).

Stavros Brekoulakis, "The Historical Treatment of Arbitration under English Law and the Development of the Policy Favouring Arbitration", *Oxford Journal of Legal Studies*, Vol. 39, No. 1, Spring 2019.

Stavros L. Brekoulakis, "Law Applicability to Arbitrability: Revisiting the Revisited Lex Fort", in Loukas A. Mistelis and Stavros L. Brekoulakis eds., *Arbitrability: International and Comparative Perspectives*, The Netherlands: Kluwer Law International, 2009.

Stavros L. Brekoulakis, "On Arbitrability: Persisting Misconceptions and New Areas of Concern", in Loukas A. Mistelis and Stavros L. Brekoulakis eds., *Arbitrability: International and Comparative Perspectives*, The Netherlands: Kluwer Law International, 2009.

Stefan M. Kroll, "Arbitration and Insolvency Proceedings", in Loukas A. Mistelis and Julian D. M. Lew eds., *Pervasive Problems in International Arbitration*, The Netherlands: Kluwer Law International, 2006.

T. Diederik de Groot, "The Impact of the Benetton Decision on International Commercial Arbitration", *Journal of International Arbitration*, Vol. 20, No. 4, 2003.

The Editors, "The New German Arbitration Law", *Arbitration International*, Vol. 14, No. 1, March 1998.

Therese Jansson, "Arbitrability Regarding Patent Law-An International Study", *Juridisk Publikation*, January 2011.

Thomas E. Carbonneau and Francois Janson, "Cartesian Logic and Frontier Politics: French and American Concepts of Arbitrability", *Tulane Journal of International and Comparative Law*, Vol. 2, 1994.

Thomas E. Carbonneau, "Liberal Rules of Arbitrability and the Autonomy of Labor Arbitration in the United States", in Loukas A. Mistelis and Stavros L. Brekoulakis eds., *Arbitrability: International and Comparative Perspectives*, The Netherlands: Kluwer Law International, 2009.

Tilmann Hertel and Alessandro Covi, "Arbitrability of Shareholder Disputes in Germany", Kluwer Arbitration Blog, (February 7, 2018).

Wendy Kennett, "Arbitration of intra-corporate disputes", *International Journal of Law and Management*, Vol. 55, No. 5, 2013.

William Grantham, "The Arbitrability of International Intellectual Property Disputes", *Berkeley Journal of International Law*, Vol. 14, No. 1, 1996.

Yasuhei Taniguchi and Tatsuya Nakamura, "National Report for Japan (2019 through 2021)", in Lise Bosman ed., *ICCA International Handbook on Commercial Arbitration*, The Netherlands: Kluwer Law International, 2021.

（三）其他类

Court of Arbitration for Sport,"Statistics 1986 – 2020", https：//www. tas-cas. org/fileadmin/user_ upload/CAS_ statistics_ 2020. pdf.

Martin Domke, Gabriel Wilner and Larry E. Edmonson, *Domke on Commercial Arbitration*, §2.1, Thomson Reuters, Westlaw,（June, 2021）.

Opening Speech by Ambassador Schurmann for the United Nations Conference on International Commercial Arbitration on Tuesday 20 May, 1958, https：//cdn. arbitration-icca. org/s3fs-public/document/media _ document/004. pdf.

Queen Mary University of London and Pinsent Masons,"2016 International Dispute Resolution Survey：An Insight into Resolving Technology, Media and Telecoms Disputes",（November 2016）, http：//www. arbitration. qmul. ac. uk/media/arbitration/docs/Fixing_ Tech_ report_ online_ singles. pdf.

附录 国际公约及部分国家可仲裁性问题判断标准的规定

国际公约及国家		立法模式					判断因素						
^	^	直接规定 v. 间接规定	概括式 v. 列举式 v. 概况加列举式	正面规定 v. 反面排除	是否区分国际仲裁与国内仲裁	商事争议	可处分性	经济利益	公共政策			
^	^	^	^	^	^	^	^	^	对公众有约束力	保护较弱的一方当事人	裁决将侵犯公共政策	立法专门规定
国际立法	《纽约公约》	间接规定	概括式	正面规定	国际仲裁	•						
^	《示范法》	间接规定	概括式	正面规定	国际仲裁	•						
^	《日内瓦议定书》	间接规定		正面排除	国际仲裁	•						
^	《日内瓦公约》	无规定			国际仲裁							
^	《欧洲公约》	间接规定	概括式	正面规定	国际仲裁	•						
^	《巴拿马公约》	间接规定	概括式	正面规定	国际仲裁	•						

附录 国际公约及部分国家可仲裁性问题判断标准的规定

续表

国际公约及国家		立法模式			判断因素							
		直接规定 v. 间接规定	概括式 v. 列举式 v. 概括加列举式	正面规定 v. 反面排除	是否区分国际仲裁与国内仲裁	商事争议	可处分性	经济利益	对公众有约束力	公共政策		
										保护较弱的一方当事人	裁决将侵犯公共政策	立法专门规定
国别立法	法国	直接规定	概括加列举式	正面规定加反面排除	是		•					•
	瑞士	直接规定	概括式	正面规定	是		•	•			•	
	德国	直接规定	概括式	正面规定	否			•				
	美国	间接规定	概括式	正面规定	是	•						
	英国	间接规定	成文法中无规定	成文法中无规定	否							
	加拿大	间接规定	概括式	正面规定	是	•						
	新加坡	直接规定	概括式	正面规定	是			•			•	•
	韩国	直接规定	概括式	正面规定	否		•					
	日本	直接规定	概括加列举式	正面规定加反面排除	否		•					

195

续表

国际公约及国家	立法模式				判断因素						
	直接规定 v. 间接规定	概括式 v. 列举式 v. 概况加列举式	正面规定 v. 反面排除	是否区分国际仲裁与国内仲裁	商事争议	可处分性	经济利益	对公众有约束力	保护较弱的一方当事人	裁决格侵犯公共政策	立法专门规定
国别立法 印度	间接规定	成文法中无规定	成文法中无规定	否							
阿根廷	直接规定	概括加列举式	正面规定	是		•					•
南非①	直接规定	列举式/概括式	反面排除/正面规定	是		•					•
埃及	直接规定	概括加列举式	正面规定	否		•					
挪威	直接规定	概括式	正面规定	否		•					
意大利	直接规定	概括式	正面规定	否		•					
瑞典	直接规定	概括式	正面规定	否							
新西兰	直接规定	概括式	正面规定	否		•		•	•	•	•
马来西亚	直接规定	概括式	正面规定	否				•	•	•	•
拉脱维亚	直接规定	列举式	反面排除	否							

① 南非在可仲裁性问题的规定上区分了国际仲裁和国内仲裁，国内仲裁是列举式，国际仲裁是概括式，以可处分性和是否有立法专门规定作为判断标准。

附录 国际公约及部分国家可仲裁性问题判断标准的规定

注:"直接规定"指成文法中直接对可仲裁性问题作出规定。

"间接规定"包括案例形式的规定和成文法中从侧面对可仲裁性问题的规定。

"正面规定"指正面规定哪些争议事项具有可仲裁性。

"反面规定"指直接规定某些争议事项不具有可仲裁性。

"公共政策"仅以法条中直接写明为准。

有些国家单独规定将身份关系类争议(比如:婚姻、个人身份)排除在可仲裁性之外,但笔者以为这并不单独构成一个判断因素,这种规定或者是出于"可处分性"或者是出于"公共政策"的考量,因此没有将其单独作为一个判断因素列在表中。

197

后　　记

在美国圣路易斯华盛顿大学读博士期间，我的主要研究方向是知识产权争议解决，在研究过程中，我开始对仲裁这种争议解决方式产生兴趣，特别是对知识产权仲裁产生了浓厚的兴趣。博士毕业后，我有幸得到在世界知识产权组织仲裁与调解中心新加坡办公室实习的机会，在整个实习过程中，无论是参加研讨会还是日常工作，遇到最多的疑问就是仲裁是否可以解决知识产权争议，特别是涉及专利有效性的争议能否通过仲裁解决，知识产权争议的可仲裁性问题成为一直萦绕在我头脑中的一个疑问。

2015年，结束了在世界知识产权组织的实习，我特别幸运地得到了在清华大学法学院跟随申卫星老师和郑若骅老师学习的机会。在与申老师的多次探讨中，我注意到医疗纠纷仲裁制度的发展亦受到医疗纠纷是否具有可仲裁性问题的影响。在与郑老师的探讨中，我发现不仅仅是知识产权仲裁和医疗纠纷仲裁，反垄断争议仲裁、投资仲裁等都存在可仲裁性的问题。于是，萌生了系统研究可仲裁性问题的念头，并最终将其作为博士后期间的主研课题。

本书系统研究了可仲裁性问题，分析了可仲裁性问题的理论依据；通过比较法研究，展示了国际公约、主要国家关于可仲裁性问题规定的共性与差异；通过对典型案例的分析，揭示了我国可仲裁性问

后　记

题现行规定的缺陷。然而，受个人能力所限，本书亦存在很多不足：本书研究仅限定在客观可仲裁性上，并未研究主观可仲裁性的问题；在研究各国立法与实践时，受限于语言能力，并未能阅读法文或德文的第一手资料；在分析我国可仲裁性问题的实践时，未能穷尽相关案例。今后，我将继续相关研究，以弥补本书的不足。

本书最终能够完成离不开我家人一如既往的支持与默默付出。还要感谢北京联合大学应用文理学院的支持。本书的出版得到北京联合大学应用文理学院资助，具体经费项目名称是"科技创新服务能力建设——服务北京全国文化中心的智库建设项目"。

最后，我想特别感谢申老师和郑老师。能够在清华跟随他们一起学习是我人生中的一大幸事，从他们身上，我不仅感受到了严谨的治学态度，也获得了思考解决问题的能力，更明白了做人做事的道理。他们不仅是我学术道路上的引路人，更是我人生道路上的引路人。感谢他们一直以来对我的信任、支持和帮助，让我能够一直坚持自己的梦想并为之而努力。